本书系2010年度重庆市社会科学规划青年项目
"重庆市反哺农业立法问题研究"（2010QNFX10）、
2014年度西南大学中央高校基本科研业务费专项资金博士启动项目
"反哺农业立法问题研究"（SWU1409403）研究成果。

THOUGHTS ON THE BACK-FEEDING AGRICULTURE LEGISLATIVE PROBLEM:
TAKING CHONGQING AS AN EXAMPLE

反哺农业立法问题研究
——以重庆市为例

赵 谦◎著

人民出版社

目　　录

前　　言

　　"反哺"是一个仿生概念,最早出自《初学记·鸟赋》中的"雏既壮而能飞兮,乃衔食而反哺"。借用于"反哺农业"这样的公共政策表述中则被赋予了新的内涵,即表明在长期接受农业哺育后,工业、城市已然"长成",应该回报农业。反哺农业是工业化中期经济发展的一般规律,国外存在着反哺农业的理论、制度与实践,但并无对应语词来予以表述,"反哺农业"是独具中国特色的政策性概念。

　　我国反哺农业问题是胡锦涛在2004年党的十六届四中全会上"两个趋向"论述中首次提出,"纵观一些工业化国家的发展历程,在工业化初始阶段,农业支持工业、为工业提供积累是带有普遍性的趋向;但在工业化达到相当程度以后,工业反哺农业、城市支持农村,实现工业与农业、城市与农村协调发展,也是带有普遍性的趋向。"① 它是"农业哺育工业""农村哺育城市"的阶段性转向。"'工业反哺农业、城市支持农村',是我国经济发展进入工业化中期阶段时所面临的一次发展战略的重大调整。"②"从2004年至2014年,中共中央连续发出11个中央1号文件,将农业养育工业调整为工业反哺农业的政策。"③《中共中央关于全面深化改革若干重大问题的决定》在"六、健全城乡发展一体化体制机制"中明确指出:"城乡二元结构是

---

① 转引自习近平:《把握"两个趋向"提高解决"三农"问题的能力》,《人民日报》2005年2月4日。
② 洪银兴:《反哺农业、农村和农民的路径和机制》,经济科学出版社2008年版,第2页。
③ 苑芳江:《从农业养育工业到工业反哺农业》,《中共党史研究》2014年第3期。

制约城乡发展一体化的主要障碍。必须健全体制机制,形成以工促农、以城带乡、工农互惠、城乡一体的新型工农城乡关系,让广大农民平等参与现代化进程、共同分享现代化成果。"①这进一步确认了我国未来全面深化改革进程中反哺农业的必要性与重大意义。

当前我国总体上已进入反哺农业期,积极探索反哺农业的具体途径与有效机制渐成学界的研究热点。相关研究主要涉及反哺农业的含义、阶段判定依据、基本原则、现实意义、制约因素、具体困难等方面问题,并从路径研究、机制研究、模式研究、国际比较研究等方面来探寻我国反哺农业的具体措施。总体而言,我国反哺农业问题的研究尽管进展时间不长但体系已比较全面,只是很少有学者从法学特别是立法学视角切入研究该问题。事实上,工业化国家大都通过相关立法实现"以农补工"向"以工补农"的政策转向。如 1933 年美国农业调整法案、1947 年英国农业法、1953 年德国农业结构改革规划和 1961 年日本农业基本法,均标志着该国进入大规模反哺农业期。虽然"反哺农业"语词本身尚未呈现于我国的立法文本之中,但伴随近年来我国各类反哺农业活动的实务展进,相关的各位阶规范性法律文件却在不断出台且已初具规模。立法往往显现于应然与实然两个层面,"法的应然是指法应当是什么,法的实然是指法实际是什么。前者是法的理想状态,后者是法的现实状态"。② 反哺农业立法作为一类具体立法,同样应显现于应然与实然两个层面。因此有必要对我国反哺农业问题展开专门的立法研究,从相关立法所涉基本理论、既有规范、实施状况三个方面来系统解析反哺农业立法的应然与实然,探寻该类立法未来可能的完善途径与发展方向,进而为构建我国反哺农业有效机制提供必要前提。

一、应然层面反哺农业立法的解析

反哺农业立法问题的理论研究与规范研究是对应然层面反哺农业立法

① 新浪网:《中共中央关于全面深化改革若干重大问题的决定》,2013 年 11 月 25 日,见 http://news.sina.com.cn/c/2013-11-25/184628722303.shtml。
② 李步云:《法的应然与实然》,《法学研究》1997 年第 5 期。

的相对整全性①的解析。理论研究是对我国反哺农业问题展开专门立法研究的逻辑起点,为研究反哺农业立法提供必需的理论指引;规范研究则是对我国反哺农业问题展开专门立法研究的基本保障,为研究反哺农业立法提供具体的规范载体。

　　反哺农业立法问题的理论研究主要包括界定反哺农业的规范内涵、探究反哺农业法律行为、探究反哺农业法律关系、反哺农业立法的价值分析四个方面内容。第一,界定反哺农业的规范内涵,即是从法释义学的角度来分别厘清法律概念体系中的反哺农业和立法中的反哺农业。法律概念体系中的反哺农业是反哺农业规范内涵的具体内容,也是研究反哺农业立法问题的基石。立法中的反哺农业是反哺农业规范内涵的文本外延,也是研究反哺农业立法问题的必要载体。第二,探究反哺农业法律行为即是研究反哺农业法律行为的内涵与适用。研究反哺农业法律行为的内涵可运用形式逻辑的方法,以厘清反哺农业法律行为的逻辑形式及其规律。厘清反哺农业法律行为的适用路径可为科学构建反哺农业立法提供更为现实、具体的目标行为指引。第三,探究反哺农业法律关系即是研究反哺农业法律关系的内涵与适用。研究反哺农业法律关系的内涵也可运用形式逻辑的方法,以厘清反哺农业法律关系的逻辑形式及其规律。厘清反哺农业法律关系的适用路径可为科学构建反哺农业立法提供更为现实、具体的目标关系指引。第四,反哺农业立法的价值分析即是运用价值分析方法去透视反哺农业立法的目的性价值和道德性价值。对反哺农业立法目的性价值的分析应以该立法现象所蕴含之目的属性为对象而从价值目标与价值关系两方面展开,既要厘清具体目的也要探究实现具体目的之基本依托。对反哺农业立法道德性价值的分析即是厘清该立法现象所蕴含之具体道德性观念与标准。

　　反哺农业立法问题的规范研究主要包括分析规制资金反哺的农业资金立法、分析规制科技反哺的农业技术立法、分析规制人力资本反哺的农村劳

---

① 　参见王俊龙:《整全性:逻辑新论——以中西思想交叉结合的三条思路为线索》,《河南大学学报(社会科学版)》2011 年第 1 期;吕立群:《论"科学"的整全性——以维柯〈新科学〉为中心的考察》,《自然辩证法通讯》2011 年第 4 期;罗时贵:《法的合法性与整全性的关联分析》,《北方法学》2012 年第 3 期。

动力立法、分析规制产业化反哺的农业产业化立法四个方面内容。第一,分析规制资金反哺的农业资金立法即是基于对我国农业资金立法内涵的厘清,依循立法价值、立法体制、立法内容的基本维度来解析该类立法存在的现实问题,进而探究未来可能的完善途径。第二,分析规制科技反哺的农业技术立法即是基于对我国农业技术立法内涵的厘清,整体梳理其仍存在的问题并探究未来可能的发展方向。第三,分析规制人力资本反哺的农村劳动力立法即是基于对我国农村劳动力立法内涵的厘清,整体梳理其仍存在的问题并探究未来可能的发展方向。第四,分析规制产业化反哺的农业产业化立法即是基于对我国农业产业化立法内涵的厘清,依循立法价值、立法体制、立法内容的基本维度来解析该类立法存在的现实问题,进而探究未来可能的完善途径。

二、实然层面反哺农业立法的解析

反哺农业立法问题的实证研究是对实然层面反哺农业立法的解析,也是对我国反哺农业问题展开专门立法研究的终极目的。"法律的生命在于其实施。"[1]"任何立法的意义,都在于法的实施。"[2]研究反哺农业立法的理论指引与规范载体之目的就在于推动该类立法切实实施,从而构建我国反哺农业有效机制。反哺农业立法问题的实证研究当立足于反哺农业相关立法的实施状况而具体展开。

在"政府主导下兼有市场配置并充分发挥农民、社会组织能动作用的复合反哺路径"[3]指引下,有效运行资金反哺机制、科技反哺机制、人力资本反哺机制、产业化反哺机制并达致预期绩效,皆离不开作为核心反哺农业当事人之农民的切实参与。而伴随公共治理模式[4]渐趋崛起,传统的国家—

---

[1] Roscoe Pound, "The Scope and Purpose of Sociological Jurisprudence", *Harvard Law Review*, no.8(1911).

[2] 汪永清:《略论法律实施的保证》,《法学研究》1990年第4期。

[3] 赵谦:《反哺农业法律概念浅析》,《改革与战略》2012年第5期。

[4] 参见罗豪才、宋功德:《软法亦法——公共治理呼唤软法之治》,法律出版社2009年版,第47页。

控制法范式①正逐步转型为回应型法范式②,因此反哺农业相关立法的实施应同样强调作为核心反哺农业法律关系主体之农民的有效参与。"我们的农村土地立法和政策是根据农民的心愿制定的呢,还是我们'替农民作主'的单方面的臆想呢?"③农民在反哺农业相关立法实施中的认知和参与程度,往往决定了实施该类立法的具体成效。有必要以调研的方法对我国反哺农业立法实施中的农民参与现状进行实证分析,只有立足于第一手真实的相关信息来解析立法的实然层面,方能确保其科学性。

　　然而我国反哺农业立法已初具规模,相关立法从位阶概况到条文内容皆极为庞杂,且各类立法在全国各地的实施状况也不尽相同。有必要选择合适的样本立法与样本区域来展开实证研究,方能对解决我国反哺农业立法实施中的农民参与问题发挥典型性、示范性作用,从而以点带面、审慎地确立校正农民参与困境的试验性范式。待样本区域实践取得一定成效后,其他区域再以之为参照探寻适合当地实际情况的解决问题有效途径,最终推动反哺农业相关立法在我国的全面、切实实施。其一,样本立法之选择。农民专业合作社是提高农民组织化程度的重要载体,可与解决农民有序政治参与问题的村民自治制度形成合理分工,主要承担促进农业发展的经济功能,从而成为我国工业反哺农业的组织依托。④《中华人民共和国农民专业合作社法》作为规制既是重要反哺农业当事人又是反哺农业组织依托之农民专业合作社的专门性法律,是我国法律位阶之反哺农业相关立法的重要组成部分,可以之为样本立法展开实证研究。其二,样本区域之选择。《重庆市实施〈中华人民共和国农民专业合作社法〉办法》于2011年7月1日起施行,试图通过对专业合作社全方位的扶持以助推重庆市的工业反哺农业进程。然而"至2010年6月底农民参合率仅为23%,目标在2012年参

---

① 参见罗豪才、宋功德:《软法亦法——公共治理呼唤软法之治》,法律出版社2009年版,第27页。
② 参见[美]诺内特、塞尔兹尼克:《转变中的法律与社会》,张志铭译,中国政法大学出版社1994年版,第7页。
③ 孙宪忠:《让事实告诉我们农民的要求是什么》,《中外法学》2005年第3期。
④ 参见张邦辉:《工业反哺农业与农民合作社立法》,《现代法学》2010年第2期。

合率达到 40% 以上"①。该办法的指引应是实现此目标的可靠保障,但40%的参合率真的就切合了《中华人民共和国农民专业合作社法》的立法初衷? 可见农民的参合率偏低是实施专业合作社法的最大障碍,重庆市也可谓存在该问题的典型区域。此外,重庆市作为国家级统筹城乡综合配套改革试验区,经过近年来的试验性改革实践,已经在以工促农、以城带乡方面积累了一些宝贵经验,可以重庆市为样本区域展开实证研究,进而探寻校正农民参与困境的试验性范式。

故而,可以《中华人民共和国农民专业合作社法》在重庆市的实施状况为例,来研究反哺农业立法实施中的农民参与困境及校正问题,并基于农民对重庆扶持专业合作社措施的评价尝试提出改进相应措施的政策建议,进而初步解析实然层面的反哺农业立法。

---

① 参见中国经济网:《重庆农民参加专业合作社比率达 23%》,2010 年 7 月 2 日,见 ht-tp://www.ce.cn/cysc/agriculture/czxz/201007/02/t20100702_20426959.shtml。

第一章　反哺农业的规范内涵

　　规范内涵是法释义学的一个基本概念,是"现行有效法律规范与个案裁判的阐明对象"①,往往通过"对现行有效法律的描述和对这种法律之概念体系的研究"②来进行解析。界定反哺农业的规范内涵可依此路径分别厘清法律概念体系中的反哺农业和立法中的反哺农业,进而推动完善反哺农业相关立法,以就我国正逐步推进的大规模反哺农业活动实现类型化③、规范化指引。

第一节　法律概念体系中的反哺农业

　　法律概念体系中的反哺农业是反哺农业规范内涵的具体内容,也是研究反哺农业立法问题的基石。"法律概念可以被视为是用来以一种简略的方式辨识那些具有相同或共同要素的典型情形的工作性工具。"④"概念乃是解决法律问题所必需和必不可少的工具。没有限定严格的专门概念,我们便不能清楚地和理性地思考法律问题。"⑤可在综合比较反哺农业不同概

---

①　王立达:《法释义学研究取向初探:一个方法论的反省》,《法令月刊》2000 年第 9 期。

②　[德]罗伯特·阿列克西:《法律论证理论——作为法律证立理论的理性论辩理论》,舒国滢译,中国法制出版社 2002 年版,第 311 页。

③　参见[美]约翰.R.康芒斯:《资本主义的法律基础》,寿勉成译,商务印书馆 2003 年版,第 444 页。

④　[美]E.博登海默:《法理学:法律哲学与法律方法》,邓正来译,中国政法大学出版社 2004 年版,第 501 页。

⑤　[美]E.博登海默:《法理学:法律哲学与法律方法》,邓正来译,中国政法大学出版社 2004 年版,第 504 页。

念界定的基础上厘清反哺农业的法律概念。

一、反哺农业的不同概念界定

学界就反哺农业概念的界定众说纷纭,大致可分为三类:广义政策方向说、中义政策措施说、狭义农业补贴说。

(一)广义政策方向说

"工业反哺农业是相对于过去的'农业哺育工业'而言的,它并非简单地资金回流,也不是对农户'恩赐',而是指按市场经济要求,在国家农业政策要求,通过直接和间接投资,引入家庭农场制经营方式,将农业改造成营利部门的政策。"①"我国现阶段工业反哺农业应该是广义的工业反哺农业。广义的工业反哺农业是指非农产业和城市对农业和农村的反哺。就是要充分利用城市经济带动农村经济的发展,拓宽农民的收入渠道,变农民为城市(镇)居民,并在农民绝对数量不断减少的情况下,实现农业生产的规模化、现代化,夯实农业发展的基础,确保我国的农产品供给。"②"工业对农业的反哺以及城市对农村的支持,是农业与国民经济关系的一个根本性战略调整。而实施这个新战略即对农业的反哺,意味着农业到工业、农村到城市这样的资源流动方向的逆转。"③反哺农业实质指在工业化中后期工业对农业的支持,以"达到缩小工农业差距,促进工农业协调发展的目的"④。"工业的兴起,靠的是农业的积累,但工业一旦初步成长起来以后,就会对农业不断地支援,就要'补农'、'建农',从而促进农业、农村的持续发展。"⑤"'反哺'是原来农业'哺育'工业的转化,指工业在长期接受农业的哺育之后对

① 马国贤:《工业反哺农业的理论与政策研究》,《铜陵学院学报》2005年第3期。
② 刘宁:《我国工业反哺农业的类型、切入点及方式分析》,《农村经济》2005年第12期。
③ 蔡昉:《"工业反哺农业、城市支持农村"的经济学分析》,《中国农村经济》2006年第1期。
④ 张加宁:《我国工业反哺农业的理论研究及政策分析》,硕士学位论文,吉林大学经济学院,2006年,第4页。
⑤ 耿庆彪:《实施工业反哺农业战略的重要意义及制度取向》,《泰山学院学报》2010年第1期。

农业的感恩或者回报。"①"'工业反哺农业'是一个具有中国特色的政策概念,其实质是工农关系的一次根本性战略调整,是'多予、少取、放活,发展农村经济,增加农民收入,推进城乡统筹'为核心的新时期农业新政的集中表达。"②"'工业反哺农业'是中国城乡统筹战略选择下的特有经济范畴,其实质是提高农业人口的收入水平,缩小城乡差距。"③"工业反哺农业是对我国工农关系和城乡关系的科学调整。反哺农业的关键是反哺政策的设计。"④"工业反哺农业是促进二元结构转换的一次根本性的战略调整。"⑤"工业反哺农业就是工业发展对农业本身的促进作用。"⑥

　　广义政策方向说将反哺农业界定为一种农业政策方向,与哺育工业一样并列为不同发展阶段的不同农业政策表述,是对新时期工农关系、城乡关系的一种统称。"反哺"来自农业以外的各行各业、来自农村以外的城市,"农业"则涵盖"三农"问题中的农村、农业和农民,反哺农业为解决农民增收、农业增长、农村稳定问题而服务。其切合了"农业哺育工业"、"农村哺育城市"阶段性转向的政策要求,堪称是就"两个趋向"论述和"健全城乡发展一体化体制机制"之重大问题决定的直接展开。这种观点属于典型的政策理论化表达方式,若以之为反哺农业概念并显现于立法层面,则在具体内容界定上相对模糊,缺乏可操作性。有必要在广义政策方向说的基础上,进一步厘清反哺农业概念的具体内容。

　　(二) 中义政策措施说

　　工业反哺农业事实上就是一种农业扶持与保护的政策措施。"具体分

① 张凤云:《工业反哺农业:推进现代农业发展的有效途径》,《许昌学院学报》2010 年第 3 期。
② 李嘉平:《工业反哺农业的路径研究》,硕士学位论文,中国农业科学院研究生院,2011 年,第 IV 页。
③ 陈纪平:《市场经济条件下农业支持政策的实质——我国"工业反哺农业"的方式选择》,《西部论坛》2012 年第 1 期。
④ 刘朔:《中国工业化中后期工业反哺农业问题研究》,博士学位论文,华中科技大学经济学院,2012 年,第 I、II 页。
⑤ 张进:《论工业反哺农业》,《企业家天地》2013 年第 8 期。
⑥ 尹旷达:《探讨我国工业反哺农业类型、切入点及方式》,《今日中国论坛》2013 年第 11 期。

为:(1)国家宏观支农政策;(2)农民收入保护政策,即影响农业收入水平和经济效益的政策措施;(3)市场价格保护政策,即影响市场价格的政策措施;(4)其他政策措施,包括农业微观组织体制的创新等。"①"在市场经济条件下,反哺农业的经济实质,是政府在产业结构演进过程中,以'看得见的手'弥补'看不见的手'之不足,在工农之间合理配置资源、旨在通过产业结构的协调整达到促进发展中国家实现二元经济向一元经济转变的行为。"②"所谓'反哺'即国家把来自于工业和城市经济部门的财政收入,通过国家财政支出,更多地用于'三农'。"③反哺农业是一种经济干预手段,以迅速及时地调整国家分配结构,大幅度增加农业和农村基础设施的投资力度,而增强农业生产能力的长效性。④"'以工哺农'即曾经受到农业哺育的工业发展起来后以其所积累的资源来回馈农业,扶持农业的发展。通常是指工业以上缴税收的方式增加政府收入,再由政府运用财政支出从多方面支持农业发展。"⑤"反哺农业呈现出宏观和微观两个层面。宏观反哺是由政府主导、协调并负责实施的间接反哺,主要是政府行为;微观反哺主要是指工商企业通过与农业的经济合作,在产业领域直接对农业进行扶持,是政府引导下的市场行为。两者互为一体,不可分割并建立有效的反哺机制加以有效地实施。"⑥"工业反哺农业是指按照国家农业政策和市场经济要求,通过政府和企业的作用,将集中在城市的非农产业的资金、人力资本、先进技术、优秀管理经验等,引入农业,对农业予以支持,对从事农业生产的农民进行必要补贴,从而调整国民经济结构,促进三次产业的协调发展和城乡之间的良性互动。"⑦"工业反

---

① 徐逢贤、唐晨光、程国强:《中国农业扶持与保护——实践·理论·对策》,首都经济贸易大学出版社1999年版,第164页。
② 黄山松:《二元经济结构下工业反哺农业机制的研究》,硕士学位论文,南京航空航天大学人文与社会科学学院,2005年,第21页。
③ 柯炳生:《工业反哺农业的理论与实践研究》,人民出版社2008年版,第13页。
④ 参见林志玲:《我国工业反哺农业的发展战略研究》,硕士学位论文,广东外语外贸大学国际经济贸易学院,2008年,第13页。
⑤ 汪时珍:《以工促农论》,博士学位论文,福建师范大学经济学院,2009年,第9页。
⑥ 任传华:《谈我国工业反哺农业有效机制的时效性》,《才智》2010年第1期。
⑦ 余丞薇:《工业反哺农业的路径研究——企业主体的视角》,硕士学位论文,暨南大学经济学院,2010年,第3页。

哺农业的重点在于实行制度反哺,通过提供公平合理的制度安排,改革和消除所有歧视农民和不利于农业发展的制度,促进农村的发展和农民生活的改善。"①"马克思恩格斯提出了反哺农业重点放在提高农业生产率,促进农民的全面发展,支持农业生产要素和建设农业基础设施的构想。"②"工业反哺农业是指工业通过各种形式给予农村、农业发展以支持和保护,促进其从落后的、传统的形态向先进的、现代化农业转变。"③

中义政策措施说将反哺农业界定为农业政策的下位概念,视其为农业支持、保护政策措施。"农业政策是政府为了实现一定的农业发展目标,对农业发展过程中的重要方面和环节所采取的一系列有计划的措施和行动的总称。农业政策属于公共政策的重要组成部分,涉及自然、经济、社会等领域。其主要内容是农业支持与农业保护。"④"农业保护是政府利用行政或法律的强制力,使农民在实现其农产品价值时能够得到高于由市场均衡价格所决定的收入的一种政府行为。农业支持则是政府从改善农业生产的基本条件入手,通过对农业科技、教育、水利、环保、基础设施等公共产品的财政投资,为农业的发展夯实基础,增加后劲。农业支持也由两部分组成:一是改变农业基础条件的投入;二是用于改善和提高农业生产要素质量的投入,如优良产品的引进和使用补贴,农业科技教育和农业培训费等。"⑤中义政策措施说在反哺农业概念具体内容的界定上有所深入,不再是宽泛的政策表述,就反哺行为的属性、具体反哺措施结合农业支持、保护政策展开进一步论述。但这种观点在关注微观层面的同时,却在宏观层面上存在着某种程度的缺失。反哺农业是否一定就是政府行为或政府引导下的市场行为?反哺是否仅来自城市?反哺农业之"农业"仅仅就是"第一产业"?有必要在深入界定具体内容的基础上就反哺农业的宏观政策层面予以反映,

---

① 张秋:《制度反哺:工业反哺农业的国际经验及我国的路径选择》,《农村经济》2012年第4期。
② 张德化:《马克思恩格斯反哺农业思想及当代价值》,《经济问题探索》2012年第6期。
③ 潘雪芳、张永:《新时期工业如何反哺农业》,《人民论坛》2014年第14期。
④ 崔立新:《工业反哺农业实现机制研究》,中国农业大学出版社2009年版,第213页。
⑤ 张哲、和丕禅:《农业保护与农业支持辨析》,《中国农村经济》2002年第1期。

至少不能窄于广义政策方向说的基本范畴。

（三）狭义农业补贴说

工业反哺农业就是直接对农业和农民的收入进行补贴。[1] "从经济角度看,工业反哺农业可以理解为工业对农业的一种价值让渡。这里,工业指的是工业发展形成的绩效(税收、利润、工业化制度、工业化理念等);农业则泛指农业生产经营者、部分涉农工商业者以及农村、农民。"[2] "工业反哺农业的首要内容是依靠集中在城市的非农产业所提供的税收,对农业予以支持,对从事农业生产的农民进行必要补贴,从而调整国民经济结构,促进城乡之间的良性互动。"[3] "工业对农业的反哺,很大程度体现在中央和地方财政对三农的支持上。"[4] "工业反哺农业应是一套包含宏观层面针对农业的财政补贴,中观层面针对农村的以城带乡,及微观层面针对农民的乡村工业'三位一体'、'助农自助'的立体化体系。"[5] "反哺农业表现为农业支持保护或农业补贴。"[6] "工业反哺农业,实质就是要改变农业和农村在资源配置和国民收入分配中所处的不利地位,加大公共财政支农力度,让公共服务更多地深入农村、惠及农民。"[7]

狭义农业补贴说将反哺农业等同于农业补贴,视其为农业支持、保护政策措施的一种具体手段。"农业补贴是指一国政府为了取得平等贸易地位,增强本国农产品竞争力,平衡协调国内各大产业发展,促进农业和农村发展,实现农民生存权与发展权平等,通过国内支持和出口补贴等符合国际条约规定的非关税措施,对农业生产、农产品流通和贸易等所进行的转移支

---

[1] 参见林毅夫:《中国还没达到工业反哺农业阶段》,《南方周末》2003 年 7 月 17 日。

[2] 朱四海、熊本国:《工业反哺农业实现机制刍议》,《中国农村经济》2005 年第 10 期。

[3] 周立群、许清正:《"工业反哺农业"若干问题述评》,《经济学家》2007 年第 2 期。

[4] 袁青峰:《工业反哺农业视角下的财政支农制度研究》,《唯实》2011 年第 5 期。

[5] 童潇:《工业反哺农业的"复合型"转向与欠发达农村社区的再建设——城乡一体化、统筹城乡发展与社会建设的视角》,《甘肃社会科学》2012 年第 2 期。

[6] 陈池波、江喜林、吕明霞:《从以补工到反哺农业:对农业补贴短期与长期涵义的探讨》,《农业经济问题》2012 年第 12 期。

[7] 邹薇:《粮食主产区工业反哺农业的绩效研究》,硕士学位论文,江西农业大学经济管理学院,2013 年,第 3 页。

付和综合支付。"①在 WTO《农产品协议》框架下，农业补贴分为广义的农业补贴（支持性农业补贴）和狭义的农业补贴（保护性农业补贴），而成为农业支持、保护政策措施的一种具体手段。狭义农业补贴说凸显了农业补贴形式的反哺农业措施，而以这类更为具体化的措施进一步强调了反哺农业的可操作性。但这种观点过于关注某种具体手段是否也限制了反哺农业应有的更广义基本范畴呢？更何况农业补贴本身还涉及与 WTO 规则的衔接问题，有必要在狭义农业补贴说的基础上更为精细地厘清反哺农业概念的具体内容。

二、反哺农业法律概念的具体内容

可在前述比较分析的基础上，结合《中华人民共和国农业法》（1993 年制定，2002 年、2009 年、2012 年修改）第 6、7 章之定位，兼采政策方向说与政策措施说来界定反哺农业的法律概念。所谓反哺农业是指在国家产业政策指引下，依市场经济规则通过非农产业、城市对农业、农村的扶持，实现农业生产现代化、推动农村经济发展、提升农民收入水平的各项活动。其具体内容主要表现为反哺主体、反哺路径、资金反哺机制、科技反哺机制、人力资本反哺机制和产业化反哺机制六个方面。

（一）反哺主体

反哺主体的界定当从广义出发，反哺农业不应仅仅只是政府的事和从上到下的单向政府管理活动，可推动更多主体参与进来而成为一种多向的社会共同治理活动。政府相关职能部门、涉农事业单位、生产经营组织、其他相关社会组织与农民都应作为反哺农业当事人，进而依其意愿形成能够引起反哺农业法律关系产生、变更和消灭的各种行为。反哺农业法律规范在规制、调整各种反哺农业法律行为过程中形成的以反哺农业当事人之间权利义务、权力责任为主要内容的各种管理关系、协作关系和自治关系之总和即为反哺农业法律关系。其一，政府相关职能部门、涉农事业单位更多地作为反哺农业推动者，通过导向性财政资金扶持、科学技术扶持、人力资本

---

① 李长健：《中国农业补贴法律制度研究——以生存权与发展权平等为中心》，法律出版社 2009 年版，第 21—22 页。

扶持、产业化扶持,以激励手段带动其他当事人参与反哺农业。其二,农民既是反哺农业主体也是客体,在履行应尽职责的同时也享受被反哺的权利,要以主人翁的姿态积极参与反哺农业相关生产经营组织、其他相关社会组织。其三,既是生产经营组织也可是其他相关社会组织的合作组织是反哺农业重要辅助者,或组织农民培训提高科技文化素质,或依自身条件提供资金、技术支持带动农村经济发展,或利用法律等专业知识帮助维护农民权利。"农民合作社是工业反哺农业的组织依托。"①各类农民专业合作社应在反哺农业活动中扮演更为重要的角色。其四,作为生产经营组织的工商企业是反哺农业直接参与者,以其自身发展或为农业提供优质、低价的工业品和农用生产资料并增加对农产品的需求,或提高财政贡献度以增加财政支农的实力,或增强对农村富余劳动力的吸纳能力。

(二) 反哺路径

反哺农业行为法律属性的界定决定了反哺农业活动的具体路径。反哺农业行为是纯行政管理行为或纯市场自治行为抑或管理加自治的复合行为? 行为法律属性直接决定了反哺农业实践中应以谁为主导。我国正处于转型阶段,着力推进服务型政府建设,政府在各类社会治理活动中不可避免地扮演着主导者的角色,但在发挥主导作用的同时也应依循市场经济客观规律开展相应活动。反哺农业亦当如此,应构建在政府主导下兼有市场配置并充分发挥农民、社会组织能动作用的复合反哺路径。通过市场配置推动反哺农业的实施,重点强调政府农业支持、保护政策的根本性调整,使其能够同反哺客体需求及社会实际效应相结合而真正发挥作用。其一,政府主导即意味着所构建的资金反哺机制、科技反哺机制、人力资本反哺机制和产业化反哺机制应以政府投入为核心、以相关立法为导向,将各机制的运行实效纳入到政府绩效考核体系之中。其二,兼有市场配置并充分发挥农民、社会组织能动作用即意味着在各机制的构建过程中应以市场化方式来运作并凸显农民、社会组织的积极参与,引导农民积极成立、参加各类专业合作社,引导工商企业在农业或农村地区进行投资、生产和经营,为农业、农村带来资金、技术和先进的经营理念、营销模式、管理手段等现代生产要素。

---

① 张邦辉:《工业反哺农业与农民合作社立法》,《现代法学》2010 年第 2 期。

（三）资金反哺机制

构建资金反哺机制是实现反哺农业的基本前提。资金反哺农业行为实质就是一种农业资金投入行为。能否开辟更多的农业资金投入来源，是决定反哺农业成败的关键。可能的农业资金投入主要包括国家财政资金、土地出让金、社会自筹资金和信贷资金[1]，大致可分为国家财政农业资金投入、社会自筹农业资金投入、信贷农业资金投入三类。其一，国家财政农业资金投入是农业资金投入的主要来源。资金主要源自国家财政转移支付中的涉农资金和各级地方政府财政支农资金，也可部分源自"国有土地有偿使用出让收入"形式之土地出让金这样的政府财政预算外收入[2]，其一般表现为各类农业专项资金。其二，社会自筹农业资金投入是农业资金投入的重要补充。资金主要源自农村集体存量资产、农村民间资金、合作组织助农资金、工商企业及城镇居民投资资金，也可部分源自农村集体土地征收补偿金以及农村集体土地转为国有土地后的土地出让金。基于农业资金投入实现反哺农业是构建和谐社会的必然要求，在资金筹集上动员全社会的力量也是应有之义。其三，信贷农业资金投入是农业资金投入的有力支持。在农业现代化进程中，来自各类政策性金融机构与商业金融机构的"粮棉油收购贷款、农村基础设施建设贷款、扶贫贷款"[3]等信贷资金往往发挥着兼具规模与效益的导向作用。

（四）科技反哺机制

构建科技反哺机制是实现反哺农业的智力保障。科技反哺农业行为实质就是一种农业技术推广行为。科技反哺农业往往通过一系列制度设计，促进农业技术进步与应用，进而提高农业综合生产力、实现农业可持续发展。主要包括四个方面内容：其一，提高农民技术需求水平。要改善农业生产环境以增加农业比较效益，通过培训提升农民对农业新技术的认知水平，建立农业新技术采用风险保障机制。其二，选择适宜技术进步路径。在技

---

[1] 参见周建华：《工业反哺农业机制构建问题研究》，博士学位论文，湖南农业大学经济学院，2007年，第76页。

[2] 搜狐网：《2万亿土地出让金为政府预算外收入 流向待透明》，2011年1月13日，见 http://business.sohu.com/20110113/n278849864.shtml。

[3] 张会平：《农业信贷资金的供求矛盾与化解》，《税务与经济》2007年第5期。

术培育、促进、选择上,以扩大粮食产量满足基本生存需求、改善生产生态条件、提升土地生产率和劳动生产率为主。其三,建立多元化科技投入机制。要明确政府农业科技投入增长机制,激励个人、企业、社会团体加大农业科技投入。其四,完善农业技术推广机制。要立足于《中华人民共和国农业技术推广法》(1993 年制定,2012 年修改),"进一步理顺管理体制、加大政府支持、整合农业科技资源、提升运行效率和服务能力,构建满足农业科技服务多元化需求的农业科技推广体系"。① 在强调公益性技术推广的前提下,实现其与经营性技术的分类推广。

(五) 人力资本反哺机制

构建人力资本反哺机制是实现反哺农业可持续化的核心要件。人力资本反哺农业行为实质就是一种农村劳动力培养与流动行为。我国农村有着丰富的人力资源,但人力资源不等于人力资本,也不等于直接的经济效益。应通过人力资本反哺机制的构建实现我国农村相对低素质人力资源向相对高素质至少是稍具专业技术素质之人力资本的转进。反哺农业最终是落实在农村中的"人",更为合理的农村人力资本形成机制也为实现反哺农业中的"以人为本"提供了必要前提。"人才、科技、教育的支持是全社会关心和支持农业的重要体现,忽视了这一点,就可能片面理解'工业反哺农业,城市支持农村'的精神实质。"②具体分为两个方面:(1)完善农村人力资本积累机制。进一步强化农村义务制教育的普及、深入,在农村职业教育、劳动力技能培训上加大投入。扩大农村职业技术学校规模,加强农村实用技术普及教育。各级政府引导成立农村人力资本开发基金,以物质奖励等形式推进农村家庭文化教育消费力度并增加对子女人力资本培育的投入。(2)建立农村人力资本流动机制。加快农村劳动力市场建设与培育,引导农村劳动力既依循市场规律又体现政策导向地自由流动。切实保障流动农民工的合法权益并完善其各类社会保障"转、接、续"制度。

---

① 郑家喜、宋彪:《基层公益性农业科技推广的困境与对策——对湖北省的调查分析》,《科技进步与对策》2013 年第 12 期。

② 朱启臻、韩芳、张晖:《工业反哺农业的经济社会分析》,《林业经济》2008 年第 11 期。

（六）产业化反哺机制

构建产业化反哺机制是实现反哺农业的科学方法。产业化反哺农业行为实质就是一种农业产业化经营行为。资金、科技、人力资本反哺机制的构建均应"遵循间接调控原则、效率原则、协调原则和法制原则"①，以产业化方式运行，进而成就体现市场经济客观规律的"造血式反哺"，以区别于传统运动化、扶贫化的"输血式反哺"，最终充分显现反哺农业的效率价值。农业产业化经营通过产业化龙头企业、农业产业链实现传统农业经济与现代城市工业经济的对接，通过多元产业利益联结格局将工业剩余导入农业领域以提高农业比较利益。主要包括四个方面内容：（1）拓展农业产业链。将农业的产前、产中、产后，农产品加工和流通等纳入农业产业链。（2）培育产业化龙头型企业。提高农产品科技含量，为龙头企业的发展营造宽松的环境。（3）形成多元产业利益联结格局。推行买断性联结、合同型联结、合作型联结、股份合作型联结和企业型联结。（4）建立农业区域产业集群。依区域布局、专业化生产和一体化经营思路，加快农业生产要素向小城镇集聚，使农业产业化、工业化和农村城镇化同步协调发展。

第二节 立法中的反哺农业

立法中的反哺农业是反哺农业规范内涵的文本外延，也是研究反哺农业立法问题的必要载体。我国反哺农业立法已初具规模，相关立法对资金反哺农业、科技反哺农业、人力资本反哺农业、产业化反哺农业皆有涉及。其中科技反哺农业相关立法已形成一套相对独立的部门法体系，人力资本反哺农业相关立法则形成一套关联性的准部门法体系，资金反哺农业、产业化反哺农业相关立法尚未形成一套相对独立的部门法体系。此外，规制作为重要反哺农业当事人与反哺农业组织依托之农民专业合作社的专业合作社相关立法也已形成一套相对独立的部门法体系。

---

① 陆迁、赵凯:《论政府对农业产业化的宏观调控》,《西北农林科技大学学报（社会科学版）》2003年第6期。

一、资金反哺农业相关立法

我国资金反哺农业相关立法即规制资金反哺的农业资金立法,主要是有关农业资金投入的各位阶规范性法律文件。该类立法并未形成一套相对独立的部门法体系,属于典型的分散式立法,而散见于法律、行政法规、部门规章、地方性法规和地方政府规章中。

（一）法律

相关法律仅1件,即《中华人民共和国农业法》。该法第37—41条就农业资金投入的来源、运行予以了原则性规定。其中第37条规定:"国家建立和完善农业支持保护体系,采取财政投入、税收优惠、金融支持等措施,从资金投入、科研与技术推广、教育培训、农业生产资料供应、市场信息、质量标准、检验检疫、社会化服务以及灾害救助等方面扶持农民和农业生产经营组织发展农业生产,提高农民的收入水平。"该规定将财政投入、税收优惠和金融支持确立为我国农业资金投入的基本方式。第39条规定:"县级以上人民政府每年财政预算内安排的各项用于农业的资金应当及时足额拨付。各级人民政府应当加强对国家各项农业资金分配、使用过程的监督管理,保证资金安全,提高资金的使用效率。"该规定确立了我国农业资金投入运行的及时性、足额性、安全性和效益性原则。

（二）行政法规

相关行政法规仅1件,即1988年《国务院关于建立农业发展基金增加农业资金投入的通知》。该通知主要就建立农业发展基金、增加农业资金投入、确保农业资金的稳定来源予以规定,具体包括五个方面内容:资金渠道及资金的使用;增加财政对农业的资金投入;落实增加农业投入的政策;增加农业事业费和支援农业生产支出在地方财政支出中的比重;加强资金管理,提高资金使用效益。

（三）部门规章

相关部门规章主要以"规定、办法、意见、通知、复函、解释"的形式来规定。具体涉及资金管理、资金绩效评价、违规违纪处理以及资金稽查监督四个方面问题。

1."规定"或"办法"类部门规章

（1）涉及资金管理问题的该类部门规章有6件,分别是:1995年《国家农业综合开发财政有偿资金管理暂行规定》(失效)、1999 年《国家农业综合开发项目和资金管理暂行办法》(失效)、2001 年《农业科技成果转化资金项目管理暂行办法》、2004 年《农业机械购置补贴专项资金使用管理办法(试行)》(失效)、《国家农业综合开发资金和项目管理办法》(2005 年制定,2010 年修改)、2006 年《"三西"农业建设专项补助资金使用管理办法》。

其中最具代表性的是《国家农业综合开发资金和项目管理办法》。该办法共 5 章 61 条,界定了农业综合开发的基本内涵,规定了资金安排原则、项目管理原则,就扶持重点、资金管理、项目管理等做出了明确规定。

(2)涉及资金稽查监督问题的该类部门规章有 5 件,分别是:1991 年《审计署关于农业资金审计的规定》(失效)、2000 年《农业综合开发财政有偿资金延期还款和呆账处理暂行规定》(失效)、1996 年《农业专项资金审计实施办法》、1996 年《审计机关对农业专项资金审计实施办法》(失效)、2001 年《农业综合开发资金报账实施办法》(失效)。

其中最具代表性的是 1996 年《农业专项资金审计实施办法》。该办法共 18 条,界定了农业专项资金审计的含义,就实施办法、职能、原则、主要内容、主要程序、依据、职权、经费等做出了明确规定。

2. "意见"类部门规章

以"意见"形式来规定的部门规章有 2 件,皆涉及资金稽查监督问题,即 1999 年《中国农业发展银行关于进一步加强资金计划管理工作的意见》和 2003 年《财政部关于切实加强农业财政资金管理监督的意见》。

其中最具代表性的是 2003 年《财政部关于切实加强农业财政资金管理监督的意见》。该意见就解决实践中存在的农业财政资金预算不落实、农业专项资金被挤占挪用、农业财政预算执行进度慢、结转数额大等问题提出了指导性建议。认为要进一步提高农业财政资金分配使用管理的安全性、规范性和有效性,需从以下五个方面入手:进一步加强农业财政资金管理工作的领导;认真落实农业财政资金预算,严格农业财政预算执行;严格执行农业财政资金管理制度;采取各种有效措施,提高农业财政资金的安全性、规范性和有效性;加强农业财政资金使用管理的监督检查。

3. "通知"类部门规章

(1)涉及资金管理问题的该类部门规章主要包括:1994 年《财政部关于

印发〈国家农业综合开发资金管理办法〉的通知》(失效)、1997年《财政部关于印发〈财政支持农业社会化服务实体化系列化建设试点项目及其资金管理办法〉的通知》(失效)、1997年《中国农业发展银行、农业部、财政部关于做好种子工程贷款及贴息资金管理工作的通知》、2002年《财政部关于印发〈关于进一步加强农业综合开发资金管理的若干意见〉的通知》(失效)、2002年《科学技术部关于印发〈农业科技成果转化资金项目监理和验收办法〉的通知》、2004年《财政部关于印发〈农业科技推广示范项目资金管理办法〉的通知》(失效)、2005年《财政部、农业部关于印发〈农业机械购置补贴专项资金使用管理暂行办法〉的通知》、2006年《农业部关于加强农业财政专项资金管理的通知》、2008年《财政部关于印发〈农业综合开发财政有偿资金管理办法〉的通知》、2008年《财政部关于印发〈中央财政现代农业生产发展资金使用管理暂行办法〉的通知》(失效)、2008年《财政部关于印发〈农业综合开发中央财政贴息资金管理办法〉的通知》、《财政部关于印发〈农业综合开发资金若干投入比例的规定〉的通知》(2008年制定,2010年修改)、2009年《财政部关于印发〈中央财政现代农业生产发展资金使用管理办法〉的通知》(失效)、2012年《财政部关于印发〈中央财政农业技术推广与服务补助资金管理办法〉的通知》、2012年《农业部关于推进农业项目资金倾斜支持国家现代农业示范区建设的通知》、2013年《财政部关于印发〈中央财政现代农业生产发展资金管理办法〉的通知》、2013年《财政部、农业部关于印发〈中央财政农业生产防灾救灾资金管理办法〉的通知》、2014年《财政部、农业部关于印发〈中央财政农业资源及生态保护补助资金管理办法〉的通知》。

其中最具代表性的是2013年《财政部关于印发〈中央财政现代农业生产发展资金管理办法〉的通知》。该通知的附件《中央财政现代农业生产发展资金管理办法》共6章26条,界定了中央财政现代农业生产发展资金的含义,规定了其任务与原则,就资金分配、方案编报与资金下达、资金使用管理、绩效评价、监督检查等做出了明确规定。

(2)涉及资金绩效评价问题的该类部门规章有三件,分别是:2007年《国家农业综合开发办公室关于印发〈国家农业综合开发资金和项目管理工作质量考评办法(试行)〉的通知》(失效)、2011年《国家农业综合开发办公室关于印发〈国家农业综合开发项目资金绩效评价办法（试行）〉的通知》、《财政部关于印发〈中央财政现代农业生产发展资金绩效评价办法〉的通知》（2011 年制定，2013 年修改）。

其中最具代表性的是《财政部关于印发〈中央财政现代农业生产发展资金绩效评价办法〉的通知》。该通知的附件《中央财政现代农业生产发展资金绩效评价办法》共 5 章 17 条，以及"附 1：财政部对省级财政（务）部门绩效评价量化指标表"、"附 2：省级财政（务）部门对项目县绩效评价参考量化指标表"，界定了现代农业生产发展资金绩效评价的含义，规定了绩效评价遵循的原则，就绩效评价的组织实施、绩效评价的依据和内容、绩效评价方法与结果运用等做出了明确规定。

（3）涉及违规违纪处理问题的该类部门规章有 3 件，分别是：1995 年《财政部关于纠正农业综合开发资金违纪违规问题的通知》、2005 年《财政部关于印发〈农业综合开发财政资金违规违纪行为处理暂行办法〉的通知》（失效）、2011 年《财政部关于印发〈农业综合开发财政资金违规违纪行为处理办法〉的通知》。

其中最具代表性的是 2011 年《财政部关于印发〈农业综合开发财政资金违规违纪行为处理办法〉的通知》。该通知的附件《农业综合开发财政资金违规违纪行为处理办法》共 25 条，界定了农业综合开发财政资金违规违纪行为的含义，就处理主管部门、违规违纪行为分类、相应罚则、从轻从重处理事项等做出了明确规定。

（4）涉及资金稽查监督问题的该类部门规章有 9 件，分别是：1990 年《审计署关于加强农业资金审计工作意见的通知》、2001 年《财政部关于印发〈农业综合开发资金会计制度〉的通知》、2006 年《财政部关于印发〈农业综合开发资金会计制度〉补充规定的通知》、2006 年《财政部关于申报部门项目到期中央财政农业综合开发有偿资金呆账处理事项的通知》（失效）、2008 年《财政部关于进一步加强灾后农业恢复重建资金监管工作的紧急通知》（失效）、2008 年《财政部关于印发〈农业综合开发财政有偿资金呆账核销和延期还款办法〉的通知》、2011 年《国家农业综合开发办公室关于发挥乡镇财政监管优势进一步加强农业综合开发资金和项目管理的通知》、2011 年《财政部关于印发〈农业综合开发财政资金县级报账实施办法〉的通知》、2011 年《财政部关于印发农业综合开发土地治理项目工程管护资金会计核算的有关规定的通知》。

其中最具代表性的是 2001 年《财政部关于印发〈农业综合开发资金会计制度〉的通知》。该通知的附件《农业综合开发资金会计制度》共 11 章 65 条,以及"附一:会计报表格式"、"附二:会计报表编制说明",界定了农业综合开发资金会计的基本内涵,就一般原则、资产、负债、净资产、收入、支出、会计科目、年终清理结算和结账、会计报表的编审等做出了明确规定。

4."复函"或"解释"类部门规章

以"复函"或"解释"形式来规定的部门规章有 3 件,分别是:1994 年《财政部关于农业综合开发资金管理有关问题请示的复函》(失效)、1997 年《财政部关于农业综合开发资金存款利息使用问题的复函》、1999 年《财政部关于〈国家农业综合开发项目和资金管理暂行办法〉若干条文的解释》(失效)。这些"复函"或"解释"主要是围绕前述四个方面问题的一种实施性、执行性、个案化规定。

(四) 地方性法规

相关地方性法规仅 1 件,即 1990 年《吉林省农业集体经济组织积累资金管理条例》。该条例共 8 章 56 条,界定了农业集体经济组织积累资金的含义,从权属、收取、管理、代管、使用五个方面明晰了农业集体经济组织积累资金的运行管理,并设定了相应的奖励与处理措施。

(五) 地方政府规章

相关地方政府规章有 6 件,分别是:1987 年《吉林省农业集体经济组织积累资金管理办法》、1990 年《山东省财政支援农业有偿资金回收管理暂行办法》(失效)、1991 年《长春市农业综合开发资金使用管理暂行办法》、1996 年《湖南省农业、工业发展专项资金管理办法》、1998 年《广州市农业现代化资金项目管理办法》、2012 年《沈阳市农业综合开发资金和项目管理办法》。

其中最具代表性的是 2012 年《沈阳市农业综合开发资金和项目管理办法》。该办法共 6 章 34 条,界定了农业综合开发的含义,明确列举了农业综合开发项目资金的具体范围,就资金管理、项目管理、监督检查、法律责任等做出了明确规定。

二、科技反哺农业相关立法

我国科技反哺农业相关立法即规制科技反哺的农业技术立法,主要是有关农业技术推广的各位阶规范性法律文件。该类立法以《中华人民共和国农业技术推广法》为核心,并在其他法律、行政法规、部门规章、地方性法规和地方政府规章中皆有专门规定,已基本形成一套相对独立的部门法体系。

（一）法律

相关法律有2件,即《中华人民共和国农业法》和《中华人民共和国农业技术推广法》。

其一,《中华人民共和国农业法》第48—53条就农业技术推广的经费保障、运行机制予以了原则性规定。其中第48条规定:"县级以上人民政府应当按照国家有关规定逐步增加农业科技经费和农业教育经费。国家鼓励、吸引企业等社会力量增加农业科技投入,鼓励农民、农业生产经营组织、企业事业单位等依法举办农业科技、教育事业。"该规定确立了农业技术推广经费以政府递增式保障为主、积极引导社会资金投入为辅的基本原则。第52条规定:"农业科研单位、有关学校、农民专业合作社、涉农企业、群众性科技组织及有关科技人员,根据农民和农业生产经营组织的需要,可以提供无偿服务,也可以通过技术转让、技术服务、技术承包、技术咨询和技术入股等形式,提供有偿服务,取得合法收益。农业科研单位、有关学校、农民专业合作社、涉农企业、群众性科技组织及有关科技人员应当提高服务水平,保证服务质量。"该规定确立了无偿或有偿技术转让、技术服务、技术承包、技术咨询和技术入股的农业技术推广基本形式。

其二,《中华人民共和国农业技术推广法》作为单行法律基本确立了农业技术立法的相对独立部门法地位。其在实现前述《中华人民共和国农业法》相关规定具体化、可操作化的同时,就农业技术推广的基本内涵、主要原则、农业技术推广体系、农业技术的推广与应用、农业技术推广的保障措施、法律责任等方面予以了系统、全面的规定。

（二）行政法规

相关行政法规有3件,分别是:1988年《国务院办公厅转发农研中心关于推广旱作农业技术发展旱地农业生产报告的通知》、1999年《国务院办公厅转发农业部等部门关于稳定基层农业技术推广体系意见的通知》和2006年《国务院关于深化改革加强基层农业技术推广体系建设的意见》。

其一,1988年《国务院办公厅转发农研中心关于推广旱作农业技术发展旱地农业生产报告的通知》。该通知基于我国北方旱作农区的基本情况及发展前景,制定了依靠旱作农业技术发展北方旱作农业的指导方针、政策与具体措施。

其二,1999年《国务院办公厅转发农业部等部门关于稳定基层农业技术推广体系意见的通知》。该通知明确了农业技术推广体系作为农业社会化服务体系和国家对农业支持保护体系之重要组成部分的关键性地位,并从5个方面提出了加强基层农业技术推广体系建设、鼓励农业科技人员到农业生产第一线直接为农民服务的具体意见。

其三,2006年《国务院关于深化改革加强基层农业技术推广体系建设的意见》。该意见共5个方面16条,提出了解决基层农业技术推广体系体制不顺、机制不活、队伍不稳、保障不足等问题的基本路径。即改革基层农业技术推广体系的指导思想、基本原则和总体目标;推进基层农业技术推广机构改革;促进农业技术社会化服务组织发展;加大对基层农业技术推广体系的支持力度;切实加强对基层农业技术推广体系改革工作的领导。

(三) 部门规章

相关部门规章主要以"办法、条例、规定、意见、通知、批复"的形式来规定。具体涉及农业技术推广财政支持、农业技术推广机构建设、农业技术推广相关基金与项目管理、农业机械化技术推广4个方面问题。

1."办法""条例"或"规定"类部门规章

以"办法""条例"或"规定"形式来规定的部门规章主要包括:1983年《农牧渔业部农业机械化技术推广工作管理办法(试行)》、1984年《农业技术重点推广项目管理试行办法》、1987年《农牧渔业"丰收计划"农业技术推广基金暂行管理办法》、1983年《农业技术推广工作条例(试行)》、1987年《关于建设县农业技术推广中心的若干规定》。

其中最具代表性的是1983年《农牧渔业部农业机械化技术推广工作管理办法(试行)》。该办法共7章25条,就农机化技术推广工作的基本任务、主要原则、推广体系、推广程序、经费与条件、技术承包、成果奖励等做出了明确规定。

2."意见"类部门规章

以"意见"形式来规定的部门规章主要包括:1996年《关于财政支持农业技术推广的若干意见》、2006年《农业部关于贯彻落实〈关于财政支持农业技术推广〉的若干意见》、2009年《农业部关于加快推进乡镇或区域性农业技术推广机构改革与建设的意见》、2012年《农业部关于贯彻实施〈中华人民共和国农业技术推广法〉的意见》、2012年《农业部关于加强农业机械化技术推广工作的意见》、2013年《农业部、人力资源和社会保障部、教育部科学技术部关于实施农业技术推广服务特设岗位计划的意见》、2013年《国家林业局关于贯彻落实〈中华人民共和国农业技术推广法〉的意见》。

其中最具代表性的是2012年《农业部关于贯彻实施〈中华人民共和国农业技术推广法〉的意见》。该意见共7个方面27条,设定了贯彻实施农业技术推广法的基本路径。即健全国家农业技术推广机构;加强国家农业技术推广队伍建设;创新国家农业技术推广机构工作运行机制;促进多元化农业技术服务组织发展;加强农业技术推广与应用;落实农业技术推广保障措施;营造贯彻实施农业技术推广法的良好氛围。

3."通知"或"批复"类部门规章

以"通知"或"批复"形式来规定的部门规章主要包括:2012年《农业部办公厅、财政部办公厅关于印发〈2012年基层农业技术推广体系改革与建设实施指导意见〉的通知》、2013年《农业部办公厅、财政部办公厅关于印发〈2013年基层农业技术推广体系改革与建设实施指导意见〉的通知》、2013年《农业部办公厅关于启动全国基层农业技术推广体系管理信息系统运行的通知》、2013年《财政部关于印发〈中央财政农业技术推广与服务补助资金管理办法〉的通知》、2010年《农业部关于同意在福建省泉州市设立台湾农业技术交流推广中心的批复》。相关"通知"或"批复"主要是围绕前述4个方面问题的一种实施性、执行性、个案化规定。

(四) 地方性法规

相关地方性法规主要以"办法、条例、规定"的形式来规定,是基于相关法律、行政法规的上位法规定所形成的符合地方实际与特色的实施细则。

1. "办法"类地方性法规

以"办法"形式来规定的地方性法规主要包括:《江苏省实施〈中华人民共和国农业技术推广法〉办法》(1994 年制定,1997 年、2004 年、2010 年修改)、2006 年《安徽省实施〈中华人民共和国农业技术推广法〉办法》、2004年《新疆维吾尔自治区实施〈中华人民共和国农业技术推广法〉办法》、2002年《河北省实施〈中华人民共和国农业技术推广法〉办法》、1998 年《云南省实施〈中华人民共和国农业技术推广法〉办法》、1997 年《福建省实施〈中华人民共和国农业技术推广法〉办法》、1996 年《内蒙古实施〈中华人民共和国农业技术推广法〉办法》、1995 年《北京市实施〈中华人民共和国农业技术推广法〉办法》、1994 年《天津市实施〈中华人民共和国农业技术推广法〉办法》。

其中修改最为频繁的是《江苏省实施〈中华人民共和国农业技术推广法〉办法》。该办法共 6 章 32 条,就相关概念、基本原则、农业技术推广体系、农业技术推广管理、农业技术推广保障措施、奖励与惩罚等做出了重述性明确规定。

2. "条例"类地方性法规

以"条例"形式来规定的地方性法规有 8 件,分别是:《甘肃省农业技术推广条例》(1991 年制定,1995 年、1997 年、2004 年修改)、《贵州省农业技术推广条例》(1990 年制定,1994 年、1998 年修改)、1995 年《长春市农业技术推广条例》、1994 年《成都市农业技术推广条例》(失效)、1992 年《山东省农业技术推广条例》、1991 年《青海省农业技术推广条例》、1988 年《山西省农业技术推广条例》(失效)、1988 年《浙江省农业技术推广条例》(失效)。

其中修改最为频繁的是《甘肃省农业技术推广条例》。该条例共 7 章 43 条,就相关概念、基本原则、体系、管理、程序与方法、经费、奖励等做出了重述性明确规定。

3. "规定"类地方性法规

以"规定"形式来规定的地方性法规有 4 件,分别是:2001 年《汕头市促进农业技术推广若干规定》、1997 年《淄博市农业技术推广若干规定》、1996年《鞍山市实施〈中华人民共和国农业技术推广法〉规定》(失效)、1995 年《福州市农业技术推广若干规定》。

其中最具代表性的是1997年《淄博市农业技术推广若干规定》。该规定共35条,就基本原则、体系、人员管理、方法、经费、奖励与惩罚等做出了明确规定。

（五）地方政府规章

相关地方政府规章有8件,分别是:1996年《沈阳市农业技术推广奖实施办法》(失效)、1995年《合肥市农业技术推广办法》、1992年《陕西省农业技术推广成果奖励办法》、1991年《辽宁省农业技术推广暂行规定》、1991年《广州市农业技术推广奖励试行办法》(失效)、1989年《湖南省农业技术推广管理办法》(失效)、1989年《安徽省农业技术推广管理办法》(失效)、1987年《河北省农业技术推广条例》(失效)。

其中最具代表性的是1991年《辽宁省农业技术推广暂行规定》。该规定共6章30条,就相关概念、基本原则、技术服务、经营服务、社会保障、奖励与处罚等做出了明确规定。

三、人力资本反哺农业相关立法

我国人力资本反哺农业相关立法即规制人力资本反哺的农村劳动力立法,主要是有关农村劳动力培养与流动的各位阶规范性法律文件。该类立法已形成一套关联性的准部门法体系,存在于以《中华人民共和国义务教育法》(1986年制定,2006年修改)、1996年《中华人民共和国职业教育法》、2007年《中华人民共和国就业促进法》为核心的各自独立的部门法体系中,分别规定农村劳动力义务教育培养问题、农村劳动力职业教育培养问题和农村劳动力流动问题,在法律、行政法规、部门规章、地方性法规和地方政府规章中皆有专门规定。

（一）法律

相关法律有4件,分别是:《中华人民共和国农业法》、《中华人民共和国义务教育法》、《中华人民共和国职业教育法》、《中华人民共和国就业促进法》。

1.《中华人民共和国农业法》第48条、第54—56条、第70条就农村劳动力义务教育培养、职业教育培养的经费保障、运行机制予以了原则性规定。其中第48条确立了农村劳动力义务教育培养、职业教育培养的经费以政府递增式保障为主、积极引导社会资金投入为辅的基本原则;第 54 条、第 70 条确立了保障实施农村义务教育的基本原则以及禁止农村义务教育乱收费的规定;第 55 条、第 56 条确立了发展农业职业教育的基本原则以及开展"农业实用技术培训、农民绿色证书培训和其他就业培训"的具体教育途径。

2.《中华人民共和国农业法》第 80—82 条就农村劳动力流动的主要途径、流出劳动力权益保障予以了原则性规定。第 80 条、第 81 条在事实上将支撑"农村小城镇开发建设"的"第二、第三产业"之"乡镇企业发展"确立为"农村富余劳动力转移"的主渠道;第 82 条确立了"引导农村富余劳动力合理有序流动","不得设置不合理限制"以保障农村流出劳动力合法权益的基本原则。

3.《中华人民共和国义务教育法》是有关义务教育的学生、学校、教师、教育教学、经费保障的专门立法,其在第 6 条、第 31 条、第 33 条、第 44 条、第 45 条、第 47 条中就农村劳动力义务教育培养问题予以了特别规定。既包括"采取措施保障农村地区实施义务教育"的原则性规定,还包括充实农村地区教师来源、"完善农村教师工资经费保障机制"和农村义务教育经费保障、向农村地区学校倾斜、设立专项扶持资金这样的具体规定。

4.《中华人民共和国职业教育法》是有关职业教育的体系、实施、保障条件的专门立法,其在第 7 条、第 17 条、第 18 条、第 31 条就农村劳动力职业教育培养问题予以了特别规定。既包括"国家采取措施发展农村职业教育"的原则性规定,还包括"对农村依法举办的职业学校和职业培训机构给予指导和扶持"、"适应农村需要开展实用技术的培训"的方法指引、"将农村科学技术开发、技术推广的经费适当用于农村职业培训"的经费保障这样的具体规定。此外,《中华人民共和国就业促进法》第 50 条也就该问题予以了特别规定,强调通过"技能培训增强进城就业农村劳动者的就业能力和创业能力"。

5.《中华人民共和国就业促进法》第 20 条、第 22 条、第 31 条就农村劳动力流动问题予以了特别规定。第 20 条第 2 款重述了前述《中华人民共和国农业法》之"农村富余劳动力转移"主渠道的相关规定,并进一步强调"推进小城镇建设和加快县域经济发展,引导农业富余劳动力就地就近转移就业"。其余条款则在前述《中华人民共和国农业法》之保障农村流出劳动力"合法权益"相关规定的基础上,进一步规定要"建立健全城乡劳动者平等就业的制度"、"改善农村劳动者进城就业的环境和条件"、"不得对农村劳动者进城就业设置歧视性限制",进而充实了我国立法规制农村劳动力流动问题的原则性内容。

（二）行政法规

相关行政法规有 15 件,分别就农村劳动力义务教育培养、职业教育培养问题和农村劳动力流动问题做出了专门规定。

1. 农村劳动力义务教育培养相关行政法规

该类行政法规有 7 件,分别是:2001 年《国务院办公厅转发国家计委关于农村中小学教育收费专项检查情况报告的通知》、2002 年《国务院办公厅关于完善农村义务教育管理体制的通知》、2003 年《国务院关于进一步加强农村教育工作的决定》、2005 年《国务院关于深化农村义务教育经费保障机制改革的通知》、2007 年《国务院办公厅转发国务院农村综合改革工作小组关于开展清理化解农村义务教育"普九"债务试点工作意见的通知》、2011 年《国务院办公厅关于实施农村义务教育学生营养改善计划的意见》、2012 年《国务院办公厅关于规范农村义务教育学校布局调整的意见》。其分别就农村义务教育的基本原则、目标、管理体制、学校布局、经费保障、债务清理、学生营养健康等做出了具体规定。

2. 农村劳动力职业教育培养相关行政法规

该类行政法规有 3 件,分别是:2003 年《国务院关于进一步加强农村教育工作的决定》、2010 年《国务院办公厅关于进一步做好农民工培训工作的指导意见》、2012 年《国务院关于印发全国现代农业发展规划(2011—2015 年)的通知》。

（1）2003 年《国务院关于进一步加强农村教育工作的决定》。该决定共 34 条,就农村职业教育的服务方向、相关教学改革的指导思想与目标、以就业为导向、以农民培训为重点、相关劳动实践场所建设、经费保障、学校管理、现代远程教育等做出了具体规定。

（2）2010 年《国务院办公厅关于进一步做好农民工培训工作的指导意见》。该意见共 23 条,就农民工(农村富余劳动力)培训的基本原则、主要目标、培训统筹规划、培训资金管理、企业培训、培训质量、培训能力建设、组织领导等做出了具体规定。

(3)2012年《国务院关于印发全国现代农业发展规划(2011—2015年)的通知》。该通知的附件《全国现代农业发展规划(2011—2015年)》在"强化农业科技和人才支撑"中规定:"以实施现代农业人才支撑计划为抓手,大力培养农业科研领军人才、农业技术推广骨干人才、农村实用人才带头人和农村生产型、经营型、技能服务型人才。围绕农业生产服务、农村社会管理和涉农企业用工等需求,加大农村劳动力培训阳光工程实施力度。大力发展农业职业教育,加快技能型人才培养,培育一批种养业能手、农机作业能手、科技带头人等新型农民。"从而将"现代农业人才支撑计划"和"农村劳动力培训阳光工程"确立为我国农村劳动力职业教育培养的两个重要平台。

3.农村劳动力流动相关行政法规

该类行政法规有6件,分别是:1998年《国务院办公厅转发劳动保障部等部门关于做好灾区农村劳动力就地安置和组织民工有序流动工作意见的通知》、1999年《国务院办公厅关于切实做好春运期间组织民工有序流动和灾区农村劳动力就地安置工作的紧急通知》、2006年《国务院关于解决农民工问题的若干意见》、2008年《国务院办公厅关于切实做好当前农民工工作的通知》、2010年《国务院办公厅关于切实解决企业拖欠农民工工资问题的紧急通知》、2013年《国务院办公厅转发教育部等部门关于实施教育扶贫工程意见的通知》。

(1)1998年《国务院办公厅转发劳动保障部等部门关于做好灾区农村劳动力就地安置和组织民工有序流动工作意见的通知》和1999年《国务院办公厅关于切实做好春运期间组织民工有序流动和灾区农村劳动力就地安置工作的紧急通知》。这两个通知分别就灾区劳动力劳务输出、劳动力市场管理、劳动力交通运输管理、劳务报酬保障、劳务信息沟通等做出了具体规定。

(2)2006年《国务院关于解决农民工问题的若干意见》。该意见共40条,分别从10个方面就农民工问题做出了具体规定:农民工问题的重大意义;农民工工作的指导思想和基本原则;农民工工资偏低和拖欠问题;农民工劳动管理;农民工就业服务和培训;农民工社会保障问题;农民工相关公共服务;农民工权益的保障机制;农村劳动力就地就近转移就业;对农民工工作的领导。

（3）2008 年《国务院办公厅关于切实做好当前农民工工作的通知》。该通知分别从 6 个方面就农民工问题做出了具体规定:农民工就业;农民工技能培训和职业教育;农民工返乡创业和投身新农村建设;农民工工资按时足额发放;农民工社会保障和公共服务;返乡农民工土地承包权益。

（4）2010 年《国务院办公厅关于切实解决企业拖欠农民工工资问题的紧急通知》。该通知分别从 6 个方面就解决企业拖欠农民工工资问题做出了具体规定:主管职能部门;农民工工资支付情况专项检查;企业主体责任;建设领域拖欠工程款问题;预防和解决拖欠农民工工资工作的长效机制;相关应急工作机制。

（5）2013 年《国务院办公厅转发教育部等部门关于实施教育扶贫工程意见的通知》。该通知规定可在集中连片特殊困难农村地区的劳务输出方面"探索统一派送、劳务派遣、劳务外包等输出安置新模式"。

（三）部门规章

相关部门规章主要以"办法、意见、通知、批复"的形式来规定。具体涉及农村劳动力义务教育培养、职业教育培养和农村劳动力流动三个方面问题。

1."办法"类部门规章

以"办法"形式来规定的部门规章仅 1 件,即 2004 年《农村劳动力转移培训阳光工程项目检查验收办法（试行）》。该办法为加强农村劳动力转移培训阳光工程项目实施的监督和管理,就检查验收目的、检查验收内容、检查验收方法、奖惩等做出了明确规定。

2."意见"类部门规章

以"意见"形式来规定的部门规章主要包括:1987 年《国家教育委员会、财政部关于农村基础教育管理体制改革若干问题的意见》、1989 年《农业部、国家科学技术委员会、国家教育委员会、林业部、中国农业银行关于农科教结合,共同促进农村、林区人才开发与技术进步的意见（试行）》、2005 年《教育部关于实施农村实用技术培训计划的意见》、2007 年《教育部关于推进高等农林教育服务社会主义新农村建设的若干意见》、2007 年《教育部、财政部关于全面实施农村义务教育教科书免费提供和做好部分教科书循环使用工作的意见》、2009 年《财政部、教育部关于进一步加强农村义务教育经费保障机制改革资金管理的若干意见》、2009 年《国务院农村综合改革工作小组关于进一步做好清理化解农村义务教育债务工作的意见》、2011 年《教育部、国家发展和改革委员会、科学技术部、财政部、人力资源和社会保障部、水利部、农业部、国家林业局、国家粮食局关于加快发展面向农村的职业教育的意见》、2012 年《教育部、中央编办、国家发展改革委等关于大力推进农村义务教育教师队伍建设的意见》、2013 年《教育部等 5 部门关于加强义务教育阶段农村留守儿童关爱和教育工作的意见》。

其中最具代表性的、有最多协作推进实施职能部门的是 2011 年《教育部、国家发展和改革委员会、科学技术部、财政部、人力资源和社会保障部、水利部、农业部、国家林业局、国家粮食局关于加快发展面向农村的职业教育的意见》。该意见由 9 部门联合印发,共 20 条。明确了加快发展农村职业教育的意义、目标任务,强调以"大幅提升农村职业教育基础能力"和"深化农村职业教育改革创新"为基本立足点。具体从 4 个方面确立了农村职业教育的未来发展方向:加强农业职业学校和涉农专业建设,提升支撑现代农业发展能力;坚持三教统筹、农科教结合,努力培育新型农民;加强师资队伍建设,加大经费投入,建立稳定、长效的保障机制;切实加强领导,健全管理体制,营造良好发展环境。

3. "通知"或"批复"类部门规章

以"通知"或"批复"形式来规定的部门规章主要包括:1991 年《劳动部、农业部、国务院发展研究中心关于建立并实施中国农村劳动力开发就业试点项目的通知》、2004 年《农业部、财政部、劳动和社会保障部、教育部、科技部、建设部关于组织实施农村劳动力转移培训阳光工程的通知》、2006 年《劳动和社会保障部关于印发农村劳动力技能就业计划的通知》、2006 年《财政部、教育部关于确保农村义务教育经费投入加强财政预算管理的通知》、2008 年《农业部办公厅关于开展农村实用人才创业培训试点工作的通知》、2011 年《农业部、教育部、科学技术部、人力资源和社会保障部关于印发〈现代农业人才支撑计划实施方案〉的通知》、2013 年《教育部关于开展农村学校艺术教育实验县工作的通知》、2013 年《农业部办公厅、财政部办公厅关于印发〈2013 年农村劳动力培训阳光工程项目实施指导意见〉的通知》、2014 年《国务院教育督导委员会办公室关于开展农村义务教育学校基本办学条件专项督导的通知》、2014 年《教育部办公厅关于公布第一批国家级农村职业教育和成人教育示范县创建入围名单及开展第二批示范县创建工作的通知》、2001 年《农业部办公厅、财政部办公厅、团中央办公厅关于 2001 年"跨世纪青年农民科技培训工程"实施县及实施方案的批复》、2008 年《国务院农村综合改革工作小组关于批复吉林省人民政府化解农村义务教育"普九"债务试点实施方案的函》。相关"通知"或"批复"主要是围绕前述 3 个方面问题的一种实施性、执行性、个案化规定。

（四）地方性法规

相关地方性法规有 6 件，分别就农村劳动力义务教育培养、职业教育培养问题和农村劳动力流动问题做出了专门规定。

1. 农村劳动力义务教育培养相关地方性法规

该类地方性法规仅 1 件，即《吉林市农村义务教育条例》（1990 年制定，1997 年、2004 年修改）。该条例共 8 章 58 条，为切实实施农村义务教育，就学生、教师、学校、经费、监督、奖罚等做出了明确规定。

2. 农村劳动力职业教育培养相关地方性法规

该类地方性法规有 3 件，分别是：2000 年《济南市农村成人教育若干规定》、2010 年《天津市农民教育培训条例》、2011 年《甘肃省农民教育培训条例》。最具代表性的是 2011 年《甘肃省农民教育培训条例》。该条例共 6 章 40 条，为了促进和规范农民教育培训工作，就教育培训体系建设、教育培训具体内容、监督管理、法律责任等做出了明确规定。

3. 农村劳动力流动相关地方性法规

该类地方性法规有 2 件，即 2007 年《山西省农民工权益保护条例》和 2013 年《河北省农民工权益保障条例》。其为了促进农村劳动力向非农产业和城镇转移、改善农民工就业环境、保障农民工合法权益，皆就农民工就业与培训、劳动关系、劳动合同、工资、工作时间、劳动安全与卫生、社会保险等社会保障、子女教育等公共服务、法律责任等做出了明确规定。

（五）地方政府规章

相关地方政府规章有 33 件，主要以"办法、规定、通知、实施细则"的形式来规定。具体涉及农村义务教育经费、农村劳动力流动管理、农民工权益保障 3 个方面问题。

1."办法"类地方政府规章

（1）涉及农村义务教育经费问题的该类地方政府规章有 4 件，分别是：1986 年《吉林省征收农村学校教育事业费附加暂行办法》、1987 年《安徽省农村教育事业费附加征收管理暂行办法》（失效）、1988 年《广州市农村征收教育费附加暂行办法》、1989 年《陕西省农村教育事业费附加征收暂行办法》。这些办法皆就"农村教育（事业）费附加"的征收范围、征收率、征收办法、管理使用等做出了明确规定。

（2）涉及农村劳动力流动管理问题的该类地方政府规章有 4 件，分别是：1985 年《上海市国营企业使用农村劳动力暂行办法》（失效）、《吉林省农村和外埠劳动力进入城镇管理暂行办法》（1989 年制定，1997 年修改）（失效）、1992 年《宁夏回族自治区农村劳动力进城务工管理办法》（失效）、2008 年《黑龙江省农村劳动力转移办法》。最具代表性的是 2008 年《黑龙江省农村劳动力转移办法》。该办法共 6 章 42 条，为促进和保障农村劳动力向非农产业和城镇有序转移，就农村劳动力培训扶持、转移服务、权益保障、法律责任等做出了明确规定。

（3）涉及农民工权益保障问题的该类地方政府规章有 10 件，分别是：2006 年《沈阳市建筑业农民工工资支付管理办法》、《西安市农民工工资保障办法》（2007 年制定，2010 年、2014 年修改）、《郑州市高工伤风险企业农民工工伤保险办法》（2007 年制定，2010 年修改）、2008 年《江苏省农民工权益保护办法》、2009 年《河北省农民工权益保障办法》、2010 年《鞍山市建筑业农民工工资支付管理办法》、2010 年《成都市建设领域防范拖欠农民工工资管理办法》、2011 年《宁夏回族自治区农民工工资保障办法》、2013 年《兰州市农民工工资支付保障管理暂行办法》、2013 年《邯郸市建设领域农民工工资保障办法》。其中修改最为频繁的是《西安市农民工工资保障办法》。该办法共 27 条，为了保障农民工工资支付、维护其合法权益，就工资保障监督部门、工资标准、工资支付保证金、救济途径、法律责任等做出了明确规定。

2."规定"类地方政府规章

（1）涉及农村劳动力流动管理问题的该类地方政府规章有3件，分别是：1995年《宁波市农村和外来劳动力进城务工管理暂行规定》（失效）、《山东省农村劳动力跨区域就业管理暂行规定》（1995年制定，1998年修改）（失效）、1995年《黑龙江省农村劳动力流动就业管理规定》（失效）。这些规定从就业条件、用工条件、招聘方式、劳务管理等方面就农村劳动力流动就业予以了较为严格的限制，有关内容与国家现行城乡一体化政策不相适应，故而皆被废止。

（2）涉及农民工权益保障问题的该类地方政府规章有4件，分别是：《大连市关于解决拖欠和克扣建筑业农民工工资问题的规定》（2004年制定，2011年修改）、2004年《黑龙江省农民工工资保障规定》、2009年《辽宁省农民工权益保护规定》、2012年《陕西省农民工工资支付保障规定（试行）》。其中最具代表性的是2009年《辽宁省农民工权益保护规定》。共6章50条，从就业服务、劳动用工、工资支付和社会保险、其他权益、法律责任等方面就农民工合法权益的维护与保障做出了明确规定。

3."通知"类地方政府规章

（1）涉及农村义务教育经费问题的该类地方政府规章有6件，分别是：1985年《江苏省人民政府关于颁发〈江苏省农村学校教育事业费附加征收暂行办法〉的通知》（失效）、1994年《省政府关于印发〈河南省农村教育费附加征收管理办法〉的通知》（失效）、1994年《天津市人民政府批转市教卫委、市财政局、市教育局拟定的〈天津市农村教育费附加征收管理使用规定〉的通知》（失效）、1995年《山西省人民政府关于印发山西省农村教育事业费附加征收管理使用实施办法的通知》、1995年《自治区人民政府关于发布〈宁夏回族自治区农村教育事业费附加征收、使用管理规定〉的通知》、1995年《青海省人民政府关于印发〈青海省筹措教育经费暂行规定〉、〈青海省农村、牧区征收教育事业费附加补充规定〉的通知》。这些通知皆就"农村教育（事业）费附加"征收、管理、监督等事项做出了明确规定，以充分筹措、保障农村义务教育经费。

（2）涉及农村劳动力流动管理问题的该类地方政府规章仅1件，即

1997 年《长春市人民政府关于印发〈长春市农村劳动力异地就业和外地劳动力进入我市城镇务工管理暂行规定〉的通知》。该通知的附件《长春市农村劳动力异地就业和外地劳动力进入我市城镇务工管理暂行规定》共 6 章 36 条,就农村劳动力资源管理、农村和外地劳动力进入城镇务工管理、农村劳动力到外地务工的管理等做出了明确规定。

4.“实施细则”类地方政府规章

以“实施细则”形式来规定的地方政府规章仅 1 件,即 1992 年《甘肃省农村教育事业费附加征收管理使用实施细则》(失效)。该细则共 5 章 33 条,从征收办法、管理使用、监督检查等方面,就征收“农村教育事业费附加”以保障农村义务教育经费做出了明确规定。

四、产业化反哺农业相关立法

我国产业化反哺农业相关立法即规制产业化反哺的农业产业化立法,主要是有关农业产业化经营的各位阶规范性法律文件。该类立法并未形成一套相对独立的部门法体系,属于典型的分散式立法,而散见于法律、行政法规、部门规章和地方性法规中。

(一) 法律

相关法律仅 1 件,即《中华人民共和国农业法》。该法第 13 条就农业产业化经营问题予以了原则性规定:“国家采取措施发展多种形式的农业产业化经营,鼓励和支持农民和农业生产经营组织发展生产、加工、销售一体化经营。国家引导和支持从事农产品生产、加工、流通服务的企业、科研单位和其他组织,通过与农民或者农民专业合作经济组织订立合同或者建立各类企业等形式,形成收益共享、风险共担的利益共同体,推进农业产业化经营,带动农业发展。”该规定确立了我国推进农业产业化经营的多样化经营、一体化经营和市场化经营原则。

(二) 行政法规

相关行政法规仅 1 件,即 2012 年《国务院关于支持农业产业化龙头企业发展的意见》。该意见主要规定对作为生产经营组织之农业产业化龙头企业的扶持措施,共 9 个方面 27 条。即总体思路、基本原则和主要目标;加强标准化生产基地建设,保障农产品有效供给和质量安全;大力发展农产品加工,促进产业优化升级;创新流通方式,完善农产品市场体系;推动龙头企业集聚,增强区域经济发展实力;加快技术创新,增强农业整体竞争力;完善利益联结机制,带动农户增收致富;开拓国际市场,提高农业对外开放水平;狠抓落实,健全农业产业化工作推进机制。其明确了农业产业化龙头企业的法定内涵,通过鼓励做大做强农业产业化龙头企业提高农业组织化程度,加快发展农业产业化经营。

(三)部门规章

相关部门规章主要以"办法、意见、通知、批复"的形式来规定。具体涉及农业产业化相关资金与项目、农业产业化龙头企业、农业产业化示范基地(区)3个方面问题。

1. "办法"类部门规章

以"办法"形式来规定的部门规章有6件,分别是:2002年《农业产业化专项资金项目管理暂行办法》、2004年《中央财政支持农业产业化资金管理暂行办法》、2010年《农业产业化国家重点龙头企业认定和运行监测管理办法》、2010年《国家农业综合开发资金和项目管理办法》、2011年《供销合作社农业产业化重点龙头企业认定和运行监测管理办法》、2013年《国家农业产业化示范基地认定管理办法》。

其中最具代表性的是2010年《国家农业综合开发资金和项目管理办法》。该办法共5章61条,将农业综合开发厘清为土地治理和产业化经营两个方面,界定了其定义、任务、内涵与原则等总纲性内容,就具体的扶持重点、资金管理、项目管理等做出了明确规定。

2. "意见"类部门规章

以"意见"形式来规定的部门规章有10件,分别是:1995年《关于财政部门支持农业产业化发展的意见》、1998年《全国农业产业化综合改革试点指导意见》、2000年《关于扶持农业产业化经营重点龙头企业的意见》、2006年《农业部关于鼓励和引导农业产业化龙头企业参与新农村建设的意见》、2006年《农业部 国家发展和改革委员会 财政部 商务部 中国人民银行 国家税务总局 中国证券监督管理委员会 中华全国供销合作总社关于加快发展农业产业化经营的意见》、2008年《国家农业综合开发办公室关于2009年农业综合开发产业化经营项目实行财政补贴的指导意见》、2009年《农业部、中国农业发展银行关于进一步加强合作支持农业产业化龙头企业发展的意见》、2010年《农业部、中国农业银行关于支持农业产业化龙头企业发展的意见》、2010年《中国农业发展银行、国家农业综合开发办公室关于落实农业产业化经营贴息贷款项目的实施意见》、2011年《财政部关于与中国农业银行合作扶持农业产业化经营推进现代农业发展的意见》。

其中最具代表性的、有最多协作推进实施职能部门的是2006年《农业部 国家发展和改革委员会 财政部 商务部 中国人民银行 国家税务总局 中国证券监督管理委员会 中华全国供销合作总社关于加快发展农业产业化经营的意见》。该意见由8部门联合印发，为贯彻落实《中共中央国务院关于推进社会主义新农村建设的若干意见》，就进一步加快农业产业化发展的具体思路予以明确规定，共4个方面20条。即发展农业产业化经营的指导思想和目标；推进农业产业化经营的工作重点；加大对农业产业化经营的扶持力度；加强对农业产业化经营的工作领导。该意见以各相关职能部门联合规定的形式表明了国家鼓励、扶持农业产业化经营的基本立场——"当前和今后一个时期我国农业和农村经济工作中一件带全局性、方向性的大事"。

3."通知"或"批复"类部门规章

以"通知"或"批复"形式来规定的部门规章主要包括：2006年《国家粮食局、中国农业发展银行关于支持粮食产业化经营促进社会主义新农村建设的通知》、2009年《财政部、中国农业发展银行关于积极开展合作共同推进农业产业化经营的通知》、2012年《农业部办公厅关于做好农垦农业产业化国家重点龙头企业监测工作的通知》、2013年《中华全国供销合作总社办公厅关于开展供销合作社农业产业化重点龙头企业认定和监测工作的通知》、2014年《农业部关于开展农业产业化国家重点龙头企业监测工作的通知》、2006年《中国银行业监督管理委员会关于扩大中国农业发展银行农业产业化龙头企业贷款业务对象范围的批复》。相关"通知"或"批复"主要是围绕前述3个方面问题的一种实施性、执行性、个案化规定。

（四）地方性法规

相关地方性法规仅1件，即2007年《湖南省人民代表大会常务委员会关于加快发展农业产业化经营的决定》。该决定共11条，主要规定湖南省推进发展农业产业化经营的具体思路。涉及农业产业化经营发展规划、农产品原料生产基地、农业产业化龙头企业、农业科技创新体系、国内外市场开拓、相关融资优惠政策、相关资金投入和税收扶持、休闲农业、政策落实等方面问题。其大体上是国家层面相关规定的地方化重述,如"各级人民政府要把农业产业化经营工作列入重要议事日程,作为一项带全局性、方向性的重要工作来抓"等;并结合本地实际情况予以了个别差异化规定,如"大力发展休闲农业"等。

五、专业合作社相关立法

我国专业合作社相关立法即规制作为重要反哺农业当事人与反哺农业组织依托之农民专业合作社的各位阶规范性法律文件。该类立法以2006年《中华人民共和国农民专业合作社法》为核心,并在其他法律、行政法规、部门规章和地方性法规中皆有专门规定,已基本形成一套相对独立的部门法体系。

(一)法律

相关法律有2件,即《中华人民共和国农业法》和《中华人民共和国农民专业合作社法》。

1.《中华人民共和国农业法》第28条、第44条、第52条就农民专业合作社的职能范围、经营目的与服务形式予以了原则性规定。其中第28条第1款规定:"国家鼓励和支持发展多种形式的农产品流通活动。支持农民和农民专业合作经济组织按照国家有关规定从事农产品收购、批发、贮藏、运输、零售和中介活动。鼓励供销合作社和其他从事农产品购销的农业生产经营组织提供市场信息,开拓农产品流通渠道,为农产品销售服务。"该规定将"农产品收购、批发、贮藏、运输、零售和中介活动"确立为农民专业合作社的职能范围,将"提供市场信息,开拓农产品流通渠道,为农产品销售服务"确立为农民专业合作社的经营目的。第44条第1款规定:"国家鼓励供销合作社、农村集体经济组织、农民专业合作经济组织、其他组织和个人发展多种形式的农业生产产前、产中、产后的社会化服务事业。县级以上人民政府及其各有关部门应当采取措施对农业社会化服务事业给予支持。"该规定将提供"多种形式的农业生产产前、产中、产后的社会化服务"

也列入农民专业合作社的职能范围。第52条第1款规定："农业科研单位、有关学校、农民专业合作社、涉农企业、群众性科技组织及有关科技人员,根据农民和农业生产经营组织的需要,可以提供无偿服务,也可以通过技术转让、技术服务、技术承包、技术咨询和技术入股等形式,提供有偿服务,取得合法收益。农业科研单位、有关学校、农民专业合作社、涉农企业、群众性科技组织及有关科技人员应当提高服务水平,保证服务质量。"该规定将"提供无偿服务"和"提供有偿服务"皆确立为农民专业合作社的服务形式。

2.《中华人民共和国农民专业合作社法》作为单行法律基本确立了专业合作社相关立法的相对独立部门法地位。其在实现前述《中华人民共和国农业法》相关规定具体化、可操作化的同时,就专业合作社的基本内涵、主要原则、设立和登记、成员、组织机构、财务管理、变更与终结、扶持政策、法律责任等方面予以了系统、全面的规定。

(二) 行政法规

相关行政法规仅1件,即《农民专业合作社登记管理条例》(2007年制定,2014年修改)。该条例共6章34条,为了确认农民专业合作社的法人资格,规范农民专业合作社登记行为,就相关登记事项、设立登记、变更登记和注销登记、法律责任等方面予以了系统、全面的专门规定。

(三) 部门规章

相关部门规章主要以"办法、示范章程、意见、通知、批复"的形式来规定。具体涉及专业合作社内部制度建构、专业合作社经营活动开展、专业合作社示范社建设3个方面问题。

1."办法"或"示范章程"类部门规章

(1)以"办法"形式来规定的部门规章即2014年《农民专业合作社年度报告公示暂行办法》。该办法共21条,为了规范农民专业合作社年度报告的报送、公示,就相关事项的主管部门、报告内容、报送及公示流程、具体方式、救济途径等做出了明确规定。

(2)以"示范章程"形式来规定的部门规章即2007年《农民专业合作社示范章程》。该示范章程为一种示范性规定,以推动各类农民专业合作社根据自身实际情况,参照该规定制定、修改其合作社章程。该规定所示范的章程共6章59条,就合作社章程应包括的总则、成员、组织机构、财务管理、变更与终结、附则这 6 个部分列举了清晰、明确的格式化范例。

2."意见"类部门规章

以"意见"形式来规定的部门规章有 10 件,分别是:2007 年《中华全国供销合作总社关于学习贯彻〈农民专业合作社登记管理条例〉做好农民专业合作社规范发展工作的指导意见》、2008 年《中华全国供销合作总社关于贯彻执行农民专业合作社财务会计制度促进农民专业合作社规范健康发展的意见》、2009 年《中国银行业监督管理委员会、农业部关于做好农民专业合作社金融服务工作的意见》、2009 年《农业部关于加快发展农机专业合作社的意见》、2009 年《农业部司法部全国普法办关于进一步加强农民专业合作社法宣传工作的意见》、2009 年《国家林业局关于促进农民林业专业合作社发展的指导意见》、2009 年《农业部、国家发展和改革委员会、科学技术部等关于开展农民专业合作社示范社建设行动的意见》、2010 年《关于支持有条件的农民专业合作社承担国家有关涉农项目的意见》、2010 年《中华全国供销合作总社办公厅关于开展农民专业合作社示范社建设的意见》、2013 年《工商总局、农业部关于进一步做好农民专业合作社登记与相关管理工作的意见》。

其中最具代表性的是 2009 年《国家林业局关于促进农民林业专业合作社发展的指导意见》。该意见共 5 个方面 27 条,就发展农民林业专业合作社的重要性、发展农民林业专业合作社的指导思想和基本原则、依法建立农民林业专业合作社、加强对农民林业专业合作社的政策扶持、强化发展农民林业专业合作社的组织保障做出了明确规定。

3."通知"或"答复"类部门规章

以"通知"或"答复"形式来规定的部门规章有 15 件,分别是:1991 年《商业部关于印发〈专业合作社示范章程(试行)〉、〈专业协会示范章程(试行)〉的通知》、2007 年《农业部关于印发〈中华人民共和国农民专业合作社法〉宣传提纲的通知》、2007 年《国家工商行政管理总局关于印发〈关于农民专业合作社登记管理的若干意见〉和〈农民专业合作社登记文书格式规范〉的通知》、2007 年《关于印发〈全国供销合作社系统农民专业合作社良好农业规范认证试点基地管理暂行办法〉的通知》、2007 年《财政部关于印发〈农民专业合作社财务会计制度(试行)〉的通知》、2008 年《农业部办公厅关于转发〈农民专业合作社财务会计制度（试行）〉的通知》、2008 年《财政部、国家税务总局关于农民专业合作社有关税收政策的通知》、2008 年《财政部、农业部关于认真贯彻实施〈农民专业合作社财务会计制度（试行）〉的通知》、2008 年《中华全国供销合作总社科技教育部关于在浙江省、四川省开展农民专业合作社良好农业规范试点工作的通知》、2010 年《关于印发〈农机专业合作社维修间基本配置〉的通知》、2010 年《农业部关于印发〈农民专业合作社示范社创建标准（试行）〉的通知》、2010 年《农业部办公厅关于印发〈农业部农民专业合作社人才培养实训基地管理办法（试行）〉的通知》、2011 年《农业部关于印发〈农民专业合作社辅导员工作规程〉的通知》、2014 年《关于印发〈国家农民专业合作社示范社评定及监测暂行办法〉的通知》和 2008 年《国家工商行政管理总局关于村民委员会是否可以成为农民专业合作社单位成员等问题的答复》。相关"通知"或"批复"主要是围绕前述 3 个方面问题的一种实施性、执行性、个案化规定。

（四）地方性法规

相关地方性法规主要以"办法、条例"的形式来规定，是基于相关法律、行政法规的上位法规定所形成的符合地方实际与特色的实施细则。

1. "办法"类地方性法规

以"办法"形式来规定的地方性法规有 9 件，分别是：2007 年《陕西省实施〈中华人民共和国农民专业合作社法〉办法》、2007 年《湖北省实施〈中华人民共和国农民专业合作社法〉办法》、2009 年《北京市实施〈中华人民共和国农民专业合作社法〉办法》、2009 年《湖南省实施〈中华人民共和国农民专业合作社法〉办法》、2010 年《辽宁省实施〈中华人民共和国农民专业合作社法〉办法》、2010 年《安徽省实施〈中华人民共和国农民专业合作社法〉办法》、2010 年《四川省〈中华人民共和国农民专业合作社法〉实施办法》、2011 年《重庆市实施〈中华人民共和国农民专业合作社法〉办法》、2012 年《新疆维吾尔自治区实施〈中华人民共和国农民专业合作社法〉办法》。

其中最具代表性的是 2009 年《北京市实施〈中华人民共和国农民专业合作社法〉办法》。该办法共 6 章 52 条，就相关概念、原则、主管部门、设立与运行、指导与服务、扶持与促进、法律责任等做出了重述性明确规定。此外,2011年《重庆市实施〈中华人民共和国农民专业合作社法〉办法》也较为典型。该办法共36条,不仅仅只是上位法的重述性规定,更多地分别从资金扶持、科技智力扶持、税费扶持、保险扶持、金融扶持5个方面设定了对农民专业合作社的具体扶持措施。

2."条例"类地方性法规

以"条例"形式来规定的地方性法规有9件,分别是:《浙江省农民专业合作社条例》(2004年制定,2009年修改)、2009年《江苏省农民专业合作社条例》、2009年《黑龙江省农民专业合作社条例》、2010年《山东省农民专业合作社条例》、2011年《太原市农民专业合作社条例》、2011年《山西省农民专业合作社条例》、2011年《海南经济特区农民专业合作社条例》、2011年《江西省农民专业合作社条例》、2014年《天津市农民专业合作社促进条例》。

其中最具代表性的是2011年《江西省农民专业合作社条例》。该条例共5章46条,就相关概念、原则、主管部门、设立与运行、扶持与服务、法律责任等做出了重述性明确规定。

第二章　反哺农业法律行为

　　法理学将法律行为抽象为法学基础理论的一个核心范畴,各个部门法学则结合本部门法的特点赋予其相应法律行为以特定的含义。"法律的调整对象是行为。法律是为人而设计的规范,而所谓人'不外是他的一系列行为所构成的'。"①进而"法律行为被认为是联结主体制度和其他制度的纽带,'是主体和权利之间的桥梁、媒介',是客观权利义务向主观权利义务转化的路径,是法制度向法现实转化的接口"。② 探究反哺农业法律行为既能拓宽法律行为相关理论的研究领域,又能为反哺农业活动的科学推进提供最基础的行为指引,但学界目前从法律行为视角研究反哺农业问题的范例鲜有出现。因此研究反哺农业法律行为的内涵与适用更显其理论价值与现实意义。

第一节　反哺农业法律行为的内涵

　　研究反哺农业法律行为的内涵可运用形式逻辑的方法,以厘清反哺农业法律行为的逻辑形式及其规律。"概念乃是解决法律问题所必须的和必不可少的工具。没有限定严格的专门概念,我们便不能清楚地和理性地思考法律问题。没有概念,我们便无法将我们对法律的思考转变为语言,也无法以一种可理解的方式把这些思考传达给他人。"③"概念的内涵,就是概念

---

① 张文显:《法哲学范畴研究(修订版)》,中国政法大学出版社 2001 年版,第 60 页。
② 吕忠梅:《论经济法律行为》,《福建政法管理干部学院学报》2000 年第 1 期。
③ [美]E.博登海默:《法理学:法律哲学与法律方法》,邓正来译,中国政法大学出版社 2004 年版,第 504 页。

所反映的事物的特有属性。"①"定义是揭示概念的内涵的逻辑方法。"②反哺农业法律行为的内涵,就是反哺农业法律行为作为一个概念所反映之反哺农业法律行为的特有属性,该特有属性往往表现为定义、特征、构成三个方面。

一、反哺农业法律行为的定义

反哺农业法律行为作为实体是法律行为存在于反哺农业中的表现结果,是一种具体化、专门化的法律行为,兼具法律行为本身的普遍性与反哺农业的特殊性;作为范畴③是一个组合概念,"反哺农业"是对"法律行为"的名定。要在法律行为概念的基础上来定义反哺农业法律行为。

（一）学界对法律行为的普遍界定

"从亚里士多德开始,古典逻辑都提出了属加种差的定义。属加种差的定义,就是定义项是由属与种差组成的定义。"④法律行为作为属概念,种差可以从不同的角度来进行定义。"从法律行为的性质来确定种差,法律行为即是由法律来调整的社会行为;从法律行为在法制过程中的作用来考察种差,法律行为即是法制人在法律心理的作用下为达到法律价值目标而实施的社会行为;综合前两种定义,可将法律行为定义为是由法律所调整的,法制人在一定的法律心理支配下而实施的、能够实现法律价值目标的社会行为;法制人实质上是指各种法律关系的主体,法律价值目标可以广义地理解为法律关系状态,则法律行为可定义为是由法律所调整的法律关系的主体在一定的法律心理支配下所实施的、能够引起法律关系产生、存续、变更和消灭的社会行为。定义一是从本质上来认识法律行为;定义二是从现象上来看待法律行为;而定义三和定义四则是从全貌即全质的角度来理解法律行为。"⑤

---

① 金岳霖:《形式逻辑》,人民出版社 2006 年版,第 22 页。

② 金岳霖:《形式逻辑》,人民出版社 2006 年版,第 41 页。

③ 参见张文显:《法哲学范畴研究（修订版）》,中国政法大学出版社 2001 年版,第 2 页。

④ 金岳霖:《形式逻辑》,人民出版社 2006 年版,第 45 页。

⑤ 莫纪宏:《法律行为的几重透视》,《中国社会科学院研究生院学报》1988 年第 3 期。

前述定义一的方法往往成为学界就"法律行为"的传统界定,如"从20世纪50年代开始,我国的法学家尤其是法理学家都是在广义上使用法律行为概念的,即把法律行为看作'有法律意义和法律属性的行为'"。① "法律行为泛指各种法律调整的行为,包括合法行为和非法行为。"②

前述定义三和定义四的方法近年来也得到较多的认同,如"法律行为指根据当事人的意愿形成的,能够引起法律关系产生、变更和消灭的一种法律事实。法律行为形成须具备下列条件:首先,必须出于人们自愿的行为,包括作为和不作为;其次,必须是基于当事人的意思并且表现为外部举动,单纯心理上活动不产生法律上的后果;最后,必须为法律规范所确认,而发生法律效力的行为。从当事人的行为与法律的规定是否一致来看,法律行为有合法和违法行为之分"。③

(二) 部门法学对法律行为的具体界定

各主要部门法学基于各自研究范式就"法律行为"进行了不同的具体诠释。

1.民法学界通常将法律行为等同于民事行为。例如:"法律行为是民事主体旨在设立、变更、终止民事法律关系的行为。法律行为是人为的法律事实;法律行为是表意行为;法律行为以意思表示为要素;法律行为大部分是合法行为。"④"法律行为是指以意思表示为核心要素的主体为追求该意思表示中所含效果在私法上的实现的行为。"⑤如此定义的法律行为以意思表示为核心,强调私法自治下的意定行为,凸显对法律行为分类、成立和效力的关注。

2.刑法学界通常在犯罪行为中来定义法律行为。例如:"依照法律应该受刑罚处罚的危害社会的行为,就是犯罪。"⑥"犯罪是指危害社会的依法应

---

① 张文显:《法哲学范畴研究(修订版)》,中国政法大学出版社2001年版,第67页。
② 《法学词典》编辑委员会:《法学词典(增订版)》,上海辞书出版社1984年版,第617页。
③ 中国社会科学院法学研究所法律辞典编委会:《法律辞典(简明本)》,法律出版社2004年版,第132页。
④ 彭万林:《民法学》,中国政法大学出版社2007年版,第101、104页。
⑤ 江平:《民法学》,中国政法大学出版社2007年版,第145页。
⑥ 张明楷:《刑法学(第三版)》,法律出版社2007年版,第78页。

当受刑罚惩罚的行为。"①如此定义的法律行为范畴是确定而单一的,更注重行为结果的客观实在与不可变更性,不同于民法学界就意思自治之强调。

3.行政法学界通常基于行政主体与行政相对人这一对行政法主体概念来界定行政法律行为。例如:"行为指人们有意识的作为或不作为的事实。引起法律关系的行为亦可称为法律行为。法律行为不等于合法行为。实际上,引起法律关系发生、变更和消灭的行为既可能是合法的,也可能是非法的。"②"法律行为,是指能引起行政法律关系产生、变更和消灭的,行政法主体有意志的行为。它可以是作为,也可以是不作为。它主要是行政主体的行为,但也可以是相对人的行为。它可以是合法行为,也可以是非法行为。"③如此定义的法律行为更多地强调行政法主体主观意识对行为的影响。

4.经济法学界通常在经济法律行为中来定义法律行为。例如:"经济行为是指由一定的组织或个人在其主观意志下自觉实施的,能够引起经济关系产生、变更或消灭的有意识的活动。"④"经济法律行为是指能够发生经济法上效果的人们发自意思所表现出来的一种法律事实。"⑤如此定义的法律行为与前述定义四的方法关联最为密切,大体上是按其论证逻辑而阐释。

（三）反哺农业法律行为的界定

反哺农业法律行为应是一种综合性法律行为,主要为行政法律行为、经济法律行为之结合,也包含一定的民事法律行为。它首先应是市场主体间的法律行为,在尊重平等市场主体间的意思自治的同时,也强化公权力主体的干预、指导效应,进而实现政府反哺、市场反哺和社会反哺三种路径有机结合。

欲科学定义反哺农业法律行为不妨借鉴行政法律行为与经济法律行为的特点,依循前述定义三和定义四的方法对反哺农业法律行为进行界定。反哺农业法律行为即指根据反哺农业当事人的意愿形成的,由反哺农业相

---

① 曲新久:《刑法学》,中国政法大学出版社 2010 年版,第 62 页。
② 罗豪才:《行政法学》,中国政法大学出版社 1996 年版,第 27 页。
③ 叶必丰:《行政法与行政诉讼法》,中国政法大学出版社 2003 年版,第 13 页。
④ 李昌麒:《经济法学》,法律出版社 2008 年版,第 93 页。
⑤ 吕忠梅:《论经济法律行为》,《福建政法管理干部学院学报》2000 年第 1 期。

关立法所调整的,能够引起反哺农业法律关系产生、变更和消灭的各种行为。

反哺农业法律行为作为发生于反哺农业当事人之间的行为,不是简单的自我指向行为,而应是产生社会意义的社会指向行为。反哺农业当事人主要包括:政府相关职能部门、涉农事业单位、生产经营组织、其他相关社会组织与农民。支配各类当事人实施反哺农业行为的法律心理往往表现为宏观层面与微观层面,宏观上即政府为了实现农业生产现代化和推动农村经济发展而提出的工业回馈农业要求,微观上即农民为了提升自己生活水平、实现自我发展而表达的意思自治要求。

二、反哺农业法律行为的特征

(一) 共有特征

反哺农业法律行为当然地具备法律行为所共有的社会性、法律性、可控性、价值性这四个方面普遍性特征①,这些特征是通过反哺农业法律行为的具体内容即引起反哺农业法律关系产生、变更和消灭的各种行为而显现出来的。

1.反哺农业法律行为的社会性。反哺农业作为一种实现农业生产现代化、推动农村经济发展、提升农民收入水平的活动,是发生于农民与政府相关职能部门、涉农事业单位、生产经营组织、其他相关社会组织(如农业技术推广协会、资金互助协会、农村人力资本培训机构等)中工作人员之间的。它并不是某一当事人的自我指向行为,而是发生于不同当事人之间的社会互动行为。

2.反哺农业法律行为的法律性。反哺农业法律行为是为相关立法所规制的行为。只有能够发生反哺农业法律规范上效果的行为,才是反哺农业法律行为,该效果直接关联反哺农业法律关系的产生、变更和消灭。当然对所涉反哺农业法律规范应作广义理解,反哺农业相关立法中的法律规范皆应包括其中。

---

① 参见张文显:《法哲学范畴研究(修订版)》,中国政法大学出版社 2001 年版,第69—73 页。

3.反哺农业法律行为的可控性。反哺农业法律行为既受控于相关法律规范,也受控于相关当事人的主观意志。反哺农业路径、机制的选择与界定皆是有规律的,反哺农业法律规范正是依据对行为规律的认识而对相关行为实施控制。此外,反哺农业法律行为的目标、方向或者发生与否皆为反哺农业各方当事人所选择与支配。

4.反哺农业法律行为的价值性。反哺农业法律行为是基于各方当事人对该行为的积极、有利评价而作出的。它满足了解决我国现阶段农业基础薄弱、农村发展缓慢、农民增收困难等问题的现实需要,有助于平衡城乡二元结构、实现社会公平,也正是这样的社会需求推动或触发了反哺农业法律行为。

（二）独有特征

反哺农业法律行为在具备前述四个方面普遍性特征同时,也基于反哺农业的自身特点而显其政策引导性、范畴多元性和实质公平性三个方面的独有特征。

1.政策引导性。"工业反哺农业自身便是一个政策性概念,是政策选择的结果。"①当前我国各地所进行的反哺农业实践大多为各种政策与低位阶规范性文件所规制,缺乏来自规范性法律文件层面的法律规制,使得我国反哺农业行为的政策性有余而规范性不足。在反哺农业活动具体实践方面则往往以国家工业反哺农业、统筹城乡发展等政策导向为前提,须随相关政策变化作相应调整,容易存在一定的稳定性、连续性问题。

2.范畴多元性。反哺农业法律行为的范畴多元性主要体现于反哺农业当事人、反哺农业路径和反哺农业机制三个方面。就反哺农业当事人而言,应实现包括政府相关职能部门、涉农事业单位、生产经营组织、其他相关社会组织与农民在内的多方当事人参与反哺农业。"实现工业反哺农业是我国经济发展的所采取的一种战略选择,涉及经济社会的方方面面,因此仅靠单一的主体来完成是不够的,需要政府、企业、社会组织协力完成。"②就反哺农业路径而言,应设定包括管理—被管理式反哺、竞争协作式反哺、市场

---

① 朱四海:《工业反哺农业理论框架与应用分析》,中国农业出版社 2010 年版,第61 页。
② 向阳:《中国工业反哺农业实现机制的构建及政策分析》,武汉理工大学经济学院硕士学位论文,2008 年,第 34 页。

自治式反哺在内的复合型反哺农业路径。"在我国当前城乡二元经济、社会结构的影响下,最重要的是充分发挥政府、市场和社会力量多方面的作用实现多元化反哺,通过市场这只无形的手引导工业对农业实施反哺,重点强调政府制定的工农业发展宏观政策的根本改变及反哺农业的政策调整,并使这种政策的调整能够真正同市场相结合,实现政府、市场和社会的多元化反哺路径。"①就反哺农业机制而言,应主要从资金、科技、人力资本、产业化四个方面来推进反哺农业。"当前进行工业反哺农业急需建立的机制有资金反哺机制、科技反哺机制、人力资本反哺机制、产业化反哺机制四大机制。通过这四大机制促使工业剩余向农业有序流动,支持农村发展。"②

3.实质公平性。反哺农业的终极目的旨在实现社会公平,"主要是基于二次分配通过国家财政来进行,即国家把来自于工业和城市经济部门的财政收入,通过国家财政支出,更多的用于'三农'"。③ 反哺农业中的二次分配实质就是缩小城乡差距、降低基尼系数、改善农民收入水平,进而真正实现反哺农业活动在实体上与程序上的双重正义。反哺农业法律行为在形式上虽仅追求一种机会平等,以遵从当事人意思自治为前提,但在实质上更强调让反哺农业活动的实践结果达到预期效益,实现在农业、农村可持续发展上的多元化有效治理。

三、反哺农业法律行为的构成

学界界定的法律行为构成要件大体上包括客观要件与主观要件两个方面。例如:"法律行为的构成要件,即法律规定的或通过法律解释确定的构成法律行为的要素,主要包括客观要件和主观要件两个方面。客观要件是指法律行为外在表现的一切方面,包含三个要素:外在的行动(行为)、行为方式(手段)和具有法律意义的结果。主观要件是法律行为内在表现的一切方面,是行为主体在实施行为时一切心理活动、精神状态及认知能力的总

---

① 江晓莉:《我国工业反哺农业的路径选择——基于国际实践的理论思考》,西南交通大学公共管理学院硕士学位论文,2008 年,第 33 页。
② 周建华:《工业反哺农业机制构建问题研究》,湖南农业大学经济学院博士学位论文,2007 年,第 68 页。
③ 柯炳生:《工业反哺农业的理论与实践研究》,人民出版社 2008 年版,第 13 页。

和,包括两个要素:行为意思(意志)和行为认知。"①法律行为的外在方面,可称之为"法律行为构成之体素"。大体上包括三个要素:行为、手段和结果。法律行为的内在方面,又称"法律行为构成之心素"。主要包括三个方面:动机、目的和认知能力。② 界定反哺农业法律行为的构成也不妨从客观要件与主观要件这两个方面展开。

(一) 客观要件

应基于对反哺农业法律行为客观要件的界定,考察反哺农业行为的目的而判定行为合法与否并构建相应归责机制。

1.反哺农业法律行为的外在行动(行为)。它是反哺农业当事人作用于对象的中介及方式,可分为身体行为和语言行为。反哺农业身体行为往往表现为反哺农业各方当事人所做的各种为人所感知的外部举动,如农业补贴资金拨付、实用农业技术推广、农村劳动力技能培训、农民专业合作社成立等行为。反哺农业语言行为即反哺农业各方当事人通过语言表达对他人产生影响的行为,可分为书面语言行为和言语行为。反哺农业书面语言行为往往表现为各项反哺农业政策和反哺农业相关规范性文件;反哺农业言语行为则更多地显现为具体管理—被管理式反哺、竞争协作式反哺、市场自治式反哺活动中伴随各方当事人各种身体行为的不同意思表示行为。

2.反哺农业法律行为的行为方式(手段)。它是反哺农业当事人在实施反哺农业活动中所采取的各种方式和方法。目前相关规范性法律文件设定的合法反哺农业手段主要表现为资金反哺、技术反哺、人力资本反哺和产业化反哺四种。当然在具体行为方式(手段)的设定与甄别上须结合反哺农业法律行为的综合性法律行为属性,主要从行政法和经济法的角度基于特定情景、特定主体身份、特定时间空间、特定对象等因素来界定。

3.反哺农业法律行为具有法律意义的结果。反哺农业相关规范性法律文件借此而区分反哺农业行为的法律性质和反哺农业当事人对行为负责的界限与范围。评判反哺农业法律行为的结果应以该类行为所造成的利害影

---

① 舒国滢、艾群:《法律行为概念与结构:一个学理的探讨》,《研究生法学》1998 年第4 期。

② 参见张文显:《法理学(第三版)》,高等教育出版社、北京大学出版社 2007 年版,第153—156 页。

响、有形无形影响和直接间接影响为基石,进而判定该行为的合法或违法之法律性质与民事行为、行政行为或刑事行为之法律类别。

（二）主观要件

应基于对反哺农业法律行为主观要件的界定,推动相关规范性法律文件设定的应然反哺农业行为真正转进为反哺农业有效事实。

1.反哺农业法律行为的动机。即指推动反哺农业当事人去行动以实现调节城乡发展失衡目的的内在动因。动因的差别直接影响当事人对行为的选择,进而产生不同后果。须就各类当事人的反哺农业行为动因作全面综合考察,以确定其是否正当合法。究竟是因逐私利最大化而为还是因践行公益职责逐公共利益或国家利益最大化而为抑或两者兼有？这些均能就各类当事人的具体反哺农业行为表现产生直接影响,至少将关联其参与反哺农业的积极性。

2.反哺农业法律行为的目的。即指反哺农业当事人通过实施相应行为达到某种目标和结果的主观意图。可通过具体反哺农业行为的方式、情节等推断其目的,也可通过各方当事人的各种意思表示显现出来。反哺农业法律行为的宏观目的往往与调节城乡发展失衡,有效缓解农村、农业和农民问题相关联;微观目的则可具体到村集体、合作组织或农民自身的收益增长、素质技能提升、生存环境改善等方面。

3.反哺农业法律行为的认知能力。即指反哺农业当事人对自身行为的法律意义和后果的认识能力。要尽量避免因各方当事人主观认识与客观存在不一致而诱发的事实错误与法律错误。事实错误更多地表现为反哺农业活动中"拍脑袋决策"使然的"事与愿违",相关政策、立法应就此予以更为系统、科学的规制,更好地实现对事实错误的事先预防。法律错误则往往表现于各方当事人对相关规范性法律文件的误解或无知上,包括反哺农业行为程序、反哺农业相关权利义务的内容、反哺农业行为的法律性质与类别、反哺农业行为的法律后果、当事人自身的行为资格等方面。

第二节　反哺农业法律行为的适用

反哺农业立法作为一种调整反哺农业活动的规范性法律文件,是相关

行为规则或行为标准的集合,其基本作用在于通过对行动或行为的限制
"使人类为数众多、种类纷繁、各不相同的行为与关系达致某种合理程度的
秩序"①。可见反哺农业法律行为当是反哺农业立法这种规范性法律文件
的作用对象之一。厘清反哺农业法律行为的适用路径可为科学构建反哺农
业立法提供更为现实、具体的目标行为指引。

一、反哺农业法律行为的类型化

　　类型化的内涵与分类是大体一致的,类别往往是分类的结果。"人们
对世界认识的深化是通过不断地将人、物、关系进行分类而达致的,进行分
类是为了满足人们对于自然与社会生活的认识以及为了满足对社会生活的
调整与安排。"②"没有类别就是没有思维,因为类别就是把类似的品质、功
能或行为与其他不类似的品质、功能或行为区别开来。把它们加以类别就
是为了要评估它们的价值,作出选择并采取行动。"③"类别就是指对各项事
实的分类、叙述和选择,把所谓的类似的东西归并入一类,而排除那些不相
类似的东西,并准备对它们确定意义或用记号标出。"④"法律行为的下位概
念的类型化、系统化、精确化,有助于促使法律适用更加清晰化、合理化;有
助于将抽象的法律规范落实于个案,并在个案中具体确定公民权利义务的
特征性,其效力的存续与实定法和司法判决一样对公民具有重要的意
义。"⑤故而反哺农业法律行为的类型化当是研究其适用问题的必要前提,
就反哺农业法律行为这一相对抽象的概念进行具体划分,有助于将前文所
厘清的内涵要素更好地转化为现实。反哺农业法律行为的类型化即是将反

①　[美]E.博登海默:《法理学:法律哲学与法律方法》,邓正来译,中国政法大学出版
　　社 2004 年版,第 501 页。
②　朱良好:《从逻辑涵摄到类型归属》,载陈金钊、谢晖主编:《法律方法(第十卷)》,山
　　东人民出版社 2010 年版,第 144—145 页。
③　[美]约翰·R.康芒斯:《资本主义的法律基础》,寿勉成译,商务印书馆 2003 年版,
　　第 436 页。
④　[美]约翰·R.康芒斯:《资本主义的法律基础》,寿勉成译,商务印书馆 2003 年版,
　　第 444 页。
⑤　兰艳:《法律行为理论研究之新进路——以法哲学与法学方法论为视角》,《学术论
　　坛》2011 年第 3 期。

哺农业法律行为所涉各项类似的事实进行归类的结果。反哺农业法律行为作为一种综合性、多元性法律行为,其概念之种差会导致不同的分类标准,进而产生不同的类型化结果。

(一) 所适用法律规范属性之分类

根据所适用法律规范属性的不同,可分为反哺农业行政法律行为、反哺农业经济法律行为与反哺农业民事法律行为。三种不同类型的反哺农业法律行为在部门法的适用上各有所侧重,在具体领域中遵循相应准则而予以规制。

1.反哺农业行政法律行为。主要是政府在反哺农业过程中做出的具有法律意义的行为,一般体现于政府相关职能部门对涉农事业单位、生产经营组织、其他相关社会组织与农民的反哺农业实践进行有效监管的过程中。

2.反哺农业经济法律行为。主要是政府在反哺农业过程中根据相关立法就市场机制缺陷与政府管制失灵所做出的宏观调控行为,一般通过涉农事业单位、生产经营组织与其他相关社会组织在反哺农业实践中的竞争协作显现出来。

3.反哺农业民事法律行为。主要是在市场化反哺农业过程中涉农事业单位、生产经营组织、其他相关社会组织与农民等各类平等主体做出的具有法律意义的市场自治行为。

(二) 所适用法律规范评价之分类

根据所适用法律规范对法律行为评价的不同,可分为反哺农业合法行为和反哺农业违法行为。这样分类有助于发挥相关立法的指引与评价作用,促使各类反哺农业当事人依法而为。

1.反哺农业合法行为。是指当事人实施的符合反哺农业相关立法内容要求的具有法律意义的行为。该类行为一般表现为对反哺农业法律规范所指引之行为模式的遵守,其作为受国家强制力保护的行为往往引发肯定性法律后果,如税收减免或农业直接补贴等。反哺农业合法行为是形成相应法律调整机制的前提,各类当事人皆合法而为是推动反哺农业目标实现的基础要件。

2.反哺农业违法行为。是指当事人实施的违反反哺农业相关立法内容要求、应受惩罚的行为。反哺农业法律行为作为一种综合性法律行为,其违法行为亦可大致分为行政违法行为、经济违法行为与民事违法行为。反哺农业行政违法行为不仅包括作为行政主体的反哺农业相关政府职能部门的违法行为,还包括作为行政相对人的公民、涉农事业单位、生产经营组织与其他相关社会组织的违法行为;反哺农业经济违法行为一般为反哺农业当事人的不正当竞争行为,以及其他不符合对具社会公共性的反哺农业相关经济活动进行干预、管理和调控之法律规范的行为;反哺农业民事违法行为则一般表现为反哺农业当事人的民事侵权、违约行为等。

（三）行为主体之分类

根据行为主体的不同,可分为公民个人反哺农业法律行为、社会团体反哺农业法律行为与国家反哺农业法律行为。

1.公民个人反哺农业法律行为。主要是农民根据其个人意愿而实施的具有法律意义的反哺农业行为。个人行为主要体现个人意志,多适用民事法律规范来予以调整,法律责任也当由个人来承担。

2.社会团体反哺农业法律行为。主要是涉农事业单位、生产经营组织、其他相关社会组织实施的具有法律意义的反哺农业行为。社会团体行为主要体现整个团体的共同意志,若社会团体成员根据个人意志基于私人利益而实施相应行为,该类行为就不属于社会团体行为,其行为的后果则不应由社会团体来承担。

3.国家反哺农业法律行为。主要是政府相关职能部门以国家名义实施的具有法律意义的反哺农业行为。国家行为的主体必须是政府相关职能部门及其执行职务的工作人员,若相关工作人员非依据有关反哺农业的国家意志基于公共利益而实施相应行为,则该类行为就不属于国家行为,其行为的后果主要应由个人来承担。

（四）行为手段之分类

根据行为手段的不同,可分为资金反哺农业法律行为、科技反哺农业法律行为、人力资本反哺农业法律行为和产业化反哺农业法律行为。

1.资金反哺农业法律行为。是指反哺农业当事人在依据相关立法确立、丰富反哺农业资金渠道以及拨付、使用反哺农业资金过程中,实施的引起反哺农业法律关系产生、变更和消灭的行为。其实质就是一种农业资金投入法律行为,即指根据农业资金投入当事人意愿形成的,由农业资金立法所调整的,能够引起农业资金投入法律关系产生、变更和消灭的各种行为。

2.科技反哺农业法律行为。是指反哺农业当事人在依据相关立法确立、丰富反哺农业技术渠道以及推广、应用反哺农业相关非物质化技术成果过程中,实施的引起反哺农业法律关系产生、变更和消灭的行为。其实质就是一种农业技术推广法律行为,即指根据农业技术推广当事人意愿形成的,由农业技术立法所调整的,能够引起农业技术推广法律关系产生、变更和消灭的各种行为。

3.人力资本反哺农业法律行为。是指反哺农业当事人在依据相关立法确立、丰富反哺农业人力资本渠道以及强化、推进农村劳动力技能培训过程中,实施的引起反哺农业法律关系产生、变更和消灭的行为。其实质就是一种农村劳动力培养与流动法律行为,即指根据农村劳动力培养与流动当事人意愿形成的,由农村劳动力立法所调整的,能够引起农村劳动力培养与流动法律关系产生、变更和消灭的各种行为。

4.产业化反哺农业法律行为。是指反哺农业当事人在依据相关立法确立、丰富反哺农业产业化渠道以及通过农民专业合作社等组织化形态拓展农业产业链过程中,实施的引起反哺农业法律关系产生、变更和消灭的行为。其实质就是一种农业产业化经营法律行为,即指根据农业产业化经营当事人意愿形成的,由农业产业化立法所调整的,能够引起农业产业化经营法律关系产生、变更和消灭的各种行为。

二、反哺农业法律行为的适用逻辑

反哺农业法律行为的适用是反哺农业法律适用的重要组成部分。“法律之适用是一个复杂的逻辑思维活动”①,反哺农业法律行为的适用逻辑当是研究其适用问题的重要内容。“法律适用的逻辑模式一般是‘三段论法’,即一个完整的法律规范构成大前提,具体的案件事实则是小前提,结论则是根据法律规范给予本案事实的后果。三段论是法律推理的典型形式

---

① 雍琦、金承光、姚荣茂:《法律适用中的逻辑》,中国政法大学出版社 2002 年版,第1页。

之一。"①"适用法律和解释法律这两种活动或过程是关系密切、不可分割的,甚至可理解为同一件事情。"②探究反哺农业法律行为的适用逻辑不妨从法律推理和法律解释这两个方面展开。

（一）法律推理逻辑

法律推理的惯常逻辑结构是:"T→R(当具备 T 的要件时,即适用 R 的法的效果);S = T(特定的案件事实符合 T 的要件);S→R(特定案件事实 S 适用 T 得到法的效果 R)"③。这种逻辑结构的法律推理主要适用于规则详细、明确,案情简单、清楚的案件。但若法律规范大前提相对模糊,具体案件事实不甚明了,该类型法律推理下的法律适用过程之合理性则易存疑。在惯常法律推理中探明法律规范大前提的结果大致有六种类型:(1)有可供适用的法律规范;(2)在现行法律中,对有关主题本身没有明文规定,存在法律漏洞;(3)法律虽有规定,但规定过于概括、笼统,使得规定本身的意义含糊不明;(4)法律虽有规定,但不同规定之间互相交叉,存在规范冲突;(5)法律虽有规定,但法律规定有两种或两种以上可供适用或者选择的情形;(6)法律虽有明确规定,但因社会情势变更,而在法律适用中出现合法与合理之矛盾、冲突。④ 这六类法律规范大前提的探查结果在复合的反哺农业法律行为适用中皆有存在,特别是后五类结果因反哺农业立法自身的模糊性而表现尤为突出。

第一种结果下的反哺农业法律行为适用通过前述惯常逻辑结构的法律推理即可进行。第二种结果下的反哺农业法律行为适用可立足于前述反哺农业法律行为类型化的所适用法律规范属性之分类,将不同类型法律行为置于所对应部门法规范中来进行具体适用,存在的法律漏洞则通过同一部门法规范中的类推适用来弥合。第三种结果下的反哺农业法律行为适用可立足于前述反哺农业法律行为类型化的行为主体与行为手段之分类,通过

① 　张文显:《法理学(第三版)》,高等教育出版社、北京大学出版社 2007 年版,第275 页。
② 　陈弘毅:《当代西方法律解释学初探》,《中国法学》1997 年第 3 期。
③ 　舒国滢:《法理学导论》,北京大学出版社 2006 年版,第 216 页。
④ 　参见雍琦、金承光、姚荣茂:《法律适用中的逻辑》,中国政法大学出版社 2002 年版,第 383—388 页。

反哺农业法律行为的微观化与具体化来推进。第四、五种结果下的反哺农业法律行为适用可立足于前文所厘清的反哺农业法律行为内涵要素,比较不同冲突规范、或然规范与各内涵要素的贴合程度而做出选择。第六种结果下的反哺农业法律行为适用可立足于前述反哺农业法律行为类型化的所适用法律规范评价之分类,基于对具体行为主观要件的分析而做出价值评判。

(二) 法律解释逻辑

法律解释贯穿法律适用的全过程,法律适用的每一阶段、每一步骤都涉及法律解释问题。"法律规范的开放性、立法的滞后性、法律漏洞的不可避免性以及法律规范之间关系的复杂性,使得法律解释成为法律适用过程中必不可少的环节。"①"法律解释弥补了法律与事实之间的缝隙,在保证实现法治统一性的目标之下体现了法律适用的灵活性,从而成为法律适用的前提。"②可从解释方法与解释目标这两个方面来确立法律解释逻辑。

法律解释的一般方法包括语法解释、逻辑解释、系统解释、历史解释、目的解释和当然解释等。特殊方法包括字面解释、扩充解释、限制解释、狭义解释和广义解释等。③ "法律解释的最终目标只能是:探求法律在今日法秩序的标准意义(其今日的规范性意义),而只有同时考虑历史上的立法者的规定意向及其具体的规范想法,而不是完全忽视它,如此才能确定法律在法秩序上的标准意义。这个意义是一种思考过程的结果,过程中,所有因素不论是'主观的'或是'客观的',均应列入考量,而且这个过程原则上没有终极的终点。"④无论借助何种解释方法、选取何种解释目的,皆以达成合法合理的法律适用结果为依归。选择的标准往往取决于该方法、目的有否助于实现清晰、明确和恰当的解释推理及获得预期的法律适用公正结果。"每一种解释方法,各具功能,但亦受限制,并非绝对。每一种解释方法之分量,虽有不同,但须互相补足,共同协力,始能获致合理结果,俾可在个案中妥当

---

① 胡建淼:《法律适用学》,浙江大学出版社 2010 年版,第 410 页。
② 姜保忠:《法律解释及其在法律适用中的作用》,《法学杂志》2011 年第 6 期。
③ 参见张文显:《法理学(第三版)》,高等教育出版社、北京大学出版社 2007 年版,第 285—287 页。
④ [德]卡尔·拉伦茨:《法学方法论》,陈爱娥译,商务印书馆 2003 年版,第 199 页。

调和当事人利益,贯彻正义之理念。"①

　　反哺农业法律行为适用中的解释方法虽主要就反哺农业相关立法的解释而展开,然而基于该类行为的具体现实性,在方法选择上当更注重系统解释、目的解释、扩充解释与广义解释的应用,立足于反哺农业客观事实以更好地弥合相关法律规范的滞后性与僵化性。反哺农业法律行为适用中的解释目的亦可包括主观与客观两个方面。就主观目的而言,须释明反哺农业各方当事人做出不同反哺农业行为的心理意愿及参与相关法律规范设定时的价值考量;就客观目的而言,须释明围绕反哺农业法律行为概念所存在的各种歧义,澄清相关法律规范的标准内涵。首先,必须找出持不同观点、基于不同利益取向的反哺农业各方当事人,围绕反哺农业法律行为这一概念及相关法律规范的心理、价值、语义偏差;而后,根据前文所厘清的反哺农业法律行为内涵要素判定各种理解之正误,舍弃存误或存疑的理解,以探明法律推理必需之法律规范大前提与相对合理的价值评判。

---

① 杨仁寿:《法学方法论》,中国政法大学出版社 1999 年版,第 130 页。

第三章　反哺农业法律关系

　　法律关系是指"法所构建或调整的、以权利与义务为内容的社会关系"①。法律关系的规范性、全面性、强制性和整体性等属性使得受其规制和调整的社会范畴打上了"有序、可控、协调"的烙印。② 探究反哺农业法律关系既能拓宽法律关系相关理论的研究范畴,又能为反哺农业活动的科学推进提供最基础的关系指引,但学界目前从法律关系视角研究反哺农业问题的范例鲜有出现。研究反哺农业法律关系的内涵与适用更显其理论价值与现实意义。

第一节　反哺农业法律关系的内涵

　　研究反哺农业法律关系的内涵可运用形式逻辑的方法,以厘清反哺农业法律关系的逻辑形式及其规律。"概念是反映事物的特有属性(固有属性或本质属性)的思维形态。概念在反映事物的特有属性的同时,也就反映了具有这些特有属性的事物。"③"概念的内涵,就是概念所反映的事物的特有属性。"④"定义是揭示概念的内涵的逻辑方法。"⑤反哺农业法律关系

---

① 张文显:《法理学(第三版)》,高等教育出版社、北京大学出版社 2007 年版,第 159 页。
② 参见李龙、汪习根:《法理学》,人民法院出版社、中国社会科学出版社 2010 年版,第 258—260 页。
③ 金岳霖:《形式逻辑》,人民出版社 2006 年版,第 18 页。
④ 金岳霖:《形式逻辑》,人民出版社 2006 年版,第 22 页。
⑤ 金岳霖:《形式逻辑》,人民出版社 2006 年版,第 41 页。

的内涵,就是反哺农业法律关系作为一个概念所反映之反哺农业法律关系的特有属性,该特有属性往往表现为定义、特征、构成三个方面。

一、反哺农业法律关系的定义

反哺农业法律关系作为实体是法律关系存在于反哺农业中的表现结果,是一种具体化、专门化的法律关系,兼具法律关系本身的普遍性与反哺农业的特殊性;作为范畴①是一个组合概念,"反哺农业"是对"法律关系"的名定。要在法律关系概念的基础上来定义反哺农业法律关系。

(一) 学界对法律关系的普遍界定

萨维尼首次提出"各个法律关系,就是由法律规定的人与人之间的关系"②这一定义后,学界就法律关系定义的研究渐成显学,也达成了一定的共识。如"法律关系指法律规范在调整人们行为过程中形成的权利和义务的关系。其构成要素:(1)权利主体;(2)权利与义务;(3)权利客体。"③"法律关系指法律所确认和调整的社会生活关系或法律主体之间基于一定的法律事实而形成的法律上的权利和义务关系。"④此外,还将法律关系定义为"法律规范在指引人们的社会行为、调整社会关系的过程中所形成的人们之间权利和义务的联系,是社会内容和法的形式的统一"。⑤ 更多地强调法律关系存在于人际关系与社会关系中,其性质往往由所连接之社会生活实际的性质所决定。如此定义的法律关系往往具有基础性、抽象性、规范性、合法性的特征。

(二) 部门法学对法律关系的具体界定

各主要部门法学基于各自研究范式就"法律关系"进行了不同的具体

---

① 参见张文显:《法哲学范畴研究(修订版)》,中国政法大学出版社2001年版,第2页。

② [德]弗里德里希·卡尔·冯·萨维尼:《当代罗马法体系I》,朱虎译,中国法制出版社2010年版,第332页。

③ 《法学词典》编辑委员会:《法学词典(增订版)》,上海辞书出版社1984年版,第617页。

④ 中国社会科学院法学研究所法律辞典编委会:《法律辞典(简明本)》,法律出版社2004年版,第129页。

⑤ 张文显:《法哲学范畴研究(修订版)》,中国政法大学出版社2001年版,第96页。

诠释。

1.民法学界通常在民事法律关系中来定义法律关系。例如:"民事法律关系是基于民事法律事实并由民事法律规范调整而成的民事权利义务关系,是民法所调整的平等主体之间的财产关系和人身关系在法律上的表现。"①这更多地阐释了法律关系的产生原因、先决条件、主要内容与调控范围。如此定义的法律关系除具有规范性、合法性特征外,还具有主体平等性和价值创造性的特征。

2.刑法学界通常在刑事法律关系中来定义法律关系。例如:刑事法律关系既包括刑法关系、刑事诉讼法律关系和刑事执行法律关系,又包括刑事实体法律关系、刑事程序法律关系和犯罪改造法律关系。② 如此定义的法律关系回归了法律关系作为一种社会关系的本质,凸显了有机结合的实体关系、程序关系和执行关系方能更好地推进社会关系的良好运行。

3.行政法学界通常在行政法律关系中来定义法律关系。例如:"行政法律关系是经行政法规范调整的,因实施国家行政权而发生的行政主体之间、行政主体与行政人员之间,行政主体与行政相对人(其他国家机关、社会组织、公民、外国组织和外国人)之间的权利与义务关系。"③如此定义的法律关系完整地涵盖了该类社会关系所能关涉的各类主体(行政主体、行政人员和行政相对人),即应立足于社会关系中的人来进行界定。

4.经济法学界通常在经济法律关系中来定义法律关系。例如:"经济法律关系,是指经济法律规范在调整国家干预经济过程中所形成的经济职权和经济职责、经济权利和经济义务关系。"④如此定义的法律关系更多地侧重于该类社会关系所应关涉的各类客体(市场主体资格、市场秩序、宏观调控及监管事实),进而立足于社会关系中的事实与行为来进行界定。

(三) 反哺农业法律关系的界定

比较上述观点可见,学界就法律关系概念所涉范畴在法律规范、权利义

① 马俊驹、余延满:《民法原论(第四版)》,法律出版社 2010 年版,第 48 页。
② 参见朱昌波:《论刑事法律关系的概念界定》,《北京人民警察学院学报》2005 年第 4 期。
③ 胡建淼:《行政法学》,法律出版社 1998 年版,第 27 页。
④ 李昌麒:《经济法学(第二版)》,法律出版社 2008 年版,第 87 页。

务和社会关系上达成了基本共识。政府相关职能部门主导反哺农业活动以及反哺农业自身所肩负的宏观调控、统筹城乡经济发展的使命决定了反哺农业法律规范应是一种综合性法律规范,主要为行政法律规范、经济法律规范之结合,也包含一定的民事法律规范与刑事法律规范。

欲科学定义反哺农业法律关系不妨以学界共识之法律关系概念范畴为基石,结合反哺农业法律规范的基本特性而进行。反哺农业法律关系应是一种综合性法律关系,即指反哺农业法律规范在规制、调整各种反哺农业法律行为过程中形成的以反哺农业当事人之间权利义务、权力责任为主要内容的各种管理关系、协作关系和自治关系的总和。

二、反哺农业法律关系的特征

(一) 共有特征

反哺农业法律关系当然地具备法律关系所共有的依法形成的社会关系、人际相互关系、权利和义务关系、社会内容和法的形式的统一、国家强制力保障、思想意志关系的属性①这六个方面普遍性特征。

1.反哺农业法律关系是依照反哺农业法律规范而形成的各种管理关系、协作关系和自治关系的总和。反哺农业法律规范应作广义界定而不限于农业法律规范,只要涉及资金反哺机制、科技反哺机制、人力资本反哺机制和产业化反哺机制的法律规范皆可涵盖其中。

2.反哺农业法律关系也是人际相互关系。这里的人应做广义的理解,除农民外还包括政府相关职能部门、涉农事业单位、生产经营组织、其他相关社会组织(如农业技术推广协会、资金互助协会、农村人力资本培训机构、专业合作社等农业产业化组织)中的工作人员。

3.反哺农业法律关系既是反哺农业主体之间的权利义务关系,也是各种反哺农业权力与责任关系。权利义务、权力责任是法律关系与习惯关系、道德关系和宗教关系相区别的关键因素。正是由于反哺农业法律规范基于管理和监督的需要赋予各类主体相应的权利义务、权力责任,才有可能形成

---

① 参见张文显:《法哲学范畴研究(修订版)》,中国政法大学出版社 2001 年版,第96—98 页。

反哺农业法律关系。

4.反哺农业法律关系是反哺农业实践和反哺农业法律规范的统一。反哺农业实践赋予了反哺农业法律关系的独有特征,反哺农业法律规范则为反哺农业实践运行提供了权利义务、权力责任的规则支撑,这二者的客观存在及相互作用必然导致反哺农业法律关系的产生。

5.反哺农业法律关系是由反哺农业法律规范背后的国家强制力保障实施的管理关系、协作关系和自治关系。任何个人或组织未依法获法律关系其他主体同意均不得违反或破坏法律关系,政府相关职能部门有权责令各种责任主体履行义务、责任或对不履行义务、责任者实施法律制裁。

6.反哺农业法律关系也具有思想意志关系的属性,是物质关系和思想关系的统一。反哺农业法律关系既作为一种物质关系映射出反哺农业当事人、反哺农业关系和反哺农业方式等现实活动基础的内容,也作为一种思想关系映射出政府领导职能等行政关系、公民相关主体意识和权利意识等精神关系的内容。

（二）独有特征

反哺农业法律关系在具备前述六个方面普遍性特征的同时,也基于反哺农业的自身特点而显其独有特征。其独有特征主要表现为政策依附性、规范复合性和学科交叉性三个方面。这些独有特征具体通过反哺农业法律关系的主体、内容显现出来,并随其客体之不同而表现各异。

1.政策依附性。即指反哺农业法律关系的构建与适用是以符合国家工业反哺农业、统筹城乡发展等政策导向为前提,需要随政策变化作相应调整。而相关政策的变化也颇具时效性,即只有在一国工业化步入中期后、城乡二元结构比较明显的前提下,反哺农业法律关系的构建与适用方具有明显价值。

2.规范复合性。即指反哺农业法律关系所涉法律规范是跨部门法的,包括行政法律规范、经济法律规范、民事法律规范和刑事法律规范等,其中涉农行政法律规范和经济法律规范是核心要件。规范复合性也决定了反哺农业法律救济途径的多元性,行政诉讼、行政复议、公益诉讼、小额诉讼等不同部门法的救济途径均可选择适用以保护相关法益。

3.学科交叉性。即指反哺农业本身是一类多学科相互配合联合惠农的公共政策活动,而决定了反哺农业法律关系要综合法律、管理、金融、农田水利、农业机械等多学科知识来进行构建。学科交叉性也决定了反哺农业实践的复杂性,单靠个别反哺农业主体或传统行政反哺模式是很难达到预期效果的。在反哺农业实践中应努力创新反哺模式,通过跨部门综合反哺、专业合作社反哺、涉农企业反哺、公益基金反哺和政府买断惠农服务反哺等实现反哺农业复合化。

三、反哺农业法律关系的构成

(一) 主体

法律关系的主体是法律关系存续的前提要件,是法律关系中最具能动性的组织体。整个法律关系的存在与运行都取决于主体的支撑,无论是权利与义务的承受、权力和责任的承担抑或客观法益的维护都与主体息息相关。反哺农业法律关系的主体也是构成反哺农业法律关系的前提要件,是反哺农业法律关系的享有者与承担者。反哺农业法律关系的主体主要包括:政府相关职能部门、涉农事业单位、生产经营组织、其他相关社会组织与农民。在这些主体之间大致形成了管理、协作、自治三种关系。

1.政府相关职能部门与其他主体之间主要是管理关系。在反哺农业实践中,政府相关职能部门需对涉农事业单位、生产经营组织、其他相关社会组织与农民实现有效监管。

2.涉农事业单位、生产经营组织与其他相关社会组织之间主要是协作关系。主要包括上级涉农事业单位对下级单位的工作指导关系、各企业之间参与反哺农业具体活动的竞争关系、综合反哺时各社会组织间的协作关系和财团法人对反哺农业主体的资金扶助关系。

3.涉农事业单位、生产经营组织、其他相关社会组织与农民之间主要是自治关系。须在遵循价值规律的前提下,通过政策倾斜实现经济发展与群体和谐,各方主体皆应依托相关合同约定的权利义务开展活动。

(二) 内容

法律关系的内容主要包括私权主体的权利、义务和公权主体的权力、责任两个方面。法律关系的内容厘清与否直接影响到法律关系理论的完善和相关领域法律适用的效果。反哺农业法律关系的内容也是构成反哺农业法律关系的核心要件。主要包括涉农事业单位、生产经营组织、其他相关社会组织与农民在反哺农业法律制度中的权利和义务,以及政府相关职能部门在其中的权力和责任。

1.私权主体的权利、义务。涉农事业单位、生产经营组织、其他相关社会组织与农民的权利主要有科技成果应用的自主权、农业补贴的无条件享有权、农业技术事故的帮助权、促进反哺工作的受奖励权、在反哺过程中受侵害或不公正待遇的申请复议及提起诉讼的救济权;其对应的义务主要包括贯彻国家反哺农业方针政策的义务、配合公权主体进行综合反哺的义务、遵守反哺农业法律规范的义务、揭发检举破坏反哺农业行为的义务、遵守等价有偿交易秩序的义务、抵制反哺资源垄断行为的义务。

2.公权主体的权力、责任。政府相关职能部门在反哺农业活动中的权力主要有反哺农业路径选择权、反哺农业主体设定权、反哺农业融资引导权、反哺农业规划权、反哺农业具体活动运营权、反哺农业法律规范制定权、反哺农业专项资金管理及使用权、反哺农业相关资源调查权;相关责任主要包括制定推行反哺农业公共政策的责任、推广宣传反哺农业成果的责任、按时足额拨付反哺农业资金的责任、合理配置反哺资源的责任、合宪依法开展反哺农业工作的责任、构建反哺农业效果反馈机制的责任。

（三）客体

法律关系的客体是指法律规范所保护而可能为违法行为所侵害的法益。主要包括物、行为、智力成果和秩序等。反哺农业法律关系的客体即指反哺农业过程中各相关法律规范所保护的法益。反哺农业法律关系的客体与其他法律关系的客体一样,具备有用性、可控性和客观性的特点。反哺农业法律关系的客体也可以简单地概括为物、行为、精神产品与秩序。

1.反哺农业法律关系中的物。主要指进行反哺农业活动所必需的农业机械、种子、化肥、动植物品种与资金款项等以实物形式存在的客体。

2.反哺农业法律关系中的行为。主要指资金反哺农业、技术反哺农业、人力资本反哺农业和产业化反哺农业中的具体管理行为、协作行为和自治行为。

3.反哺农业法律关系中的精神产品。主要是指人们通过脑力劳动所创造的并以一定形式表现出来而用于反哺农业的非物质化技术成果,如新型灌溉技术、嫁接杂交技术、农村文艺作品等。这些精神产品虽是一种看不见的思想形态，但也要依托一定的物质载体（如图纸、动画、幻灯片等）而存在。

4. 反哺农业法律关系中的秩序。主要指反哺农业相关立法在运行中与社会政治、经济等要素相互作用，而在社会生活中产生的有序行为和形成的社会关系的总称。主要表现为政府相关职能部门与其他主体之间的管理秩序，涉农事业单位、生产经营组织与其他相关社会组织之间的协作秩序，涉农事业单位、生产经营组织、其他相关社会组织与农民之间的自治秩序。

第二节　反哺农业法律关系的适用

反哺农业立法作为一种调整反哺农业活动的规范性法律文件，是相关行为规则或行为标准的集合，其基本作用在于通过对行动或行为的限制"使人类为数众多、种类纷繁、各不相同的行为与关系达致某种合理程度的秩序"[①]。可见反哺农业法律关系当是反哺农业立法这种规范性法律文件的作用对象之一。厘清反哺农业法律关系的适用路径可为科学构建反哺农业立法提供更为现实、具体的目标关系指引。"法的实然状态与应然状态的主要内容，可以归结为三个基本的方面，即事物的道德准则与价值取向、事物的规律、事物的性质。这三个方面的伦理性、规律性、特性则通过法的精神、形式、内容三个领域而呈现出来。"[②]立法作为法的下位概念，法的精神、形式、内容三个领域在立法中即表现为立法价值、立法体制、立法内容。探究反哺农业法律关系的适用路径不妨从反哺农业立法的价值、体制、内容这三个方面展开。

一、反哺农业法律关系的价值适用

价值一般指客体对主体的有用性，"价值是一个表征关系的范畴，它反

---

① ［美］E.博登海默：《法理学：法律哲学与法律方法》，邓正来译，中国政法大学出版社 2004 年版，第 501 页。
② 李步云：《法的应然与实然》，《法学研究》1997 年第 5 期。

映的是在人类实践活动中主体与客体需求与被需求的关系,揭示的是人的实践活动的动机和目的"。①"价值适用"可通俗地理解为"怎样运用更为有效"。探究反哺农业法律关系的价值适用既要彰显法的一般价值,也应探寻辅助运行的有效机制,就前者不妨以共同体理论为索引,就后者则可以利益分配机制为突破口。故而反哺农业法律关系在反哺农业立法精神领域的适用,可尝试从反哺农业共同体与反哺农业利益分配机制两个方面展开分析,进而推动反哺农业法律关系的构成要件更好地显现于立法价值中。

（一）反哺农业共同体之适用

共同体理论作为西方社会学、政治学的经典理论,所建构之共同体模型堪称对过往政治、经济、文化体制发展的高度概括。德国社会学家费迪南·滕尼斯第一次对"共同体"作出了系统论述,"共同体是建立在有关人员的本能的中意或者习惯制约的适应或者与思想有关的共同的记忆之上的。共同体是一种持久的和真正的共同生活,是一种原始的或者天然状态的人的意志的完善的统一体"。② 共同体生活实质是一种能思考、能意识并以一定的目的而行动的不同个体之间相互交往的生活。共同体理论强调共同体成员之间、共同体与其成员之间的相互交往与配合,而反哺农业法律关系是各种管理关系、协作关系和自治关系的总和,二者具有天然的合目的性与共融性。

反哺农业共同体是反哺农业法律关系在反哺农业立法精神领域之适用的必然要求。基于反哺农业法律关系,在反哺农业立法的指引下构建反哺农业共同体,有助于更好地将反哺农业法律关系的主体和内容付诸实践。一方面,通过反哺农业共同体成员的稳定化、具体化,可促成反哺农业法律关系各方主体的准确定位并导向有机团结;另一方面,通过反哺农业共同体成员之间依法相互交往与配合,可推动反哺农业法律关系各方主体更为积极主动地实现其相应权利、义务或权力、责任,进而促成反哺农业法律关系的静态构成要件更好地转换为反哺农业活动动态现实。探究反哺农业共同

---

① 张文显:《法理学(第三版)》,高等教育出版社、北京大学出版社 2007 年版,第293 页。

② [德]斐迪南·滕尼斯:《共同体与社会——纯粹社会学的基本概念》,林荣远译,北京大学出版社 2010 年版,第 2 页。

体需充分结合法的秩序价值和自由价值,在有机秩序的前提下实现共同体成员的充分自由。既要保障反哺农业的实效,又要尊重反哺农业共同体成员的自由意志,避免共同体成员漫无目的、机械被动的无效劳作。通过创新反哺农业形式、优化反哺农业共同体成员间的协作自治关系、引导共同体成员在法治框架内合理竞争、健全共同体内部纠纷救济途径而实现有序、自由的反哺农业共同体之构建。

（二）反哺农业利益分配机制之适用

罗尔斯的"正义原则"是一个与利益分配有关的范畴,"第一原则又称最大的均等自由原则,即每个人在最广泛的自由体系中享有平等的权利;第二原则又称差别原则,即为解决社会和经济的不平等地位,应该使最少受惠者获得与之相适应的最大利益。"[1]第一正义原则下要求尽可能的人人平等,第二正义原则下更强调对于弱势群体的适度关照。反哺农业本身就是一种对我国社会转型过程中城乡发展失衡的矫正,在反哺农业立法所指引的反哺农业利益分配过程中更应充分发挥第二正义原则的基本精神,在资源分配、限制权力尽可能平等、一致的前提下,强调对相对弱势的贫困地区、贫困单位和贫困人口的倾斜与特殊关照。反哺农业法律关系中各方主体,特别是处于相对弱势地位的农民,唯有在如此设计之下才会确信反哺农业是一种实现利益分配正义化的活动,进而更为主动自觉地维护反哺农业法律关系所保护的各种法益,依法行使权利、自觉履行义务,最终实现反哺农业法律关系各方主体的真正自由。

故而切实构建基于"正义原则"的反哺农业利益分配机制,有助于反哺农业法律关系的应然构成要件更好地转换为实然构成要件,最终实现反哺农业立法的正义、效率、秩序和自由等基本价值。探究反哺农业利益分配机制需充分结合法的正义价值与效率价值,保障反哺农业资源的合理分配,提高反哺法律关系主体的积极性。通过均等开放反哺农业机会、公示反哺农业利益分配规则、坚持基本均等的利益分配原则、加强对贫困地区的反哺倾斜、重视反哺农业具体活动的正当性与可行性评价、完善利益分配意见反馈机制、构建反哺农业激励惩罚机制,实现基于"正义原则"的反哺农业利益

---

① 鄂振辉:《自然法学》,法律出版社 2005 年版,第 198 页。

分配机制之构建。

二、反哺农业法律关系的体制适用

规范性法律文件系统化是梳理法律规范的重要方法,亦可作为辅助法律关系适用的体制设计。反哺农业法律关系在反哺农业立法形式领域的适用,可尝试基于反哺农业法律清理、反哺农业法律编纂、反哺农业法律汇编的形式从反哺农业规范性法律文件系统化的视角展开分析,进而推动反哺农业法律关系的构成要件更好地显现于立法体制中。

(一) 反哺农业法律清理之适用

法律清理又称法规整理,是一种法律创制活动,属于立法的一种形式,"是指有关国家机关按照一定程序,对一定时期和范围的规范性法律文件进行审查,并重新确定其法律效力的活动"。① 在这个过程中,旧的法律规范被废止或者被修改,新的法律规范被创制出来。

进行反哺农业法律清理可以有效缓解反哺农业法律规范的先天滞后性与僵化性,进而更好地与变化着的社会现实相适应。例如:2012 年修改的《中华人民共和国农业技术推广法》第 13 条,通过对乡镇一级、县一级和其他农业技术推广机构的技术性岗位比例进行 100%、80% 和 70% 的严格量化规定,更有利于实现基层农技推广机构的精简、高效,从而吸引人才,遏制基层农技推广机构人员构成鱼目混珠的现象,确保有限的反哺农业资金落到实处。在清理过程中还要就各类反哺农业立法存在的空白进行弥补,特别是尚未形成一套相对独立部门法体系的资金反哺农业、产业化反哺农业相关立法。

(二) 反哺农业法律编纂之适用

法律编纂又称法典编纂,"是指国家立法机关将属于某一法律部门的所有现行规范性法律文件进行清理和修改,创制新的规范,修改不适合的规范,废除过时的规范,从而编制成内容和谐一致、体例完整合理的系统化的新法律或者法典"。② 法律编纂是立法的最高形式,它能够让一个法律部门

---

① 孙国华、朱景文:《法理学(第二版)》,中国人民大学出版社 2004 年版,第 278 页。
② 沈宗灵:《法理学》,北京大学出版社 2000 年版,第 422 页。

的全部法律规范彼此协调并形成完备的体系。

进行反哺农业法律编纂即意味着将反哺农业立法作为一类独立部门法体系来进行研究,虽然将四类反哺农业立法归为一类独立部门法体系的必要性是存疑的,但于各类反哺农业立法中就相关法律规范进行整合实属必要。可就各类反哺农业问题制定行政法规以上的高位阶专门立法实现原则性统一规制,为解决反哺农业相关法律规范的冲突、竞合问题指引方向。可编纂《农业资金投入管理条例》、《农业资金投入绩效评价条例》、《农村劳动力义务教育培养条例》、《农村劳动力职业教育培养条例》、《农村劳动力流动服务条例》、《农业产业化龙头企业条例》、《农业产业链认定管理办法》、《农业产业化利益联结条例》,进而为反哺农业法律关系的适用提供更为系统的规范指引。

(三) 反哺农业法律汇编之适用

法律汇编不属于立法或法律创制活动,"是指将规范性法律文件按照一定的目的或标准,如调整社会关系的领域、类别或问题的性质,按照效力层级、时间顺序,作出系统排列,汇编成册"。①

进行反哺农业法律汇编即是将反哺农业相关法律规范汇编成册,其主要目的就是便于反哺农业法律关系各方主体更全面系统地了解、查阅反哺农业相关法律规范,推动提升各方主体就反哺农业的认知与评价能力,进而通过积极的普法宣传、依法执法和自觉守法等形式切实参与反哺农业活动。现有的反哺农业相关法律汇编主要为中国农业出版社 2003 年出版的《农业法律法规规章汇编》、法律出版社 2011 年出版的《中华人民共和国农业法典》等,总体上存在着更新速度慢、种类数量少等缺点。建立开源式农业(或反哺农业)法律汇编电子平台是信息时代下解决该问题的最佳选择。

三、反哺农业法律关系的内容适用

反哺农业法律关系的构建是以反哺农业法律规范的存在为前提的,研究反哺农业法律关系的内容适用实质上是对反哺农业法律规范进行补正或创新。反哺农业法律关系在反哺农业立法内容领域的适用,可尝试基于反

———————

① 卓泽渊:《法理学(第四版)》,法律出版社 2004 年版,第 65 页。

哺农业软法规范、反哺农业裁判规范、反哺农业评价规范的视角,从反哺农业法律规范设计方面展开分析,进而推动反哺农业法律关系的构成要件更好地显现于立法内容中。

(一) 反哺农业软法规范之适用

将软法规范应用于反哺农业立法中,可有效调动公权主体与私权主体两方面的积极性,进而全面回应多元的反哺农业法律关系主体,以实现多样化的反哺农业利益诉求。我国当前的法学研究范式①仍是一种追溯到奥斯丁分析法学的传统"硬法"研究范式,长期忽视"软法"的研究与适用。"所谓硬法是国家立法中的那些具有命令—服从行为模式、能够运用国家强制力保证实施的法律规范。所谓软法亦即不能运用国家强制力保证实施的法规范。"②实施"软法之治、软硬并举"的混合法制模式,能够最大限度地整合国家强制与社会自治两种机能。

反哺农业软法规范当是反哺农业法律规范的应有之义,它强调更多协商、更少强制和更高自由,可与作为各种管理关系、协作关系和自治关系之总和的反哺农业法律关系形成有机内在联系。就反哺农业法律关系的较弱主观性、较强客观性客体(如物、精神产品),适用柔性较高的软法进行调整可节约有限的反哺农业制度资源,并有助于排除地方或行业潜规则的滋生,进而提高反哺农业法治化的水平。针对较弱主观性、较强客观性的客体设定反哺农业软法调节机制,当是强化反哺农业法律关系社会自治机能的有效途径。

(二) 反哺农业裁判规范之适用

反哺农业裁判规范应在"有法司法"和"无法司法"之间实现平衡与结合,进而调和反哺农业相关立法稳定性与反哺农业活动事实变化性之间的矛盾。"'有法司法'和'无法司法'这对概念是由美国著名的社会法学家庞德提出,有法司法是指根据权威性的律令、规范和指示进行司法,而无法司

---

① 参见石佑启:《论公共行政与行政法学范式转换》,北京大学出版社 2003 年版,第 86—94 页。

② 罗豪才、宋功德:《软法亦法——公共治理呼唤软法之治》,法律出版社 2009 年版,第 2—3 页。

法指判案时法官可以自由裁量。"①"有法司法"的作用在于维护法律的稳定性,避免朝令夕改,给人们以受法律保护的安全感。"无法司法"的作用在于通过法官的自由裁量权把社会实践和合理期待纳入判决结果,使得法律能够与时俱进。

反哺农业立法不可能穷尽反哺农业的所有问题,纵使有所规定但也不能刻板地一概适用。反哺农业裁判规范应为相关纠纷之解决提供必备的自由裁量空间,使得反哺农业立法的适用更贴合国情民意、更适应社会发展,从而将反哺农业的最新政策、实践、利益诉求与实现反哺农业法律关系各方主体权利义务关联起来,为各种现实纠纷的解决提供切实有效的具体措施。基于反哺农业法律关系的综合性,反哺农业裁判规范应针对各类反哺农业行政法律关系、民事法律关系和刑事法律关系中的现实纠纷设定相应的行政处分、行政处罚、民事责任以及刑事责任措施,并明确具体的责任主体、责任形式与归责机制。

（三）反哺农业评价规范之适用

反哺农业评价规范应基于"二分法"理论进行设计。"应然与实然的'二分法'理论最早由边沁提出,后来又由奥斯丁继承和发展,它是分析法学派的重要标志。'二分法'理论实质上是两种研究法律规范的视角,第一种视角可以概括为'法律应该是什么样的',即应然的视角,第二种视角可以理解为'法律实际上是怎么样的',即实然的视角。"②

一方面既要从反哺农业法律关系乃至反哺农业立法的应然层面出发,制定更加符合人们理性和道德标准的反哺农业法律规范;也要从反哺农业法律关系乃至反哺农业立法的实然层面出发,分析实现反哺农业法律关系各方主体权利义务的现实困境与实施既有反哺农业法律规范过程中呈现的立法瑕疵,进而探寻科学可行的校正、完善途径。另一方面既要立足于立法文本,对反哺农业法律规范的内容设计与技术运用进行价值判断,通过静态分析得出优劣与否、水平高低的结论;也要立足于立法作用,对反哺农业法律规范在反哺农业实践中发挥的实际效用进行事实判断,通过动态分析得出积极与否的结论。

---

① 孙文恺:《社会学法学》,法律出版社 2005 年版,第 225 页。
② 徐爱国:《分析法学》,法律出版社 2005 年版,第 61 页。

第四章　反哺农业立法的价值分析

　　"价值分析是对作为客体的现象或事物与作为主体的人(一定的阶级、阶层、群体与个人)的价值关系,即对特定客体内含的、应有的价值因素的认知和评价。在法学研究中运用价值分析方法,对法律现象进行价值认知和评价是十分必要且有重大意义的。"①"法的实然状态与应然状态的主要内容,可以归结为三个基本的方面,即事物的道德准则与价值取向、事物的规律、事物的性质。这三个方面的伦理性、规律性、特性则通过法的精神、形式、内容三个领域而呈现出来。"②立法作为法的下位概念,法的精神领域在立法中即表现为立法价值。反哺农业立法是展进反哺农业实践的必备制度保障,运用价值分析方法去透视反哺农业立法的"道德准则与价值取向",可为该类立法具体规范之设定做出恰当、及时、正确的指引,进而推动实现对我国反哺农业行为的有效规制。

　　对立法价值的解析可运用功利主义的价值分析方法,从目的性价值和道德性价值两方面展开。边沁主张以"最大多数人的最大幸福"为立法的价值取向,"所有利益有关的人的最大幸福是人类行动的唯一正确适当并普遍期望的目的"。③"一切法律所具有或通常应具有的一般目的是增长社会幸福的总和,具体的目的有四个,即生存、平等、富裕和安全。"④边沁的论

---

① 张文显、姚建宗:《略论法学研究中的价值分析方法》,《法学评论》1991 年第 5 期。
② 参见李步云:《法的应然与实然》,《法学研究》1997 年第 5 期。
③ [英]杰里米·边沁:《道德与立法原理导论》,时殷弘译,商务印书馆 2000 年版,第57 页。
④ 严存生:《西方法律思想史》,法律出版社 2004 年版,第 254 页。

断实际是从三个方面对法的价值予以界定:动机—目标—价值。"生存、平等、富裕和安全"是人基于本能欲望对理想共同体生活的较低层面需求,是动机;"增长社会幸福的总和"是人在本能欲望基础上具有一定理性色彩的需求表述,是目标;"所有利益有关的人的最大幸福"是超越本能欲望就理想共同体生活的道德指引,是价值。前两者是浅层次目的性价值的二元表述,可通过数量来计算的主体需要和利益。后者堪称深层次道德性价值的精辟箴言,不能简单以数量来计算。① 目的性价值是分析道德性价值的基础,道德性价值是分析目的性价值的动因和归结。可依此路径具体分析我国反哺农业立法的目的性价值与道德性价值。

第一节 反哺农业立法的目的性价值

对反哺农业立法目的性价值的分析应以该立法现象所蕴含之目的属性为对象而从价值目标与价值关系两方面展开,既要厘清具体目的也要探究实现具体目的之基本依托。"价值判断在法律制度中所起的主要作用在于它们被整合进了作为审判客观渊源的宪法规定、法规以及其他种类的规范之中。法官们在解释这些渊源时,往往必须弄清它们得以颁布与认可所赖以为基的目的和价值论方面的考虑。"②"想要借规范来规整特定生活领域的立法者,他通常受规整的企图、正义或合目的性考量的指引,它们最终又以评价为基础。这两种情形均非单纯地适用规范,毋宁在从事须符合规范或准则意旨的价值判断。"③分析不同立法现象蕴含之"赖以为基的目的"与"合目的性考量",就是找出该现象试图实现的特定"社会幸福",进而探究这类"社会幸福"明确所指的社会关系调整和社会主体间权利义务分配背后所依循的道德性价值。

---

① 参见赵谦:《刍议中国农村土地整理的立法价值》,《中国土地科学》2010 年第 9 期。
② [美]E.博登海默:《法理学:法律哲学与法律方法》,邓正来译,中国政法大学出版社 2004 年版,第 528 页。
③ [德]卡尔·拉伦茨:《法学方法论》,陈爱娥译,商务印书馆 2003 年版,第 94—95 页。

一、反哺农业立法的价值目标

反哺农业立法的价值目标即反哺农业立法作为一种法现象所蕴含的具体目的。

（一）反哺农业立法的载体目的

反哺农业立法的价值目标离不开规则体系所构建的法律规范载体。"所有的法的价值都是通过一定的法律活动来实现的。所有的法律活动对于法律制度都有着必然的依赖关系。"①反哺农业立法的价值也需要通过具体的反哺农业法律规范而实现。故而,反哺农业立法的载体目的就是在系统研究反哺农业基本理论、制度安排和运行机制的基础上,在反哺农业相关立法中构建清晰、科学的反哺农业法律规范。

我国以农业资金投入法律规范、农业技术推广法律规范、农村劳动力培养与流动法律规范、农业产业化经营法律规范为代表的反哺农业法律规范,皆存在一些问题,不足以就反哺农业法律行为、法律关系作充分规制、调整。应立足于法律规范本身存在的各种具体问题探究其未来可能的完善途径与发展方向,从而推动我国反哺农业法律规范实现清晰化、科学化。有必要通过反哺农业立法载体目的之实现,使我国反哺农业活动逐步走上规范化、法治化轨道,进而助推反哺农业相关"社会幸福"之总和的切实增长。

（二）反哺农业立法的作用对象目的

国家、公民、社会是法现象的传统三元作用对象,反哺农业立法作为一种法现象,其价值目标也需要作用于国家、公民、社会而显现。

1.国家

反哺农业立法就国家之作用更多地指向政府相关职能部门在反哺农业活动中的权力,要让反哺农业权力实现合理配置。反哺农业权力主要包括:反哺农业路径选择权、反哺农业主体设定权、反哺农业融资引导权、反哺农业规划权、反哺农业具体活动运营权、反哺农业规范制定权、反哺农业专项资金管理及使用权、反哺农业相关资源调查权。

相对合理的反哺农业权力配置机制应体现在三个方面:(1)反哺农业权力资源的分配在中央政府与地方政府之间大致均衡。在中央政府统一的

---

① 卓泽渊:《法的价值论(第二版)》,法律出版社 2006 年版,第 504 页。

领导下充分发挥地方政府的主动性、积极性。提倡在不与上位法相抵触的前提下,因地制宜地进行农业资金投入活动、农业技术推广活动、农村劳动力培养与流动活动和农业产业化经营活动。(2)反哺农业规划、出资、运营、管理、监督等各类权力资源的分配在各相关职能部门之间大致均衡。由农业部门牵头主导,在财政、科技、教育、工商等相关职能部门之间实现分工负责、互相配合、互相制约。(3)反哺农业权力资源的占有、运行实现公开化、透明化。确保处于相对弱势地位之农民的知情权,为政府相关职能部门以外的其他反哺农业法律关系主体提供充分参与反哺农业的制度空间,健全反哺农业社会监督机制。

2. 公民

反哺农业立法就公民之作用更多地指向农民的反哺农业法律意识,要让农民的反哺农业法律意识在内容与层次上皆得以增强。(1)就反哺农业法律意识的内容而言。要推动农民反哺农业法律知识宣传教育,促进农民形成就反哺农业法律现象的评价(情感、认同与否的态度)和要求(意愿、如何发展的期待),逐步提升农民参与反哺农业所需参与能力。(2)就反哺农业法律意识的层次而言。要推动农民就反哺农业法律现象的认知、情感、意志过程中心理活动的逐步升华,从直观性、自发性、潜意识性的反哺农业法律心态逐步上升为具有自觉性、思考性的反哺农业法律思想、法律理论,为农民充分利用相关立法所设定的参与反哺农业制度空间提供必备要件。

3. 社会

反哺农业立法就社会之作用更多地指向反哺农业法律秩序所需社会基础和社会环境的形成,要实现反哺农业中有机团结、构建公平公正的反哺农业法治环境。

反哺农业中有机团结主要表现于反哺农业法律关系主体之间。政府相关职能部门、涉农事业单位、生产经营组织、其他相关社会组织与农民这些反哺农业法律关系主体彼此之间除因利益关系而发生联结外,互助化的共同体要求也应渗透其中。反哺农业立法应通过一系列的调和措施作用于反哺农业制度架构,使各类主体不至于因传统城乡二元结构、职能分工等因素而加深歧见,最终使其彼此达成某种妥协而带着更多的"公利心"积极参与极具公共服务特色的反哺农业活动。

　　公平公正的反哺农业法治环境主要表现为法治作为一种理念有否贯彻于各类反哺农业法律行为。反哺农业法律行为根据行为手段的不同,可分为资金反哺农业法律行为、科技反哺农业法律行为、人力资本反哺农业法律行为和产业化反哺农业法律行为。"法治作为一个动态的或能动的概念,其基本含义是依法办事。"①反哺农业立法应通过系统、清晰的规定就这四类行为予以明确指引,使包括政府相关职能部门、涉农事业单位、生产经营组织、其他相关社会组织与农民在内的各类反哺农业法律关系主体在进行农业资金投入活动、农业技术推广活动、农村劳动力培养与流动活动和农业产业化经营活动时能做到依法办事。

　　(三) 反哺农业立法的践行领域目的

　　政治、经济、文化是法现象的基准践行领域,反哺农业立法作为一种法现象,欲解决我国反哺农业进程中相关社会福利问题,也需要通过所指引之人在政治、经济、文化领域的具体行为发挥其作用。

　　1. 政治领域

　　反哺农业立法在政治领域的作用主要与规范、制约政府相关职能部门的反哺农业权力有关。要通过反哺农业立法具体设定政府相关职能部门的权力与责任,从实体与程序两方面规制其行为,调整政府相关职能部门与其他反哺农业法律关系主体之间的关系。

　　2. 经济领域

　　反哺农业立法在经济领域的作用主要与实现反哺农业效益最大化有关。要通过反哺农业立法对反哺农业活动的科学规制确保反哺农业具体活动在效益上的合理性及对社会发展的贡献度。要实现的反哺农业活动最大效益包括最大经济效益、社会效益和环境效益。实现经济效益主要是实现相关资源的优化配置,评判标准是反哺农业具体活动在经济上的合理性和对地方经济发展的贡献程度;实现社会效益主要是降低基尼系数,改善农民收入水平,促进农村劳动力就业,提高户籍城镇化率;实现环境效益主要是改善农业、农村的生产、居住环境,建成农民新村,提高绿色植被覆盖率、林草覆盖率,防止水土流失、土地退化,改善景观,消除环境污染等。

_____

①　张文显:《法哲学范畴研究(修订版)》,中国政法大学出版社 2001 年版,第 154 页。

3. 文化领域

反哺农业立法在文化领域的作用主要与农民素质的改善有关,要逐步提升农民在反哺农业中的主体意识和权利意识。主体意识是形成农民就反哺农业相关认知能力的基础,权利意识是形成农民就反哺农业相关思维能力和表达能力的基础。让农民主动地、自觉地、清楚地知悉其在反哺农业中的应有权利,引导农民主体意识、权利意识逐步提升,进而切实改善农民素质以更好地适应将致力构建的城乡一体化社会结构。

二、反哺农业立法的价值关系

反哺农业立法的价值关系即带有反哺农业立法主体目的色彩的反哺农业立法事实关系,也是实现反哺农业立法价值目标的基本依托。"事实关系就是指事物之间客观存在的、不以人的意志为转移的相互联系与相互作用。价值关系是指事实本身相对于主体的生存与发展所体现的作用,是指那些带有主体目的色彩的事实关系。"①分析反哺农业立法的价值关系可在厘清价值关系要素的基础上以立法要求和价值评价为媒介而生成反哺农业立法价值主客体间的双向互动过程。

（一）反哺农业立法价值关系的要素

"'价值'作为一个哲学范畴,必然有其普遍的客观基础和表现形式。这个普遍的基础和存在形式,正是人类一种普遍的基本关系——主客体关系的一个方面,即:在主客体相互作用中,由于主体及其内在尺度的作用,使客体趋向于主体,接近主体,客体主体化,客体为主体的需要及其发展服务。"②反哺农业立法价值关系是"人类一种普遍的基本关系——主客体关系的一个方面"与反哺农业立法这样的法现象实现结合的具体形式,其构成要素应是三元的,即主体、客体、主客体互动(相互趋向、接近、服务)媒介。

1. 主体

反哺农业立法价值关系的主体即参加反哺农业立法价值关系,创造、实

---

① 仇德辉:《数理情感学》,湖南人民出版社 2001 年版,第 101 页。

② 李德顺:《价值论(第 2 版)》,中国人民大学出版社 2007 年版,第 35 页。

现、接受反哺农业立法价值的政府相关职能部门、涉农事业单位、生产经营组织、其他相关社会组织与农民。其作为反哺农业法律关系主体在创造、实现、接受反哺农业立法价值的过程中皆显现出主体目的色彩,故而成为反哺农业立法价值关系的主体。涉农事业单位、生产经营组织、其他相关社会组织与农民的主体目的往往基于其反哺农业权利人的身份,需要反哺农业立法能够充分保障其各项合法权利的切实享有;政府相关职能部门的主体目的往往基于其反哺农业权力行使者的身份,需要反哺农业立法能够充分保障其各项合法权力的有效行使并实现科学规制。

2. 客体

反哺农业立法价值关系的客体即与反哺农业立法价值关系主体发生相互作用并服务于主体的对象,也就是反哺农业立法。其具有服务于反哺农业立法价值关系主体的客体性,由属性、关系和功能所构成。(1)属性。反哺农业立法所具有的道德性观念与标准属性一旦与主体的需要相契合,即能生成反哺农业立法的价值。(2)关系。反哺农业立法所蕴含的反哺农业权利、权力等实质性关系一旦与主体发生联系。即能生成反哺农业立法的价值。(3)功能。反哺农业立法对主体的服务直接表现为反哺农业立法功能与主体需要之契合,通过其具体功能的发挥而服务于主体即能生成反哺农业立法的价值。

3. 主客体互动媒介

反哺农业立法价值关系的主客体互动媒介即反哺农业立法价值关系主客体相互趋向、接近、服务的手段。依互动媒介的不同存在形态可分为物质型媒介、观念型媒介和混合型媒介。(1)物质型媒介。即人活动的物质型产物。主要包括反哺农业法律规范、反哺农业效益(经济效益、社会效益、环境效益)、反哺农业法律行为(资金反哺农业法律行为、科技反哺农业法律行为、人力资本反哺农业法律行为和产业化反哺农业法律行为)。(2)观念型媒介。即存在于反哺农业立法价值关系主体头脑中的相关思想意识与知识储备。主要包括反哺农业专业知识、反哺农业基础理论、反哺农业总体方略、反哺农业法律意识。(3)混合型媒介。即以若干物质型媒介为载体的定向化、目标化观念。这是生成反哺农业立法价值关系主客体互动过程的主要媒介。既可以明确的概念范畴所构成的思想体系表现出来,也可以特有的传统与习惯表现出来,还可以不稳定的带有浓厚感情色彩的心理活动方式而存在。具体可概括为两个方面:其一,立法要求。即反哺农业立法价值关系主体基于主观需要和对客体的认识、理解,所提出的文本化的具体反哺农业法律规范诉求;其二,价值评价。即主体在领会、掌握客体文本的基础上,参照立法要求就反哺农业法律规范及其作用所进行的价值判断。

(二) 反哺农业立法价值关系主客体互动过程

反哺农业立法价值关系主客体互动过程可分为四个步骤:第一,主体基于主观需要和对客体的认知而提出立法要求;第二,立法要求作用于客体并导致其发生改变;第三,主体基于对改变后客体的认知并参照之前的立法要求,就改变后客体文本及其作用进行价值判断;第四,主体基于价值判断的结果并结合主观需要和对客体的认知产生新的立法要求。新的立法要求又作用于客体并导致其发生改变而进入后续步骤,如此互动即成为一个周而复始的循环过程。

1. 立法要求

(1)立法要求的提出。要立足于差异化的反哺农业现实,基于各类主体不同的现实利益需求,结合体现我国反哺农业特色的道德性观念与标准属性,进而提出具体反哺农业法律规范诉求。

(2)立法要求的适用。作为复合型普通部门法之反哺农业立法的位阶至多到普通法律层级,在提出、审议、表决程序上皆具灵活性,则更容易实现对价值关系客体的改变。

2. 价值评价

(1)立法文本评价。即对反哺农业法律规范的内容设计与技术运用进行价值判断,通过静态分析得出优劣与否、水平高低的结论。在立法内容上,要分析其立法目的是否正当、规范设计是否科学、制度设计是否全面等方面;在立法技术上,要分析其结构、顺序、语言、表达方式是否规范、有无歧义等方面。

(2)立法作用评价。即对反哺农业法律规范在反哺农业实践中发挥的实际效用进行价值判断,通过动态分析得出积极与否的结论。作用积极或消极一般受立法文本的合理性、相关制度背景的进步性、具体制度内容运作的有效性、相关法律意识水平等因素制约。

第二节　反哺农业立法的道德性价值

对反哺农业立法道德性价值的分析即是厘清该立法现象所蕴含之具体道德性观念与标准。"正义"这样的道德性观念与标准应成为价值分析的重要指标,但也不应局限于此。边沁所述"所有利益有关的人"意味着"社会幸福"的享有者在数量上应尽可能地扩张,所能实现的"正义"也应从程序上的相对"正义"向实体上的绝对"正义"不断接近;"最大幸福"则体现出对效率的追求,要实现效率需从社会和主体自身两方面入手,外在社会秩序提供实现的环境,主体自身最大效益意味着实现的结果。当然空洞的理论考究是不会带来"社会幸福增长"的,"应当把评价理解为对一个可以由我们的行动影响的现象是应予指责的还是值得赞许的所作出的实践评价"。① 则更应结合该立法现象的实然状况,立足于具体的运行现实而分析其道德性价值。反哺农业立法所蕴含的具体道德性观念与标准主要包括目标性道德性观念与标准、手段性道德性观念与标准和保障性道德性观念与标准三个方面。

一、目标性道德性观念与标准

反哺农业立法蕴含的目标性道德性观念与标准在于反哺农业活动的合法性、民主性与权益性。

（一）合法性

反哺农业活动的合法性主要显现于过程与层次两个方面。(1)过程的合法性。即是对法的遵守应贯穿于反哺农业活动的全过程。从各类农业资金投入活动、农业技术推广活动、农村劳动力培养与流动活动和农业产业化经营活动的规划、审批、设计到实施、验收及绩效评价,皆应合法。(2)层次的合法性。分为最低要求和最高要求两个层面。最低要求即是各类反哺农业法律关系主体严格依照相关各位阶规范性法律文件设定的行为模式享有

---

① ［德］马克斯·韦伯:《社会科学方法论》,李秋零、田薇译,中国人民大学出版社1999 年版,第 111 页。

权利、履行义务;最高要求即是各类反哺农业法律关系主体能在价值层面与相关各位阶规范性法律文件的价值取向保持一致,进而共同构建从应然到实然顺利实现循环运转的反哺农业行为秩序与关系秩序。

（二）民主性

反哺农业活动的民主性主要显现于公民、国家的二元结构中。萨托利就"民主"的内涵做出了最经典的界定:"民主作为一种政治形态,其核心始终是政治权力问题;在复杂庞大的现代社会,以公民亲自参与政治决策为基础的直接民主只能导致效率低下、权威贬值的政治后果;现代民主只能是'被统治的民主',其关键在于有效制约统治的少数。"①(1)公民层面的民主性。即反哺农业中的农民参与,反哺农业作为一种公共政策执行模式,应通过一系列的措施促使农民主动全面地介入各类具体反哺农业活动的全过程。并且要更多地与反哺农业相关农业技术推广协会、资金互助协会、农村人力资本培训机构、专业合作社等农业产业化组织相衔接,而非简单的农民个体参与,如此方能确保参与的实效。(2)国家层面的民主性。即政府相关职能部门在反哺农业中的角色设定。反哺农业中的国家公权力应被有效地规制,以促成农民相关权利之实现。反哺农业究竟是一种政府为了解决"三农问题"而实施的行政管理行为,还是政府主导下的准行政合同行为,抑或是政府指导下的市场自治行为? 后两者更契合民主性的要求。

（三）权益性

反哺农业活动的权益性主要显现为权属设定与利益平衡两个方面。(1)反哺农业权属设定。即反哺农业立法就反哺农业中的权属和权属调整所作之设定。包括反哺农业权利人在资金反哺农业、科技反哺农业、人力资本反哺农业和产业化反哺农业过程中的权属设定四个方面,皆涉及权利人的所有权、使用权和他项权利之确认、调整及变更登记问题。(2)反哺农业利益平衡。即反哺农业立法需要在反哺农业权利人与反哺农业法律秩序、权利人个体利益与反哺农业相关公共利益之间实现平衡。当构建、维护反哺农业法律秩序与反哺农业权利人差别化的利益诉求发生冲突时,当基于

---

① [美]乔万尼·萨托利:《民主新论》,冯克利、阎克文译,世纪出版集团、上海人民出版社 2009 年版,第 5 页。

提高反哺农业活动的最大经济效益、社会效益和环境效益等公共利益目标而调整相关权属与反哺农业权利人利益最大化发生冲突时,皆需在权利、利益有所牺牲前提下方能实现城乡发展非平衡之调节。

二、手段性道德性观念与标准

反哺农业立法蕴含的手段性道德性观念与标准在于反哺农业活动中的"正义",即实体正义与程序正义。罗尔斯以最简明的方式将"正义"概括为:"通过调节主要的社会制度,来从全社会的角度处理这种出发点方面的不平等,尽量排除社会历史和自然方面的偶然任意因素对于人们生活前景的影响。"①当然正义价值中的平等并不是绝对的,"平等和公平包括两个因素——公平地分配负担和机会平等。虽然负担和机会平等是假定的,但它们可能让位给某些考虑——这些考虑表明待遇方面的差别是适当的"。②就相对正义下的不平等事实,在尊重现实的同时也需要面向绝对正义的不断努力。"潜藏在正义观念的这些不同用法的一般性原理在于,每个个体都有权要求平等或不平等的某种相对地位。在沧海桑田的社会生活中,在分配负担或利益时,我们必须尊重这个原理,当它受到干扰时,也应该努力修复它。"③反哺农业活动中的正义就是避免在反哺农业活动中出现"不平等"。

(一) 实体正义

反哺农业活动的实体正义是指在反哺农业的指导思想、基本原则和实践结果三个方面皆符合正义要求。(1)就指导思想而言。必须从推动社会进步和符合绝大多数人的最大利益角度出发,总体上促进农业现代化,实现工农互促、城乡互融。(2)就基本原则而言。可设定资源吸引原则、适度和渐进原则、"造血"原则、产业双赢原则和保护原则等。从实际出发、因地制

---

① [美]约翰·罗尔斯:《正义论》,何怀宏、何包钢、廖申白译,中国社会科学出版社1988年版,第6页。

② [美]迈克尔·D.贝勒斯:《法律的原则——一个规范的分析》,张文显、宋金娜、朱卫国、黄文艺译,中国大百科全书出版社1996年版,第422页。

③ [英]哈特:《法律的概念(第二版)》,许家馨、李冠宜译,法律出版社2011年版,第145页。

宜地开展反哺农业活动,必须符合自然发展规律和社会经济发展规律。(3)就实践结果而言。主要是反哺农业活动的实践结果达到预期效益,能使各类反哺农业法律关系主体公正地享受到其带来的好处,进而实现在农业、农村可持续发展上的多元化有效治理。政府相关职能部门应是反哺农业活动的推动者;农民既是反哺农业活动的主体也是客体;涉农事业单位是反哺农业活动的重要辅助者;生产经营组织、其他相关社会组织是反哺农业活动的直接参与者。

(二) 程序正义

反哺农业活动的程序正义是指反哺农业的运作程序符合正义要求,使各类反哺农业法律关系主体在法律许可下按自己意志自由开展相关活动。反哺农业法律制度要设定授权性规范以充分保证权利者的权利自由,实现各类反哺农业法律关系主体特别是居于弱势地位的农民对反哺农业活动决策、运行、绩效评价的全程积极主动参与。在活动准备阶段,必须让相关主体共同参与论证,就反哺农业具体活动的方案、可行性、设计等问题充分协商,达成最大限度的共识;在实施阶段,必须按照既定规划和活动设计有组织地进行,确保活动开展符合进度要求和设计意图;在评价阶段,必须保证反哺农业具体活动达到预期目标、完成既定任务、发挥应有效益。

三、保障性道德性观念与标准

反哺农业立法蕴含的保障性道德性观念与标准在于反哺农业活动中的"秩序",即行为秩序和关系秩序。博登海默就"秩序"概念给出了最精辟的定义:"秩序概念,意指在自然进程与社会进程中都存在着某种程度的一致性、连续性和确定性。"[①]当这样的"一致性、连续性和确定性"进入公共生活则表现为政治秩序和经济秩序,"政治秩序指的乃是一种目标,而非某种现实"。[②] "在政治领域的秩序状态是与政治统治主体及主客体关系的秩序状态相连的,一是确立起的统治阶级所需要的法律体系,二是以法律为形式

---

① [美]E.博登海默:《法理学:法律哲学与法律方法》,邓正来译,中国政法大学出版社 2004 年版,第 227—228 页。
② [美]塞缪尔·P.亨廷顿:《变化社会中的政治秩序》,王冠华、刘为等译,上海世纪出版集团 2008 年版,第 XIII 页。

肯定的统治阶级的政治统治地位,三是以此为基础建立的社会政治制度。在经济领域的秩序状态先是以所有制为基础的社会基本经济制度,接着是有关生产、交换、分配、消费等过程和谐运转的具体经济体制。"①防范反哺农业活动背离"一致性、连续性和确定性"即为反哺农业活动的"秩序"所在,以推动实现反哺农业活动的有序化。

（一）行为秩序

反哺农业行为秩序表现为反哺农业活动中产生的各种有序行为,即各具体反哺农业法律行为。反哺农业法律行为是一种综合性管理行为、协作行为和自治行为,其属性决定了反哺农业活动既是全过程的也是多元的。既涵盖反哺农业具体活动审批、设计、实施、验收及绩效评价全过程,也包括农业资金投入、农业技术推广、农村劳动力培养与流动和农业产业化经营这些具体活动。在政府相关职能部门、涉农事业单位、生产经营组织、其他相关社会组织与农民之间形成不同类型的管理行为秩序、协作行为秩序和自治行为秩序。政府相关职能部门与其他主体之间主要是管理行为秩序,涉农事业单位、生产经营组织与其他相关社会组织之间主要是协作行为秩序,涉农事业单位、生产经营组织、其他相关社会组织与农民之间主要是自治行为秩序。

（二）关系秩序

反哺农业关系秩序表现为反哺农业活动中形成的各种社会关系,即各具体反哺农业法律关系。反哺农业法律关系也是一种综合性管理关系、协作关系和自治关系。应在复合型反哺农业法律关系中,厘清各类法律关系主体的权利与义务特别是其中政府相关职能部门所行使权力的运行特征。反哺农业关系秩序中所涉产权主体是复合的,有不同类型产权主体在具体反哺农业活动中的所有权调整、经营权移转以及相关他项权利的出让等;所涉投资主体是多元的,有国家直接投资,有农民自发投入,有公司企业参与,也有集体筹资等;所涉监管工作是繁杂的,要对监管权限的划分、相关权属调整的方式和程序、反哺农业具体活动运行程序监督履行等问题予以规范和确认。

---

①　王浦劬:《政治学基础》,北京大学出版社 1995 年版,第 169—170 页。

第五章　规制资金反哺的农业资金立法

资金反哺农业行为实质就是一种农业资金投入行为,资金反哺农业相关立法即规制资金反哺的农业资金立法,主要是有关农业资金投入的各位阶规范性法律文件。近年来伴随我国城乡一体化进程的逐步深入,农业资金投入问题成为理论界、实务界广泛关注的热点问题。"能否开辟更多的反哺农业资金来源,筹措更多的反哺农业资金,是决定反哺农业成败的关键。"[1]"发展中国家的农村经济社会发展问题,根据纳克斯的'贫困的恶性循环论',归根到底是由于资本的短缺和贫困的恶性循环,即'农村资源生产率低下→农民收入水平低下→农村地区和农民的储蓄能力低→资本短缺→农村资源生产率低'。农村经济发展中,资本的形成是打破恶性循环的关键。"[2]《中共中央关于全面深化改革若干重大问题的决定》第 20 条"加快构建新型农业经营体系"中规定:"允许财政项目资金直接投向符合条件的合作社,允许财政补助形成的资产转交合作社持有和管护,允许合作社开展信用合作。"第 22 条"推进城乡要素平等交换和公共资源均衡配置"中规定:"保障农民公平分享土地增值收益,保障金融机构农村存款主要用于农业农村。健全农业支持保护体系,改革农业补贴制度,完善粮食主产区利益补偿机制。"[3]这在事实上将农业资金投入机制视为新型农业经营体系

---

[1]　赵谦:《反哺农业法律概念浅析》,《改革与战略》2012 年第 5 期。
[2]　周建华:《工业反哺农业机制构建问题研究》,湖南农业大学经济学院博士学位论文,2007 年,第 73 页。
[3]　新浪网:《中共中央关于全面深化改革若干重大问题的决定》,2013 年 11 月 25 日,见 http://news.sina.com.cn/c/2013-11-25/184628722303.shtml。

的重要组成部分和城乡公共资源均衡配置的主要手段,尝试从财政资金、土地增值收益分配、金融支持等多个方面推动农业资金投入规模最大化、效益最优化的顺利实现。

　　构建旨在实现资金反哺农业的农业资金投入有效机制是反哺农业的基本前提。法治化时代下构建任何机制皆须依循相应法律规范而进行,相对完备的农业资金立法是构建农业资金投入有效机制的必要前提。"发达国家为保护和支持本国农业构建了以农业基本法为基础、基本法与专门法相结合的农业补贴立法体系,其立法宗旨是通过增加农民的收入补贴、农业生产要素补贴、农业生态和农业结构调整等补贴支持和保护本国农业和农民利益。其补贴方式呈法制化、刚性化、多样化。"①如前文所述,我国农业资金立法虽已初具规模,但并未形成一套相对独立的部门法体系,而散见于法律、行政法规、部门规章、地方性法规和地方政府规章中。该类立法虽推动着"我国农业资金仍处于规模报酬递增阶段,理论上增加资金投入有助于资金配置效率提升"②,"2009—2013 年,中央财政预算安排的农业综合开发资金从 165 亿元增加到 329 亿元,五年共计投入 1204 亿元,年均增长18.8%。引导和带动地方财政资金投入 650.21 亿元,银行贷款、农民自筹及其他资金投入 828.44 亿元,共计投入资金 2682.65 亿元"③,但仍存在不少现实问题,以至于农业资金投入缺乏科学的法律规范指引,进而弱化了农业资金投入机制的运营实效,致使"资金配置效率低下成为我国农业资金配置的症结所在"④。"法的实然状态与应然状态的主要内容,可以归结为三个基本的方面,即事物的道德准则与价值取向、事物的规律、事物的性质。这三个方面的伦理性、规律性、特性则通过法的精神、形式、内容三个领域而呈现出来。"⑤法的精神、形式、内容 3 个领域显现于具体立法中即为立法价值、

① 刘文忠、刘文军:《国外农业补贴立法对中国的启示》,《河北法学》2005 年第 12 期。
② 段小燕、王静、彭伟:《我国农业资金配置的症结分析》,《中南财经政法大学学报》2014 年第 3 期。
③ 解希民:《多元化投入机制助力农业综合开发》,《中国财经报》2014 年 5 月 10 日。
④ 段小燕、王静、彭伟:《我国农业资金配置的症结分析》,《中南财经政法大学学报》2014 年第 3 期。
⑤ 李步云:《法的应然与实然》,《法学研究》1997 年第 5 期。

立法体制、立法内容。可基于对我国农业资金立法内涵的厘清,依循这三个基本维度来解析该类立法存在的现实问题,进而探究未来可能的完善途径。

第一节　我国农业资金立法的内涵

"概念的内涵,就是概念所反映的事物的特有属性。"①我国农业资金立法的内涵,就是概念所反映的我国农业资金立法的特有属性。考察农业资金立法特有属性的主要任务在于分析构成农业资金立法的基本要素及其相互关系。规范性法律文件作为一种行为规则或行为标准的集合,其基本作用在于通过对行动或行为的限制"使人类为数众多、种类纷繁、各不相同的行为与关系达致某种合理程度的秩序"②。可见行为与关系是规范性法律文件的作用对象,农业资金立法作为一种调整农业资金投入活动的规范性法律文件,其作用对象则是农业资金投入法律行为与农业资金投入法律关系。故而探究我国农业资金立法的特有属性应立足于法律行为、法律关系这两个方面展开。

一、农业资金投入法律行为

（一）概念

农业资金投入法律行为作为一种具体化的反哺农业法律行为,可在反哺农业法律行为概念的基础上来进行解析。农业资金投入法律行为即指根据农业资金投入当事人意愿形成的,由农业资金立法所调整的,能够引起农业资金投入法律关系产生、变更和消灭的各种行为。

农业资金投入法律行为除具有《中华人民共和国农业法》第 39 条所规定的 4 项原则显现之有利于提高农业综合生产能力、推动农业转型升级、带动农民增收、促进农业可持续发展的自身属性③外,也当然地具备法律行为

---

① 金岳霖:《形式逻辑》,人民出版社 2006 年版,第 22 页。
② ［美］E.博登海默:《法理学:法律哲学与法律方法》,邓正来译,中国政法大学出版社 2004 年版,第 501 页。
③ 参见解希民:《多元化投入机制助力农业综合开发》,《中国财经报》2014 年 5 月10 日。

所共有的社会性、法律性、可控性、价值性特征①。这些特征通过农业资金投入法律行为的具体内容即农业资金投入当事人引起农业资金投入法律关系产生、变更和消灭的各种行为而显现出来。

（二）构成

农业资金投入法律行为所涉资金主要来自国内，包括国家财政资金、土地出让金、社会自筹资金和信贷资金②，则可将我国农业资金投入分为国家财政农业资金投入和社会自筹农业资金投入、信贷农业资金投入三类。农业资金投入当事人主要包括政府相关职能部门（如财政部门与农业、林业、水利及其他涉农部门），生产经营组织（如各类涉农信贷机构、农业产业化龙头企业与相关农民专业合作社），农村集体经济组织与农民。根据所适用法律规范属性的不同，大致可将农业资金投入法律行为的具体内容界分为农业资金投入行政法律行为、农业资金投入经济法律行为与农业资金投入民事法律行为。三种不同类型的农业资金投入法律行为在部门法的适用上各有所侧重，在具体领域中遵循相应准则而予以规制。

农业资金投入行政法律行为主要是政府在以农业补贴、税收减免等财政专项资金方式推进农业现代化建设过程中做出的具有法律意义的行为。该类国家财政农业资金投入行为一般体现于政府相关职能部门对相关财政专项资金进行资金整合③、实施有效管理的过程中。

农业资金投入经济法律行为主要是政府在农业资金投入活动中根据相关立法，通过"货币政策"④等手段、"价格、计划或窗口指导等工具"⑤，就各类支农资金运营，特别是来自农村集体经济组织与各类生产经营组织的社

---

① 参见张文显：《法哲学范畴研究（修订版）》，中国政法大学出版社 2001 年版，第 69—73 页。

② 参见周建华：《工业反哺农业机制构建问题研究》，湖南农业大学经济学院博士学位论文，2007 年，第 76 页。

③ 参见罗晶、王迎辉：《变"要钱"为"管钱"支农资金聚沙成塔》，《中国财经报》2010 年 1 月 19 日。

④ 杨敏、伍艳：《货币政策对我国农业信贷资金配置效率的影响研究》，《青岛农业大学学报（社会科学版）》2014 年第 1 期。

⑤ 李江华、施文泼：《政府对农业信贷资金配置的干预及效应分析》，《经济研究参考》2013 年第 67 期。

会自筹资金、信贷资金运营所做出的宏观调控行为。该类行为一般通过农村集体经济组织与各类生产经营组织在农业资金投入实践中的竞争协作显现出来。

农业资金投入民事法律行为主要是在农业资金投入活动中各类生产经营组织、农村集体经济组织与农民等平等主体做出的具有法律意义的市场自治行为。该类型行为既包括主要发生于非信贷性生产经营组织与农村集体经济组织、农民之间的"现金集资和实物集资"①这样的社会自筹农业资金投入行为，还包括主要发生于信贷性生产经营组织与其他生产经营组织、农村集体经济组织、农民之间的"粮棉油收购贷款、农村基础设施建设贷款、扶贫贷款"②这样的信贷农业资金投入行为。

二、农业资金投入法律关系

（一）概念

农业资金投入法律关系作为一种具体化的反哺农业法律关系，可在反哺农业法律关系概念的基础上来进行解析。农业资金投入法律关系即指农业资金法律规范在规制、调整农业资金投入行为过程中形成的以农业资金投入当事人之间权利义务、权力责任为主要内容的各种管理关系、协作关系和自治关系的总和。

农业资金投入法律关系除具有农业资金投入的自身属性外，也当然地具备法律关系所共有的依法形成的社会关系、人际相互关系、权利和义务关系、社会内容和法的形式的统一、国家强制力保障、思想意志关系的属性特征③。这些特征具体通过农业资金投入法律关系的主体、内容显现出来，并随其客体之不同而表现各异。

（二）构成

农业资金投入法律关系的主体是构成农业资金投入法律关系的前提要

---

① 汤志平：《试谈农业综合开发自筹资金的会计核算》，《农村财政与财务》1999 年第 9 期。

② 张会平：《农业信贷资金的供求矛盾与化解》，《税务与经济》2007 年第 5 期。

③ 参见张文显：《法哲学范畴研究（修订版）》，中国政法大学出版社 2001 年版，第 96—98 页。

件,是农业资金投入法律关系的享有者与承担者。农业资金投入法律关系的主体即农业资金投入当事人,主要包括:政府相关职能部门、生产经营组织、农村集体经济组织与农民。在这些主体之间大致形成了管理、协作、自治三种关系。其一,政府相关职能部门与其他主体之间主要是管理关系。在农业资金投入实践中,政府相关职能部门须对生产经营组织、农村集体经济组织与农民实现有效监管。其二,各类生产经营组织与农村集体经济组织之间主要是协作关系。主要包括非信贷性生产经营组织与农村集体经济组织在社会自筹资金投入中的协作关系、信贷性生产经营组织之间在信贷资金投入中的竞争关系。其三,生产经营组织、农村集体经济组织与农民之间主要是自治关系。非信贷性生产经营组织与农民所参与的社会自筹资金投入、信贷资金投入皆须在遵循价值规律的前提下,通过政策倾斜实现农业资金投入中的真实意思表示之合意。

农业资金投入法律关系的内容是构成农业资金投入法律关系的核心要件。主要包括生产经营组织与农民在农业资金法律制度中的权利和义务,以及政府相关职能部门、农村集体经济组织在其中的权力和责任。其一,生产经营组织、农村集体经济组织与农民的权利和义务主要由双方通过合同加以确定。例如,非信贷性生产经营组织、农村集体经济组织与农民皆有选择信贷性生产经营组织提供信贷金融服务的权利,也有依照合同规定如期返还信贷资金及利息的义务。具体权利义务主要基于相关筹资协议、信贷协议所设定,合同各方皆当按照合同约定享受权利并承担义务。其中筹资发起方需清晰说明具体筹资事宜、收益分配方案、撤资程序等,筹资管理方则需依筹资协议规定及时公布资金运营情况及相关风险提示。信贷性生产经营组织在提供信贷格式合同时,同样需清晰说明相关信贷申请、资金发放及还贷等事宜,依据相关规定办理信贷申请并就受理与否及时说明。此外,农民、农村集体经济组织以及符合相应资质条件的信贷性生产经营组织与非信贷性生产经营组织皆有依法获得财政专项补贴、税收减免等财政支农资金扶持的权利,同样也有贯彻、遵守国家农业资金投入相关政策及法律规范的义务。其二,政府相关职能部门的权力和责任主要包括:统筹农业资金投入工作的权力、制定农业资金法律规范的权力、指导社会自筹资金投入与信贷资金投入的权力、拨付并有效管理财政支农资金的责任、提供并扶持社会化融资服务的责任。

农业资金投入法律关系的客体是指农业资金投入法律关系主体所享有权利和承担义务共同指向的对象,即农业资金投入过程中各相关法律规范所保护的法益。农业资金投入法律关系的客体与其他法律关系的客体一样,具备"客观性、可控性和有用性"①的特点。农业资金投入法律关系的客体一般表现为物与行为。其一,物主要包括农业资金投入所涉及的国家财政资金、土地出让金、社会自筹资金和信贷资金②。其中国家财政资金即各类农业专项资金,主要包括农业综合开发资金(土地治理专项资金、农业产业化专项资金)、现代农业生产发展专项资金、农业技术推广与服务专项资金、农业专项补贴、农业救灾与扶贫资金。其二,行为主要包括农业资金投入活动中的会计行政管理行为、金融宏观调控行为、社会化融资服务行为、信贷性生产经营行为等。

第二节　我国农业资金立法存在的问题

一、立法蕴含的价值目标相对失衡

当前我国农业资金立法在立法价值方面存在的问题集中体现为立法蕴含的价值目标相对失衡,即重资金投入过程管理、轻资金绩效结果评价。③分析立法价值首先要解析该立法的价值目标。农业资金投入法律行为作为事实上的资金反哺农业法律行为,相关立法所指向的价值目标应更多地在于引入工业发展机制与理念,以提高农业资金投入的使用效益,从而促进农业发展从"输血型"向"造血型"的结构性转向。"通过'以工促农、以工补农'政策来为农业发展提供资金、技术和政策激励,不应只是扶贫形式的财政转移支付。"④然囿于我国长期以来农业投入水平相对偏低的客观现实,

---

① 张文显:《法理学(第三版)》,高等教育出版社、北京大学出版社 1999 年版,第 163 页。
② 参见周建华:《工业反哺农业机制构建问题研究》,湖南农业大学经济学院博士学位论文,2007 年,第 76 页。
③ [美]E.博登海默:《法理学:法律哲学与法律方法》,邓正来译,中国政法大学出版社 2004 年版,第 528 页。
④ 张益丰、刘东、李月强:《工业反哺农业的组织创新及其路径选择——兼评现代化农业建设若干流行观点》,《江西财经大学学报》2010 年第 5 期。

农业资金立法体制、立法内容设定所显现出的价值目标则更多地侧重于保障有限的资金投入而强调资金投入过程管理,较为忽视资金绩效结果评价。

（一）立法体制设定所显现的价值目标

如前文所述,我国农业资金立法并未形成一套相对独立的部门法体系,而散见于法律、行政法规、部门规章、地方性法规和地方政府规章中。该立法体制下各位阶规范性法律文件绝大多数是围绕资金投入过程管理所涉的资金管理、违规违纪处理以及资金稽查监督这三方面问题,来予以原则性、专门性、具体化规定。仅3件"通知"类部门规章就资金绩效结果评价问题予以了专门性、具体化规定,分别是:2007年《国家农业综合开发办公室关于印发〈国家农业综合开发资金和项目管理工作质量考评办法（试行）〉的通知》（失效）、2011年《国家农业综合开发办公室关于印发〈国家农业综合开发项目资金绩效评价办法（试行）〉的通知》、《财政部关于印发〈中央财政现代农业生产发展资金绩效评价办法〉的通知》（2011年制定,2013年修改）。故而,资金绩效结果评价相关立法的位阶、数量与规制资金反哺的农业资金立法应更多指向的农业资金投入使用效益目标是不相称的。

（二）立法内容设定所蕴含的价值目标

1.法律所指向的价值目标

该位阶仅有就农业资金投入的来源、运行予以了原则性规定的《中华人民共和国农业法》第37—41条。相关条款中只有第39条第1款的"保证资金安全,提高资金的使用效率"之效益性原则规定勉强指向资金投入绩效价值目标。且还仅仅是置于加强政府相关财政资金分配、使用监督管理的前提条件下,就资金使用后生成的经济效益、生态效益、社会效益等实际绩效鲜有涉及。其他条款的设定则更多地围绕第37条、第38条规定之"国家建立和完善农业支持保护体系"、"国家逐步提高农业投入的总体水平"和第39条确立之我国农业资金投入运行的及时性、足额性、安全性原则而展开。

2.行政法规所指向的价值目标

该位阶仅有1988年《国务院关于建立农业发展基金增加农业资金投入的通知》。该通知具体内容中只有"五、要切实加强资金管理,提高资金使用效益"中的"要切实加强各项支农资金使用情况的监督检查,努力提高资金使用效果"之规定勉强指向资金投入绩效价值目标。但仍未超出前述《中华人民共和国农业法》相关规定的设定范畴,而更多地强调对"各项支农资金使用"的管理,至于"使用效果"则仅有"努力提高"这样的模糊规定,对资金使用后生成的实际绩效缺乏足够关注。

3. 部门规章所指向的价值目标

该位阶虽有较多形式的规范性法律文件,然而明确指向资金投入绩效价值目标的专门规定仅为极少数。且明确指向该价值目标的规范性法律文件在绩效评价具体指标和量化标准的设定上也存在较明显的偏差。

例如,2011 年《国家农业综合开发办公室关于印发〈国家农业综合开发项目资金绩效评价办法(试行)〉的通知》的 3 个附表分别设定了绩效评价具体指标和量化标准。"附1:国家农业综合开发项目资金省级管理工作绩效评价量化指标表"中"项目绩效"部分设定的评价指标(分值)仅占 15 分,而其中"绩效评价结果"更只有 10 分,绝大多数 90 分的评价指标(分值)指向资金管理、项目管理、综合管理这样的资金投入过程管理。"附2:土地治理项目绩效评价参考计分标准"、"附3:产业化经营项目绩效评价参考计分标准"在评价指标(分值)设定上稍有改观,"实施效果"部分占了 35 分,大多数 65 分的评价指标(分值)仍指向项目前期工作、项目组织、项目实施、资金使用这样的资金投入过程管理。

又如,《财政部关于印发〈中央财政现代农业生产发展资金绩效评价办法〉的通知》(2011 年制定、2013 年修改)的 2 个附表同样设定了绩效评价量化指标表。"附1:财政部对省级财政(务)部门绩效评价量化指标表"没有设定"项目实施效果"的评价指标,全部评价指标皆指向实施方案制定、支农资金整合、资金项目管理、组织保障工作、违规违纪行为(减分指标)这样的资金投入过程管理。"附2:省级财政(务)部门对项目县绩效评价参考量化指标表"在评价指标设定上有所改观,"项目实施效果"部分占了 25 分,大多数 75 分的评价指标仍指向实施方案制定、支农资金整合、资金项目管理、组织保障工作、项目完成情况、违规违纪行为(减分指标)这样的资金投入过程管理。

4. 地方性法规、地方政府规章所指向的价值目标

该位阶的 7 件规范性法律文件皆未明确指向资金投入绩效价值目标,

均为资金管理、资金回收管理、资金使用管理、资金项目管理这样的资金投入过程管理专门规定。各"条例、办法"的具体内容都没有涉及资金绩效结果评价问题,更勿论设定绩效评价的具体指标和量化标准了。

综上所述,当前我国农业资金立法在立法体制、立法内容设定上显现的价值目标皆是失衡的。固然资金投入过程管理在规制便捷性、程序正义性上不可或缺,没有可靠的资金投入过程管理也不可能生成理想的资金绩效结果,但若将立法价值目标仅仅指向或主要指向过程而忽视最终结果,为了投入而投入,缺少对投入后应达致的反哺农业结果事实乃至城乡一体化终极目标的必要关注,则该类立法指引下的农业资金投入机制在运营实效上、在"资金配置效率症结"①化解上必然是弱化且存疑的。

二、立法政策性有余而规范性不足

当前我国农业资金立法在立法体制方面存在的问题集中体现为立法政策性有余而规范性不足。相关立法在立法名称、立法结构上多选择超出《行政法规制定程序条例》和《规章制定程序条例》相关规定范畴的政策性体例而非规范性体例。

(一) 立法名称的政策性选择

《行政法规制定程序条例》第 4 条规定,行政法规的名称"一般称条例、规定、办法等"。农业资金方面唯一的行政法规却采用"通知"。《规章制定程序条例》第 6 条规定规章的名称"一般称规定、办法"。部门规章中却有相当一部分采用"意见"、"通知"、"复函"或"解释"。当然这些超出法定范畴的名称可用"一般"以外的特殊情况或"等"这样的技术性解释来确保其未与这两件专门立法相抵触,但其事实上确实并非规范性立法名称而是传统意义的政策性立法名称。

此外,立法名称的政策性选择还显现于立法命名的随意性上。"法律名称必须能清楚地反映某项法律的基本内容。我们甚至可以说,法律名称

---

① 段小燕、王静、彭伟:《我国农业资金配置的症结分析》,《中南财经政法大学学报》2014 年第 3 期。

的恰当、科学与否乃是判断立法工作是否成功的标准之一。"①例如,同为规制中央财政预算安排的农业技术推广专项资金的部门规章,既有"中央财政农业技术推广与服务补助资金"、又有"农业科技推广与服务专项资金",是否加诸"中央财政""补助""专项"的语词限定较为随意,甚至作为核心语词的"技术"与"科技"也是混用的。同为规制农业综合开发资金的部门规章,既有"国家农业综合开发资金"、又有"农业综合开发财政资金",是否加诸"国家"、"财政"的语词限定也较为随意。又如,同为涉及资金管理的"办法"类部门规章,既有"资金使用管理办法"、又有"资金管理办法"、还有"资金项目管理办法",是否加诸"使用""项目"的语词限定则没有明确的内容标准。

(二)立法结构的政策性选择

《行政法规制定程序条例》第 5 条规定,"行政法规根据内容需要,可以分章、节、条、款、项、目"。唯一的行政法规却采用"一、(一)"这样的简单结构。《规章制定程序条例》第 7 条规定"规章一般不分章、节"。"规定"或"办法"类、有附件的"通知"类部门规章皆做"条、款、项"的区分,部分该类部门规章还在"条、款、项"基础上分"章"。"意见"类、无附件的"通知"类、"复函"或"解释"类部门规章则皆采用"一、(一)"这样的简单结构。此外,所有地方性法规和地方政府规章皆做"条、款、项"的区分,其中唯一的地方性法规和 2 件地方政府规章也在"条、款、项"基础上分"章"。当然"条、款、项"乃至"章"类型的复杂结构并不是我国立法结构的唯一选择,"一、(一)"类型的简单结构也不是我国立法结构的违法选择。但就立法科学化②而言,复杂结构当是立法结构的规范性选择而非简单结构这样的政策性选择。

三、立法片面性有余而整全性不足

当前我国农业资金立法在立法内容方面存在的一类问题集中体现为立

---

① 刘军平:《法治文明与立法科学化——立法技术略论》,《行政与法》2006 年第 4 期。

② 参见程燎原、夏道虎:《论立法的科学化》,《法律科学(西北政法学院学报)》1989 年第 2 期。

法片面性有余而整全性①不足。我国农业资金投入主要包括国家财政农业资金投入、社会自筹农业资金投入和信贷农业资金投入。《中华人民共和国农业法》第 37 条、第 39 条也分别确认了多元化的农业资金投入方式与各类农业资金投入运行的基本原则。然而相应的三类农业资金投入之整全性规范设计却在法律以下各位阶规范性法律文件中较为片面地显现出来,更多地围绕各类农业专项资金所表征的国家财政农业资金投入予以规定。

1988 年《国务院关于建立农业发展基金增加农业资金投入的通知》作为唯一的行政法规,从五个方面就"由各级财政纳入预算,列收列支,专款专用"之"农业发展基金"形式的国家财政农业资金投入予以了系统规定,并未涉及社会自筹农业资金投入和信贷农业资金投入问题。大多数低位阶的部门规章、地方性法规、地方政府规章则就国家财政农业资金投入的资金管理、资金绩效评价、违规违纪处理以及资金稽查监督予以了专门、具体规定。仅 2 件部门规章就信贷农业资金投入予以了专门规定,1 件地方性法规、1 件地方政府规章就社会自筹农业资金投入予以了专门规定,其他涉及这两类非财政性农业资金投入的规范性法律文件,也仅仅只是"附带性、关联性"②的具体规定。

(一) 部门规章的立法片面性

该位阶规范性法律文件就信贷农业资金投入予以专门规定的是:1997 年《中国农业发展银行、农业部、财政部关于做好种子工程贷款及贴息资金管理工作的通知》和 1999 年《中国农业发展银行关于进一步加强资金计划管理工作的意见》。前者特别就"种子工程贷款"形式的信贷农业资金投入予以了专门规定。

依循《中华人民共和国农业法》相关条款之多元化农业资金投入方式的原则性规定,有 12 件部门规章在主要规制国家财政农业资金投入的同

---

① 参见王俊龙:《整全性:逻辑新论——以中西思想交叉结合的三条思路为线索》,《河南大学学报(社会科学版)》2011 年第 1 期;吕立群:《论"科学"的整全性——以维柯〈新科学〉为中心的考察》,《自然辩证法通讯》2011 年第 4 期;罗时贵:《法的合法性与整全性的关联分析》,《北方法学》2012 年第 3 期。

② 赵谦、徐恒:《刍议我国科技反哺农业立法》,《山东科技大学学报(社会科学版)》2014 年第 1 期。

时,就其他非财政性农业资金投入予以了附带性、关联性的具体规定。

1.资金管理类部门规章的附带性、关联性规定

有1件部门规章具体规定为"提高倾斜支持效益"而将信贷农业资金投入纳入农业项目资金范围,即2012年《农业部关于推进农业项目资金倾斜支持国家现代农业示范区建设的通知》。该通知在"三、创新机制,提高倾斜支持效益"中规定:"要积极健全投融资体系、拓展投融资渠道、创新投融资方式,推动各类金融机构加大对示范区的支持力度。"

有1件部门规章具体规定将其他农业资金投入一并纳入农业科技推广示范项目资金范围来进行管理,即2004年《财政部关于印发〈农业科技推广示范项目资金管理办法〉的通知》(失效)。该通知附件第3条规定:"农业科技推广示范项目资金采取项目单位投资为主、国家财政适当补助的方式解决";第5条规定将"项目单位投入、银行贷款和其他社会资金投入"与财政投入预算一并纳入项目经费预算。

有5件部门规章具体规定将其他农业资金投入一并纳入农业综合开发资金范围来进行管理,分别是:

(1)1994年《财政部关于印发〈国家农业综合开发资金管理办法〉的通知》(失效)。该通知附件第2条规定,将"农业综合开发专项贷款,农村集体组织和农户自筹的资金,国有农业企业自身积累投入的资金以及经过法定手续筹集投入的其他资金"这些非国家财政农业资金投入纳入"国家农业综合开发资金"范围来进行管理。

(2)1995年《财政部关于纠正农业综合开发资金违纪违规问题的通知》。该通知在"一、要对农业综合开发资金实行统一规范化管理"中规定,将"乡村集体和农民自筹资金,以及其他经过法定手续筹集的农业综合开发资金"这些非国家财政农业资金投入纳入"农业综合开发资金"实行统一规范化管理。

(3)1999年《国家农业综合开发项目和资金管理暂行办法》(失效)。该办法第7条规定,将"农业综合开发贷款、农村集体和农民群众自筹资金、引进外资以及经过法定手续筹集的其他资金"纳入"用于农业综合开发的资金"范围来进行管理,并规定实行"国家引导、配套投入、民办公助、滚动开发"的投入机制。

（4）2002 年《财政部关于印发〈关于进一步加强农业综合开发资金管理的若干意见〉的通知》（失效）。该通知附件在"二、农业综合开发资金的筹集"中规定："农业综合开发要坚持和完善"国家引导、配套投入、民办公助、滚动开发"的投入机制，多层次、多渠道筹集开发资金。农民筹资投劳要符合有关政策规定。要在充分尊重农民意愿的前提下，积极宣传、发动、引导农民群众自主投劳和筹集资金（包括现金和实物折资）参与农业综合开发项目建设。安排农业综合开发项目贷款贴息资金，吸引银行增加农业综合开发贷款投入。积极探索开放性开发、经营性开发和股份制开发方式，广泛吸引各类社会投资、外资以及国际金融组织贷款用于农业综合开发。"

（5）《国家农业综合开发资金和项目管理办法》（2005 年制定，2010 年修改）。该办法第 6 条规定：农业综合开发实行"国家引导、配套投入、民办公助、滚动开发"的投入机制。第 16 条规定：农业综合开发的扶持对象应有必要的投入。土地治理项目的农村集体和农民筹资（含以物折资）投劳，要严格按照"农民自愿，量力而行，民主决策，数量控制"和"谁受益、谁负担"的原则进行筹集，并纳入村内"一事一议"范畴，实行专项管理。产业化经营项目的自筹资金不得低于财政投入资金。第 17 条规定：农业综合开发可以采取补贴、贴息等多种形式，吸引社会资金，增加农业综合开发投入。

2. 资金绩效评价类部门规章的附带性、关联性规定

有 2 件部门规章具体规定将社会自筹农业资金投入列为农业综合开发资金的 1 项绩效评价指标，分别是：

（1）2007 年《国家农业综合开发办公室关于印发〈国家农业综合开发资金和项目管理工作质量考评办法（试行）〉的通知》（失效）。该通知附件第 12 条就"自筹资金落实情况"设定了考评指标及分值。

（2）2011 年《国家农业综合开发办公室关于印发〈国家农业综合开发项目资金绩效评价办法（试行）〉的通知》。该通知附件第 9 条将"自筹资金"列为省级管理工作绩效评价 20 项指标之一。

3. 资金稽查监督类部门规章的附带性、关联性规定

有 1 件部门规章具体规定将其他农业资金投入一并纳入"农业综合开发资金"会计核算范围，即 2001 年《财政部关于印发〈农业综合开发资金会

计制度〉的通知》。该通知附件第4条规定,将"农村集体和农民自筹资金、银行贷款及其他资金"纳入"农业综合开发资金"进行会计核算。

有2件部门规章具体规定将其他农业资金投入一并纳入"农业资金"审计范围,分别是:

(1)1990年《审计署关于加强农业资金审计工作意见的通知》。该通知在"二、积极开展对农业资金的审计"中规定,将"银行贷款、各种专项基金和借用的国外资金"这些非国家财政农业资金投入纳入审计范围。

(2)1991年《审计署关于农业资金审计的规定》(失效)。其第2条规定,将"银行贷款、各种专项基金和借用的国外资金"这些非国家财政农业资金投入纳入审计范围。

(二) 地方性法规、地方政府规章的立法片面性

1990年《吉林省农业集体经济组织积累资金管理条例》作为唯一的地方性法规,从五个方面来"加强对农业集体经济组织积累资金的管理,提高资金使用效益",可谓就"农业集体经济组织积累资金"形式的社会自筹农业资金投入予以了专门规定。地方政府规章中的1987年《吉林省农业集体经济组织积累资金管理办法》也是对"农业集体经济组织积累资金"形式社会自筹农业资金投入的专门规定。

有2件地方政府规章依循上位法之多元化农业资金投入方式的原则性规定,在主要规制国家财政农业资金投入的同时就其他农业资金投入予以了附带性、关联性的具体规定。分别是:

(1)1998年《广州市农业现代化资金项目管理办法》。该办法第2条将"项目实施单位(镇、村和市属的项目单位)及群众自筹投入到农业现代化项目建设的资金"纳入"农业现代化项目的资金",可谓就社会自筹农业资金投入予以了具体规定。

(2)2012年《沈阳市农业综合开发资金和项目管理办法》。该办法第8条将"农业生产经营组织和个人自筹资金、以物折资和村民投劳折资;通过财政资金投入吸引的金融资金等;社会捐赠资金;国家和省规定的其他有关资金"纳入农业综合开发项目资金范围,可谓就信贷农业资金投入和社会自筹农业资金投入予以了具体规定。

四、立法碎片化有余而系统化不足

当前我国农业资金立法在立法内容方面存在的另一类问题集中体现为立法碎片化有余而系统化不足。"立法的碎片化,或者说非体系化倾向,将使得我国不能够为法律学习和法律适用提供和谐统一的立法资源的情形日渐趋于固定。"①"法的系统化不仅是某一部法的系统化,而且是法与法、法的不同形式、过去的法和今天的法之间的系统化。"②具体到存在于各位阶规范性法律文件中,更多的国家财政农业资金投入(农业专项资金)规定而言;唯一的行政法规作为"农业发展基金"形式国家财政农业资金投入的系统规定,存在的主要问题在于立法片面性;7件地方性法规、地方政府规章大体上是国家层面相关规定的地方化重述,存在的主要问题仍在于立法片面性。故而我国农业资金立法的立法碎片化问题主要集中在庞杂的部门规章中,虽然各类部门规章数量较多,也涵盖了资金管理、资金绩效评价、违规违纪处理和资金稽查监督各个方面,但较为零散,致使部分国家财政农业资金投入过程管理规定在可操作性、协调性与整体性上存在一定的问题。

(一)立法可操作性、协调性问题

1. 以农业产业化财政专项资金管理规定为例

2002年《农业部关于印发〈农业产业化专项资金项目管理暂行办法〉的通知》和2004年《财政部关于印发〈中央财政支持农业产业化资金管理暂行办法〉的通知》,都是农业产业化财政专项资金管理的专门规定,皆就所支持农业产业化龙头企业的基本条件、专项资金具体用途予以了明确规定。

(1)2002年《农业部关于印发〈农业产业化专项资金项目管理暂行办法〉的通知》附件第6条列举了4项条件:"(一)龙头企业新产品开发能力强,产品的质量、技术含量在同行业中居领先水平。(二)龙头企业带动力大、示范性强,与农民之间形成紧密的利益联结机制,能够通过订立合同、入股及其他合作方式收购基地农户产品。(三)龙头企业所报项目技术含量高,在同行业中处于领先水平,对优化农业结构和增加农民收入具有重大推

---

① 孙宪忠:《防止立法碎片化、尽快出台民法典》,《中国政法大学学报》2013年第1期。

② 蒋德海:《立法与法的系统化》,《检察日报》2005年9月5日。

动作用。(四)农民专业合作经济组织与龙头企业相连接,并且有一定工作基础。"第10条列举了4类用途:"(一)龙头企业进行技术改造、技术创新活动以及农业新品种的推广应用;(二)龙头企业对农产品进行深加工,创立优质品牌;(三)组织和开展优质农产品展示,促进农业合作与交流;(四)农民专业合作经济组织的服务设施和培训。"

(2)2004年《财政部关于印发〈中央财政支持农业产业化资金管理暂行办法〉的通知》附件第5条列举了3项条件:"(一)工商注册登记3年以上,上一年有盈利业绩。(二)农副产品加工或农业经营收入占企业经营总收入的60%以上。(三)能够带动相当数量农民(农户)从事农产品生产、加工、储藏、运输和销售或能够吸纳一定数量的农民为本企业职工,扩大农民就业,有效增加农民收入。"第7条列举了4类用途:"(一)开发、引进、推广良种和技术,培训指导农民。(二)引进和推广应用农产品精深加工、包装、储藏、保鲜等新技术。(三)提供农产品生产基地配套基础设施服务。(四)提供市场信息、检验检测、食品安全、产品宣传推介等服务。"

比较两者的基本条件规定,虽都予以了列举式规定,但实际可操作性却大相径庭。《规章制定程序条例》第7条明确规定"规章条文内容应当明确、具体,具有可操作性"。前者中"能力强、居领先水平、带动力大、示范性强、技术含量高、重大推动作用、一定工作基础"这样的表述何以具体操作?为什么不将之皆如后者"3年以上、有盈利业绩、60%以上"这样明晰化列举呢?当然后者的"相当数量、一定数量"表述在实际可操作性上也是存在问题的。

比较两者的具体用途规定,在前3类用途设定上大体一致,皆指向农业技术推广、农产品深加工、农产品延伸服务。但在第4类用途设定上则有较大出入,存在明显的协调性问题,可能生成一定的立法抵触。前者的"农民专业合作经济组织的服务设施和培训"较后者的"市场信息、检验检测、食品安全、产品宣传推介等服务",在范围上要狭窄得多,且两者之间无明显交集。而这两件规范性法律文件却皆属同位阶立法,且规定相同事项,则在适用中当以何为准呢?还是"或然"处理,并行适用?

2. 以农业科技成果转化财政专项资金管理规定为例

2001年《农业科技成果转化资金项目管理暂行办法》、2002年《科学技术部关于印发〈农业科技成果转化资金项目监理和验收办法〉的通知》和2006年《农业部关于印发〈农业部实施农业科技成果转化资金项目管理暂行规定〉的通知》，都是农业科技成果转化财政专项资金管理的专门规定，分别就专项资金具体用途、相关项目验收事宜予以了明确规定。

（1）2001年《农业科技成果转化资金项目管理暂行办法》第28条规定："不得将转化资金用于金融性融资、股票、期货及捐赠等支出。"

（2）2002年《科学技术部关于印发〈农业科技成果转化资金项目监理和验收办法〉的通知》附件第14条规定："验收工作在合同期满后六个月内进行的视为按期验收，超出六个月的视为延期验收，原则上延期验收时间最长可再延长六个月。"

（3）2006年《农业部关于印发〈农业部实施农业科技成果转化资金项目管理暂行规定〉的通知》附件第27条规定："转化资金不得用于金融性融资、股票、期货、捐赠和福利性支出。"第30条规定："项目单位于合同到期后1个月内提出项目验收申请。"

虽然第3件规范性法律文件是就前2件所规制的一类由"农业部负责监理的、农业部部属科研、教学、推广单位承担的农业科技成果转化资金项目"的实施性特别规定，但其"福利性支出"和"1个月内"之表述在事实上与前2件的相关规定是不同的，进而存在一定的协调性问题。或许可理解为分别就"等支出"和"六个月内"之表述的特别限定，但毕竟皆属同位阶立法，其他水利部、国家林业局等相关部门负责监理的"农业科技成果转化资金项目"则在适用中当以何为准呢？还是本部门再行特别规定而优先适用？

（二）立法整体性问题

1. 以农业专项资金管理具体事项规定为例

现行有效的农业专项资金管理具体事项规定共8件，分别是：1996年《国家农业综合开发办公室关于调整农业综合开发农业部秸秆养畜项目中央财政有偿资金比例的通知》、1997年《财政部关于农业综合开发资金存款利息使用问题的复函》、2005年《财政部关于印发〈农业财政资金项目申报标准文本〉的通知》、2009年《国家农业综合开发办公室关于加快农业综合开发资金支出进度有关事宜的通知》、2009年《农业部办公厅、财政部办公厅关于加快农业机械购置补贴资金结算进度的紧急通知》、2010 年《财政部关于定期编报农业综合开发财政资金支出进度表的通知》、2010 年《财政部关于印发〈农业综合开发资金若干投入比例的规定〉的通知》、2011 年《财政部关于中央财政农业综合开发资金收缴方式有关事宜的通知》。

这些规定具体涉及农业专项资金收缴方式、存款利息使用、资金投入比例(中央财政与地方财政、有偿资金与无偿资金)、资金支出与结算进度、相关项目申报标准文本这五个方面的各类农业专项资金共性问题,但规制的农业专项资金种类仅涉及农业综合开发资金与农业机械购置专项补贴,现代农业生产发展资金、农业技术推广与服务资金、农业救灾与扶贫资金以及其他专项补贴均未涉及。片面性规制对象所指向的科学立法体例应趋于简单化,方能为未来规制对象的扩张提供更灵活的立法体例选择空间。然该类规定的立法体例选择却较为复杂,立法主体包括"国家农业综合开发办公室""农业部""财政部",立法名称则采"通知""复函"。故而这些农业专项资金管理具体事项规定堪称典型的非整体性立法,缺乏就各类农业专项资金共性问题的整全性规制,有明显的因事设法之嫌。

2. 以资金稽查监督规定为例

现行有效的资金稽查监督规定共 10 件,分别是:1990 年《审计署关于加强农业资金审计工作意见的通知》、1996 年《农业专项资金审计实施办法》、1999 年《中国农业发展银行关于进一步加强资金计划管理工作的意见》、2001 年《财政部关于印发〈农业综合开发资金会计制度〉的通知》、2003 年《财政部关于切实加强农业财政资金管理监督的意见》、2006 年《财政部关于印发〈农业综合开发资金会计制度〉补充规定的通知》、2008 年《财政部关于印发〈农业综合开发财政有偿资金呆账核销和延期还款办法〉的通知》、2011 年《财政部关于印发〈农业综合开发财政资金县级报账实施办法〉的通知》、2011 年《财政部关于印发农业综合开发土地治理项目工程管护资金会计核算的有关规定的通知》、2011 年《国家农业综合开发办公室关于发挥乡镇财政监管优势进一步加强农业综合开发资金和项目管理的通知》。

这些规定具体涉及农业专项资金审计、会计、计划管理、呆账核销、报账、监管这六个方面的各类农业专项资金共性问题,除审计、计划管理、监管整体指向各类农业专项资金予以规制外,另外三类共性问题所规制的农业专项资金种类仅涉及农业综合开发资金,其他现代农业生产发展资金、农业技术推广与服务资金、农业救灾与扶贫资金以及专项补贴均未涉及。然而资金稽查监督规定的立法体例选择较之前述农业专项资金管理具体事项规定还更为复杂,立法主体包括"审计署""农业部""中国农业发展银行""财政部""国家农业综合开发办公室",立法名称则采"通知""办法""意见"。故而这些资金稽查监督规定也可堪称典型的非整体性立法。

第三节　我国农业资金立法的完善途径

一、充实农业资金立法的资金绩效结果评价规范以平衡立法的价值目标

欲平衡我国农业资金立法的作用对象,弥补其在立法价值方面存在的不足,应充实资金绩效结果评价规范而设定资金投入过程、绩效的双轨化价值目标。

（一）设定农业资金投入绩效结果评价的高位阶整合性规范

在立法体制层面平衡农业资金立法价值目标的基本途径当然是立足于相关立法现状,就农业综合开发资金（土地治理专项资金、农业产业化专项资金）、现代农业生产发展专项资金、农业技术推广与服务专项资金、农业专项补贴、农业救灾与扶贫资金这些农业专项资金所表征的国家财政农业资金投入和社会自筹农业资金投入、信贷农业资金投入的绩效结果评价皆予以立法规制。然而在农业综合开发资金与现代农业生产发展专项资金这两类主要农业专项资金的绩效结果评价已经有部门规章予以了专门规制的现状下,再对其他农业专项资金和两类非财政性农业资金投入进行类似的逐一单行立法,所生成的立法成本①略显高昂。则不妨基于 2011 年《国家农业综合开发办公室关于印发〈国家农业综合开发项目资金绩效评价办法（试行）〉的通知》《财政部关于印发〈中央财政现代农业生产发展资金绩

---

① 　参见孙潮:《立法成本分析》,《法学》1994 年第 10 期;汪全胜:《论立法成本》,《理论与改革》2001 年第 6 期。

效评价办法〉的通知》(2011 年制定,2013 年修改)的现有规定,于高位阶的法律、行政法规中,设定适用于各类农业专项资金和两类非财政性农业资金投入的整合性绩效结果评价规范,这样或许更为现实可行。

1.在法律位阶,可充实《中华人民共和国农业法》第 39 条的效益性原则规定。在"保证资金安全,提高资金的使用效率"的同时,增加确保资金投入后的经济效益、生态效益、社会效益等实际绩效方面内容。"立法目的条款是立法者开宗明义以'为了'或'为'为标识语,用规范化的语句专门用来表述整个法律文本之目的的特定法条形式"①。应通过法律位阶的农业资金投入效益性原则规定,明确指引我国农业资金投入绩效结果评价专门立法的目的设定。

2.在行政法规位阶,可制定《农业资金投入绩效评价条例》。基于前述法律位阶的农业资金投入效益性原则规定,整合针对农业综合开发资金与现代农业生产发展专项资金这两类农业专项资金的绩效评价部门规章,于行政法规位阶制定普遍适用于各类农业专项资金和两类非财政性农业资金投入的绩效评价专门立法。一方面,该条例的立法目的设定应以资金投入绩效价值目标为基本目的。"任何目的都具有层次性。立法目的亦然。"②资金绩效结果为资金投入过程所决定的同时,也将反馈于后续资金投入过程。故而于该基本目的之外,还可将资金投入过程价值目标设定为关联目的。另一方面,该条例的规制内容设定应于前述立法目的指引下,整合已有的相关法律规范。"立法文字在法律文本中应紧密地围绕立法目的,以严谨的逻辑传达立法者准确、固定、清晰的意图。"③"绩效问责制度的内容包括:绩效问责的实施范围,即对哪些单位、哪些项目进行绩效问责;绩效问责的对象,问责的主体;绩效问责的实施主体,即由什么部门来实施;绩效问责结果怎么样使用。"④《农业资金投入绩效评价条例》的规制内容应主要包括绩效评价的组织实施、评价依据、评价方法、评价指标、评价结果及适用这

①　刘风景:《立法目的条款之法理基础及表述技术》,《法商研究》2013 年第 3 期。
②　袁俊山:《立法目的刍议》,《法治论丛》1993 年第 1 期。
③　黎建飞:《论立法目的》,《中国社会科学院研究生院学报》1992 年第 1 期。
④　李彦历:《我国财政资金绩效管理研究》,财政部财政科学研究所博士学位论文,2010 年,第 112 页。

五个方面。各个方面的具体规范设定应凸显清晰的衡量基准与可操作性，并为更低位阶部门规章、地方性法规、地方政府规章的实施性、执行性之明确规定预留一定的法律规范创造①空间。

（二）调整低位阶资金投入绩效结果评价规范的具体指标与量化标准

虽然前述农业资金投入绩效评价专门立法的立法目的设定是多层次的，但作为基本目的之资金投入绩效价值目标还是应予以凸显。故而在相应的实施性、执行性之低位阶资金投入绩效结果评价规范的具体指标与量化标准设定上应同步反映。但现有农业综合开发资金、现代农业生产发展专项资金绩效评价标准中的资金投入过程管理相关指标所占权重比最低为65%、最高为100%，致使作为基本目的之资金投入绩效价值目标未能在具体指标与量化标准设定上得以充分显现。

1.调整 1 级评价指标与量化标准。可将各类农业专项资金和两类非财政性农业资金投入绩效评价标准中的 1 级评价指标皆调整为资金投入过程管理与资金投入实施效果两项。量化标准分数设定则视各类农业专项资金和两类非财政性农业资金投入的"造血型"或"输血型"属性之不同而具体区分。针对具有较强"输血型"属性的农业专项补贴、农业救灾与扶贫资金，可在过程管理指标上设定更高的量化分数；针对具有较强"造血型"属性的农业综合开发资金、现代农业生产发展专项资金、农业技术推广与服务专项资金和社会自筹农业资金投入、信贷农业资金投入，则在实施效果指标上设定更高的量化分数，但资金投入实施效果所占权重比任何情况下不得低于40%。

2.调整 2 级评价指标与量化标准。可在资金投入实施效果 1 级评价指标下，将经济效益、社会效益、生态效益明确设定为 2 级评价指标，量化标准分数设定则视各类农业专项资金和两类非财政性农业资金投入作用领域之不同而具体区分。针对更突出经济发展作用的农业产业化专项资金、现代农业生产发展专项资金、农业专项补贴和资金项目目标明确指向该作用方向的两类非财政性农业资金投入，可在经济效益指标上设定更高的量化分

---

① 参见［奥］凯尔森：《法与国家的一般理论》，沈宗灵译，中国大百科全书出版社 1996 年版，第 150 页。

数;针对更突出社会发展作用的农业技术推广与服务专项资金、农业救灾与扶贫资金和资金项目目标明确指向该作用方向的两类非财政性农业资金投入,可在社会效益指标上设定更高的量化分数;针对更突出生态发展作用的土地治理专项资金和资金项目目标明确指向该作用方向的两类非财政性农业资金投入,可在生态效益指标上设定更高的量化分数。但在建设"生态环境美丽中国战略路径"①指引下,各类农业专项资金投入和两类非财政性农业资金投入实施效果的评价皆当凸显其生态效益,则生态效益指标所占权重比任何情况下不得低于30%。

二、清理农业资金立法以实现立法的规范性转向

欲实现我国农业资金立法的规范性转向,弥补其在立法体制方面存在的不足,应以专项清理为基本手段。

（一）专项清理的适用

法律清理是规范性法律文件科学化的方法之一,"是指有立法权的国家机关对一定时期和范围的规范性法律文件予以审查、整理,重新确认其法律效力的活动"。② 它通过对法律规范的废止、修改,默示或明示延长法律规范的效力,以检视并消弭法律规范之间的冲突,进而在源头上输出作为科学行为指引、裁判依据的良法。"法的清理的方法一般有定期、专项和集中清理三种。专项清理是一种以法的内容为标准的清理方式,指立法主体专门对涉及某特定领域的所有法文件进行系统清理。"③就农业资金这一"特定领域"的政策性立法进行专项清理是必要的,也是可行的。其一,逐步修改超出法定范畴的"意见"、"通知"、"复函"或"解释"等政策性立法名称和各种相对随意的立法命名,遵循"科学、规范、确定、易懂"④的基本规则,形成立法命名中规范性名称选择和语词限定的统一标准。其二,逐步修改采取政策性名称、简单结构之各类规范性法律文件的内容,将其整合为"条例、规定、办法"式、采"条、款、项"等复杂结构的规范性法律文件。应以前

---

① 方大春:《美丽中国战略路径:建设生态文明》,《当代经济管理》2014 年第 7 期。
② 沈宗灵:《法理学》,北京大学出版社 2000 年版,第 420 页。
③ 徐向华:《中国立法关系论》,浙江人民出版社 1999 年版,第 272 页。
④ 王莲峰:《我国〈商标法〉名称的修改与选择》,《政治与法律》2010 年第 1 期。

种形式清理为第一选择,若通过该方式仍不能实现对相关农业资金投入活动的规范化指引,则采取后种实质清理完成彻底的规范重构。

(二) 专项清理的保留

政策性农业资金立法作为政策性"软法"也有弥补单一硬法之治的结构性缺陷、提高法的正当性和实效、降低法治与社会发展成本、回应公共治理、推动法治目标的全面实现等正面效应①。专项清理政策性农业资金立法并非否定其正面效应,而是否定存在于这些政策性"软法"中的"非理性"。"非理性的软法的存在,不仅有损于硬法的权威与实效,制约着整个公法体系的完善,妨碍着公域之治目标的正常实现;而且还为权力滥用提供了契机,公民权益因此得不到有效保障,公共关系因此出现一定程度的扭曲变形。"②通过政策性农业资金立法的形式意义、实质意义规范性转向,旨在"以切合软法的方式,将法治原则、法治精神嵌入软法的创制与实施过程当中,以期全面提高软法的理性程度"③,既保留其指向明确、时效迅捷等固有优点,同时又强化其权威性、持续性与严肃性。

三、编纂农业资金立法以实现立法的整全性、系统化

欲实现我国农业资金立法的整全性、系统化,弥补其在立法内容方面存在的不足,应以"法的编纂"为基本手段。"法的编纂"是实现立法整全性、系统化的基础,"法的编纂又称法律编纂、法典编纂,指有权的国家机关在法的清理和汇编的基础上,将现存同类法或同一部门法加以研究审查,从统一的原则出发,决定它们的存废,对它们加以修改、补充,最终形成集中统一的、系统的法。"④科学地"法的编纂"也是实现立法整全性、系统化的重要方法。"规范性文件编纂可以使人们发现现存规范性文件中的不科学、不

① 参见罗豪才、宋功德:《软法亦法——公共治理呼唤软法之治》,法律出版社2009年版,第382—391页。
② 罗豪才、宋功德:《认真对待软法——公域软法的一般理论及其中国实践》,《中国法学》2006年第2期。
③ 罗豪才、宋功德:《认真对待软法——公域软法的一般理论及其中国实践》,《中国法学》2006年第2期。
④ 周旺生:《立法学教程》,北京大学出版社2006年版,第557页。

合理的地方,从而去改善它、消除它;可以促进解决现存规范性文件的零乱、混乱、不完整、留有空白等问题;可以将重复、庞杂的同类规范性文件,综合为单一的、系统化的规范性文件。"①则不妨基于现有的片面性、碎片化低位阶农业资金立法,在充实后的《中华人民共和国农业法》相关原则性规定指引下,整合相对片面的 1988 年《国务院关于建立农业发展基金增加农业资金投入的通知》,于行政法规位阶编纂《农业资金投入管理条例》。通过该条例就国家财政农业资金投入、社会自筹农业资金投入和信贷农业资金投入的资金投入过程管理予以整全性专门规定,并对存在可操作性、协调性与整体性问题的国家财政农业资金投入过程管理部门规章提供具体完善指引。

（一）《农业资金投入管理条例》整全性之实现

编纂《农业资金投入管理条例》而实现对国家财政农业资金投入、社会自筹农业资金投入和信贷农业资金投入的整全性规制,可通过该条例总则部分的整合性规定与三类农业资金投入的专章规定体现出来。其一,总则部分的整合性规定。应基于 1988 年《国务院关于建立农业发展基金增加农业资金投入的通知》的 5 条规定,并增加社会自筹农业资金投入和信贷农业资金投入的相应内容来设计该类规定。就立法目的、农业资金投入及相应项目的法定内涵、资金安排及项目管理的基本原则、主管部门职责与分工等予以明确规定。具体而言,应以资金投入过程价值目标为基本目的、以资金投入绩效价值目标为关联目的,应围绕国家财政农业资金投入、社会自筹农业资金投入和信贷农业资金投入的类型化②来分别厘清法定内涵与基本原则,应明确财政部门与农业、林业、水利及其他涉农部门的职责权限与具体分工。其二,三类农业资金投入的专章规定。应基于《国家农业综合开发资金和项目管理办法》(2005 年制定,2010 年修改)、2013 年《财政部关于印发〈中央财政现代农业生产发展资金管理办法〉的通知》和专门规定社会自筹农业资金投入、信贷农业资金投入的部门规章、地方性法规与地方政

---

① 朱力宇、张曙光:《立法学(第三版)》,中国人民大学出版社 2009 年版,第 208 页。

② 参见[美]约翰·R.康芒斯:《资本主义的法律基础》,寿勉成译,商务印书馆 2003 年版,第 444 页。

府规章,分别整合出该条例的国家财政农业资金投入管理专章、社会自筹农业资金投入管理专章和信贷农业资金投入管理专章。各章应分别厘清该类资金的具体来源、扶持重点、投入原则、预算方案、使用管理、监督检查等事项。

(二)《农业资金投入管理条例》系统化之实现

编纂《农业资金投入管理条例》而实现对国家财政农业资金投入资金管理、违规违纪处理和资金稽查监督的系统化规制,以指引完善部分相关部门规章存在的可操作性、协调性与整体性问题,可通过该条例国家财政农业资金投入管理专章的整合性规定与违规违纪处理、资金稽查监督的专章规定体现出来。其一,国家财政农业资金投入管理专章的整合性规定。应基于专门规定各类农业专项资金的部门规章,分节厘清农业综合开发资金(土地治理专项资金、农业产业化专项资金)、现代农业生产发展专项资金、农业技术推广与服务专项资金、农业专项补贴、农业救灾与扶贫资金这些主要农业专项资金各自的来源、具体用途、分配原则、资金方案、项目管理、监督检查等事项。应基于现行有效的8件农业专项资金管理具体事项规定,以专节形式统一规制各类农业专项资金的收缴方式、存款利息使用、资金投入比例、资金支出与结算进度、相关项目申报标准文本等共性问题。一方面,皆予以明确、清晰、可操作性的规定,尽量避免前述示例之"能力强、居领先水平、带动力大、示范性强、技术含量高、重大推动作用、一定工作基础"和"相当数量、一定数量"等模糊化立法语言表述。另一方面,依循法的渊源的协调、法律体系协调和法的内部结构的协调①之基本要求,完成具体法律规范设计,实现前述示例之"具体用途"、"验收事宜"等立法抵触规范的弥合。其二,违规违纪处理的专章规定。应基于1995年《财政部关于纠正农业综合开发资金违纪违规问题的通知》、2011年《财政部关于印发〈农业综合开发财政资金违规违纪行为处理办法〉的通知》,以违规违纪处理专章形式具体厘清三类农业资金投入中违规违纪行为的法定内涵、相应的处理主管部门、违规违纪行为分类、相应罚则、从轻从重处理等事项。其三,资金稽查监督的专章规定。应基于现行有效的10件资金稽查监督规定,以资

① 参见万其刚:《立法理念与实践》,北京大学出版社2006年版,第191—195页。

金稽查监督专章形式原则性厘清各类农业专项资金的审计、会计、计划管理、呆账核销、报账、监管等共性问题。此外,明确规定必须在相应的法律专项清理基础上,由"规定、办法"式规范性命名的部门规章来进行实施性、执行性的法律规范创造。

第六章　规制科技反哺的农业技术立法

科技反哺农业行为实质就是一种农业技术推广行为,科技反哺农业相关立法即规制科技反哺的农业技术立法,主要是有关农业技术推广的各位阶规范性法律文件。近年来伴随我国城乡一体化进程的逐步深入,《中华人民共和国农业技术推广法》的制定与修改,农业技术推广成为了理论界、实务界广泛关注的热点问题。"农业技术推广是连接科技与农民的桥梁,是打通农业科技'最后一公里'的重要渠道,是粮食增产、农民增收的重要依托和手段。"①《中共中央关于全面深化改革若干重大问题的决定》第 20 条明确规定:"向农业输入现代生产要素和经营模式。"②农业技术作为信息时代下重要的现代生产要素,在该规定的指引下当然地应在反哺农业进程中持续地、高效地推广、输入。

构建旨在实现科技反哺农业的农业技术推广有效机制是反哺农业的智力保障。法治化时代下构建任何机制皆须依循相应法律规范而进行,相对完备的农业技术立法是构建农业技术推广有效机制的必要前提。《中华人民共和国农业技术推广法》作为我国农业技术立法的核心载体已于 2012 年 8 月完成修订,虽通过应然层面的法律规范设定初步缓解了我国农业技术推广中长期存在的投入不足、保障能力不强等瓶颈性问题,但是农业技术推

---

① 陈新忠、李芳芳:《我国农业技术推广的研究回溯与展望》,《华中农业大学学报(社会科学版)》2014 年第 5 期。

② 新浪网:《中共中央关于全面深化改革若干重大问题的决定》,2013 年 11 月 25 日,见 http://news.sina.com.cn/c/2013-11-25/184628722303.shtml。

广中的"最后一公里"①问题仍未彻底解决。《中华人民共和国农业技术推广法》的修改使得我国农业技术立法已大体完备,可基于对我国农业技术立法内涵的厘清,整体梳理其仍存在的问题并探究未来可能的发展方向。

第一节　我国农业技术立法的内涵

我国农业技术立法的内涵,就是概念所反映的我国农业技术立法的特有属性。考察农业技术立法特有属性的主要任务在于分析构成农业技术立法的基本要素及其相互关系。农业技术立法作为一种调整农业技术推广活动的规范性文件,其作用对象则是农业技术推广法律行为与农业技术推广法律关系。故而探究我国农业技术立法的特有属性应立足于法律行为、法律关系这两方面展开。

一、农业技术推广法律行为

（一）概念

农业技术推广法律行为作为一种具体化的反哺农业法律行为,可在反哺农业法律行为概念的基础上来进行解析。农业技术推广法律行为即指根据农业技术推广当事人意愿形成的,由农业技术立法所调整的,能够引起农业技术推广法律关系产生、变更和消灭的各种行为。

农业技术推广法律行为除具有《中华人民共和国农业技术推广法》第4条所规定的5项原则显现之有利于发展与增收、尊重当事人意愿、因地制宜、分类管理、综合效益的自身属性②外,也当然地具备法律行为所共有的社会性、法律性、可控性、价值性特征③。这些特征通过农业技术推广法律行为的具体内容即农业技术推广当事人引起农业技术推广法律关系产生、变更和消灭的各种行为而显现出来。

---

① 陈瑜:《农技推广法修改,如何破解"最后一公里"难题》,《科技日报》2012年5月10日。

② 参见郭梅枝:《农业产业化发展研究》,郑州大学出版社2008年版,第32—36页。

③ 参见张文显:《法哲学范畴研究（修订版）》,中国政法大学出版社2001年版,第69—73页。

（二）构成

农业技术推广当事人主要包括政府相关职能部门（如科学技术部门和农业、林业、水利等农业技术推广部门），涉农事业单位（如农业科研单位、有关学校、各级国家农业技术推广机构），生产经营组织（如农民专业合作社、涉农企业），其他相关社会组织（如农村专业技术协会等群众性科技组织）与农民。根据所适用法律规范属性的不同，大致可将农业技术推广法律行为的具体内容界定为农业技术推广行政法律行为、农业技术推广经济法律行为与农业技术推广民事法律行为。三种不同类型的农业技术推广法律行为在部门法的适用上各有所侧重，在具体领域中遵循相应准则而予以规制。

农业技术推广行政法律行为主要是政府在提高农民技术需求水平、选择适宜农业技术进步路径、建立多元化农业科技投入机制和完善农业技术推广机制过程中做出的具有法律意义的行为。"政府农技推广体系是中国农技推广体系的中坚力量，在增强农业科技服务、促进科技进步等方面发挥着重要作用。"①该类行为一般体现于政府相关职能部门对涉农事业单位、生产经营组织、其他相关社会组织与农民的农业技术推广实践进行有效监管的过程中。

农业技术推广经济法律行为主要是政府在农业技术推广过程中根据相关立法，就农业科技开发、推广市场机制缺陷与政府干预、管制失灵所做出的宏观调控行为。"需进一步理顺管理体制、加大政府支持、整合农业科技资源、提升运行效率和服务能力，构建满足农业科技服务多元化需求的农业科技推广体系。"②该类行为一般通过涉农事业单位、生产经营组织与其他相关社会组织在农业技术推广实践中的竞争协作显现出来。

农业技术推广民事法律行为主要是在市场化农业科技开发、推广过程中涉农事业单位、生产经营组织、其他相关社会组织与农民等各类平等主体做出的具有法律意义的市场自治行为。"在市场经济条件下，农业技术推

---

① 邵喜武、徐世艳、郭庆海：《政府农技推广机构推广问题研究——以吉林省为例》，《社会科学战线》2013 年第 4 期。

② 郑家喜、宋彪：《基层公益性农业科技推广的困境与对策——对湖北省的调查分析》，《科技进步与对策》2013 年第 12 期。

广体系以市场为导向,需要农业技术推广者逐步实现其角色的转变,并真正确立农民在农业技术推广应用过程中的主体地位,以农民对农业技术的需求为动力,从整体上优化农业技术推广和应用的自然环境、社会环境、市场环境和政策环境,增强农民应用农业技术的能力,提高他们对农业技术的需求水平。"①

二、农业技术推广法律关系

（一）概念

农业技术推广法律关系作为一种具体化的反哺农业法律关系,可在反哺农业法律关系概念的基础上来进行解析。农业技术推广法律关系即指农业技术法律规范在规制、调整农业技术推广行为过程中形成的以农业技术推广当事人之间权利义务、权力责任为主要内容的各种管理关系、协作关系和自治关系的总和。

农业技术推广法律关系除具有农业技术推广的自身属性外,也当然地具备法律关系所共有的依法形成的社会关系、人际相互关系、权利和义务关系、社会内容和法的形式的统一、国家强制力保障、思想意志关系的属性特征②。这些特征具体通过农业技术推广法律关系的主体、内容显现出来并随其客体之不同而表现各异。

（二）构成

农业技术推广法律关系的主体是构成农业技术推广法律关系的前提要件,是农业技术推广法律关系的享有者与承担者。农业技术推广法律关系的主体即农业技术推广当事人,主要包括:政府相关职能部门、涉农事业单位、生产经营组织、其他相关社会组织与农民。在这些主体之间大致形成了管理、协作、自治三种关系。其一,政府相关职能部门与其他主体之间主要是管理关系。在农业技术推广实践中政府相关职能部门须对涉农事业单位、生产经营组织、其他相关社会组织与农民实现有效监管。其二,涉农事

---

① 简小鹰:《农业技术推广体系以市场为导向的运行框架》,《科学管理研究》2006 年第 3 期。

② 参见张文显:《法哲学范畴研究(修订版)》,中国政法大学出版社 2001 年版,第96—98 页。

业单位、生产经营组织与其他相关社会组织之间主要是协作关系。主要包括上下级国家农业技术推广机构之间的工作指导关系、各农业科研单位与有关学校开发农业科技中的竞争关系、农业技术推广时各社会组织间的协作关系。其三,涉农事业单位、生产经营组织、其他相关社会组织与农民之间主要是自治关系。须在遵循价值规律的前提下,通过政策倾斜实现公益性农业技术的有效推广。

农业技术推广法律关系的内容是构成农业技术推广法律关系的核心要件。主要包括生产经营组织、其他相关社会组织与农民在农业技术法律制度中的权利和义务,以及政府相关职能部门、涉农事业单位在其中的权力和责任。其一,生产经营组织、其他相关社会组织与农民的权利和义务主要由双方通过合同加以确定。例如,相关当事人主要有科技成果运用自主权、公益性科技成果免费使用权、技术事故救济权、研发科技成果受奖励权、贯彻国家农业技术推广政策的义务、遵守农业技术推广相关法律规范的义务、农闲时主动接受农业科技教育培训的义务等。其二,政府相关职能部门、涉农事业单位的权力和责任主要包括:政府统筹农业技术推广工作的权力、政府相关职能部门建立农业科技开发推广与资金投入有效机制的责任、相关事业单位推广农业科技成果的责任、上级国家农业技术推广机构指导下级机构工作的权力、免费推广公益性农业技术的责任等。

农业技术推广法律关系的客体即指农业技术推广过程中各相关法律规范所保护的法益。农业技术推广法律关系的客体与其他法律关系的客体一样,具备"客观性、可控性和有用性"①的特点。农业技术推广法律关系的客体也可以简单地概括为物、行为与智力成果。其一,物主要包括作为新科技成果的农业机械、种子、化肥、动植物品种和农业技术推广资金等。其二,行为主要包括农业技术推广过程中的科技开发行为、科技推广行为、管理行为、调控行为、经营行为等。其三,智力成果主要包括农业科技开发、推广中形成的各种非物质化技术成果。

---

① 张文显:《法理学(第三版)》,高等教育出版社,北京大学出版社 1999 年版,第 163 页。

第二节　我国农业技术立法仍存在的问题与未来发展

如前文所述,我国有关农业技术推广的各位阶规范性法律文件已基本形成一套相对独立的部门法体系,《中华人民共和国农业技术推广法》的修改使得我国农业技术立法已大体完备。但在预期法律效果设定和其他关联性立法的系统化上仍存在一些问题,需进行整体梳理并探究未来可能的发展方向。

一、仍存在的问题

(一)预期法律效果设定相对模糊

修改后的《中华人民共和国农业技术推广法》虽相比修改前已有较大改观,但其预期法律效果设定仍然模糊。"法律效果是指法律的社会目的、价值或社会功能的实现以及实现的程度。它表明法律的社会目的得以实现,法律实现了立法者所追求的价值。"[①]例如,新法在旧法第5条的基础上增加了1款规定:"国家鼓励运用现代信息技术等先进传播手段,普及农业科学技术知识,创新农业技术推广的方式方法,提高推广效率。"其预期法律效果即"国家鼓励",除第33条笼统规定的税收信贷优惠鼓励外,具体谁来鼓励、如何鼓励皆语焉不详。又如,新法新增的第32条规定:"县级以上农业技术推广部门、乡镇人民政府应当对其管理的国家农业技术推广机构履行公益性职责的情况进行监督、考评",并将所管理的乡镇国家农业技术推广机构人员分为县级人民政府农业技术推广部门管理为主和乡镇人民政府管理为主两类。其预期法律效果旨在建立双轨化国家农业技术推广机构工作人员科学绩效评估制度,但若分类不清、责任不明,或许仅有助生成基层农技推广人员双重考评压力、徒增管理成本而已。此问题在该部门法体系中的其他应彰显实施性、可操作性、清晰化之低位阶立法中仍然存在。

1.行政法规位阶。例如,2006年《国务院关于深化改革加强基层农业技术推广体系建设的意见》。该意见第4个方面"加大对基层农业技术推

① 沈宗灵:《法理学》,北京大学出版社2000年版,第469页。

广体系的支持力度"的第 11 条"保证供给履行公益性职能所需资金"中规定:"要采取有效措施,切实保证对基层公益性农业技术推广机构的财政投入。"具体"有效措施"包括:"……经费要给予保证,并纳入财政预算";"……经费也要纳入地方财政预算";"……给予适当补助"。至于如何"纳入财政预算",比例多少和"适当"的具体幅度皆语焉不详。

2.部门规章位阶。例如,2012 年《农业部关于贯彻实施〈中华人民共和国农业技术推广法〉的意见》。该意见本身虽即是实施性"意见",但预期法律效果设定仍存模糊之处。其第 2 个方面"加强国家农业技术推广队伍建设"的第 7 条"强化农技推广人员聘用管理"中规定:"现有人员未达到法律规定专业技术水平的,要通过继续教育,在规定时间内达到要求。"这里的"规定时间"究竟是多长时间?若未明确设定,则如何实现该处规定旨在促进农技推广人员流动以腾出更多岗位空间给符合专业技术水平的新进专业技术人员之立法目的呢?第 5 个方面"加强农业技术推广与应用"的第 19 条"提高农民应用先进技术的能力"中规定:"积极探索解决农民接受非全日制中等职业教育享受国家助学和免学费政策,鼓励农民以半农半读形式,就地就近接受职业教育。"这里的"国家助学和免学费"的比例是多少?"就地就近"的具体标准又是什么?这些问题若未有更为清晰的规定,则很难切实增强农民"接受职业教育"的积极性。

3.地方性法规位阶。例如,《江苏省实施〈中华人民共和国农业技术推广法〉办法》(1994 年制定,1997 年、2004 年、2010 年修改)。该办法同样是实施性"办法",但预期法律效果设定也存模糊之处。其第 7 条规定:"鼓励和支持供销合作社、农用工业、农产品加工、流通等企业事业单位以及科学技术协会、有关学会等社会团体和社会各界的科技人员,到农村开展农业技术推广服务活动。鼓励和支持农民专业协会、研究会、科技示范户与农民群众积极从事农业技术推广活动。"问题类似于《中华人民共和国农业技术推广法》第 5 条的"国家鼓励"规定,缺乏"鼓励和支持"的具体内容。若该位阶的实施性"办法"仍然这般模糊,则当如何切实"实施"呢?第 10 条规定:"农业技术推广机构应当具备试验示范基地以及必要的仪器设备、服务设施和培训场所等。"第 15 条规定:"当地人民政府和有关行政主管部门应当给予支持,提供必要的条件,维护其合法权益。"究竟何谓"必要的"?又当如何"支持"呢？该位阶立法中存在不少上位法的"重述性规定"，非但没有增强其应有的"实施性"，反而进一步模糊了预期法律效果设定。

4.地方性政府规章位阶。例如，1991年《辽宁省农业技术推广暂行规定》。该规定的模糊化预期法律效果设定仍然较为明显。其第9条规定："鼓励机关、团体、企业、事业单位和科技人员本着自愿互利的原则向农民转让技术成果，提供技术服务，开展技术咨询和农业技术承包。"同样缺乏"鼓励"的具体内容。第12条规定："对这类实体，应当按照国家有关规定给予减免税照顾，银行在贷款上予以支持。"这里"减免税照顾"与"贷款支持"的具体标准是什么？虽其有"国家有关规定"的非确定性规范之设计，然而必要的"有关规定"链接指引在该位阶的实施性立法中还是应有所设定的。该问题在第15条、第16条中同样存在："应当按有关规定建立农业技术推广基金、奖励基金和福利基金"；"应当依据有关规定，安排部分农业发展基金用于扶持农业技术推广"。各类基金的设定标准及有关规定的链接指引同样应予以明确，否则这类条款"预期法律效果"的达致程度必然较差，而更多地流于形式，仅仅是为了规定而规定。

（二）其他关联性立法的系统化不足

我国农业技术立法的关联性立法可分为内容关联性立法与保障关联性立法。前者主要包括《中华人民共和国农业机械化促进法》、《中华人民共和国防洪法》、《中华人民共和国气象法》、《中华人民共和国动物防疫法》；后者主要是《中华人民共和国刑法》、《中华人民共和国知识产权法》、《中华人民共和国合同法》、《中华人民共和国侵权责任法》。

1.就内容关联性立法而言，主要是农业技术推广在相关技术领域的延伸性规定。《中华人民共和国农业机械化促进法》可谓在农业机械化技术领域的系统化延伸性规定，各章分别就农业机械化技术研发、推广使用、社会化服务、扶持措施、法律责任予以了全面规定。《中华人民共和国防洪法》主要在第3章"治理与防护"就农业所需的水土保持综合治理技术领域予以了延伸性规定，内容涉及综合治理基本原则、整治规划、管理原则、具体利用规定等方面。《中华人民共和国气象法》主要在第4章"气象预报与灾害性天气警报"和第5章"气象灾害防御"就农业所需的气象技术领域予以了延伸性规定，内容涉及农业气象预报发布、灾害性天气警报发布、气象灾害防御等方面。《中华人民共和国动物防疫法》则就农业所需的动物防疫技术领域予以了系统化延伸性规定,各章分别就农村养殖业动物疫病的预防、动物疫情通告、动物疫情管控、动物和动物产品的检疫、保障措施、法律责任予以了全面规定。

2.就保障关联性立法而言,主要是在农业技术推广相关法律保障问题上的具体规定。《中华人民共和国刑法》、《中华人民共和国知识产权法》、《中华人民共和国合同法》、《中华人民共和国侵权责任法》共同构建了农业技术推广具体法律保障机制。例如:农民和农业生产组织以暴力、威胁手段强迫公司企业提供经营性农业技术的,农业推广机构、公司企业以暴力、威胁手段强迫农民或者农业生产组织接受经营性农业技术服务的都应该以强迫交易罪定罪量刑;政府机关和推广机构的工作人员利用职务上便利侵吞、骗取用于科技反哺农业资金并占为己有的应以贪污罪论处;政府机关和推广机构工作人员挪用于科技反哺农业资金归个人使用的,应该以挪用公款罪定罪量刑;未经经营性农业技术专利人许可,擅自使用专利方法,销售农业技术专利产品等行为构成对专利权的侵犯,加害人应当停止侵害,赔偿损失;公司企业以欺诈、胁迫手段订立销售农业技术成果或农业技术服务的合同,根据合同法关于可撤销可变更合同的规定,受害方享有撤销合同的权利,受害方请求变更的,人民法院不得撤销。

这些关联性立法虽就农业技术推广相关技术领域与法律保障问题予以了原则性、实施性、延伸性和具体化规定,但狭义化、碎片化有余而系统化不足。"法的系统化不仅是某一部法的系统化,而且是法与法、法的不同形式、过去的法和今天的法之间的系统化。"①各内容关联性立法虽就农业机械化技术、农业所需的水土保持综合治理技术、农业所需的气象技术、农业所需的动物防疫技术这些领域分别予以了延伸性规定,各保障关联性立法虽就农业技术推广法律责任构成、救济途径问题分别予以了具体化规定,然所厘清的具体农业技术推广路径与农业技术推广法律保障机制是碎片化的,仍有"头疼医头脚疼医脚"之嫌,缺乏就路径、法律保障问题的系统化设计。

_____

① 蒋德海:《立法与法的系统化》,《检察日报》2005 年 9 月 5 日。

二、未来可能的发展方向

（一）明晰农业技术推广各位阶规范性法律文件的预期法律效果设定

《中华人民共和国农业技术推广法》作为专门性、最高位阶农业技术立法，其预期法律效果设定的模糊化直接影响到整个部门法体系中其他位阶规范性法律文件预期法律效果设定的清晰程度。应基于对我国农业技术立法共识性基本要素的厘清，以《中华人民共和国农业技术推广法》为表征实现其预期法律效果设定清晰化，进而比照该表征明晰其他位阶规范性法律文件的预期法律效果设定。具体可从五个方面来明晰《中华人民共和国农业技术推广法》的预期法律效果设定。

1.加强农业技术推广人才队伍建设。各地政府职能部门和涉农事业单位应就第 8 条的"奖励"事项、第 14 条的"鼓励支持措施"、第 15 条的"补助"事项等予以量化规定，吸引更多科技人才扎根农村基层，进而缓解"农业及农村生产要素流失严重"①问题。

2.培养良好的农业技术推广氛围。各级政府职能部门、涉农事业单位、科研院所以及农业类高等院校应对第 3 条的"加快农业技术普及应用"、第 5 条的"鼓励运用现代信息技术"、第 6 条的"鼓励和支持引进国外技术"、第 23 条的"组织农民学习农业科学技术"进行权责分工，将配套的技术引进工作监督机制纳入义务主体的年度考核制度之内。保障引进技术的质量，提高推广技术的实效，促进农业技术的宣传、普及、引进和交流，切实提升农民的农业技术水平。

3.实现农业技术组织化推广。各所涉主体应就第 17 条的"相关单位开展技术推广服务"、第 18 条的"发挥群众性科技组织的技术推广作用"、第 25 条的"专业合作社与涉农企业提供技术服务"、第 26 条的"农业示范区引领技术推广"、第 27 条的"政府购买技术推广服务"等予以量化规定，在分工协作的基础上引导农业技术有序推广与公平分配，打破农业技术的非法垄断，避免技术性恶性竞争，以缓解"农业生产与市场对接模式不合理、农

---

① 洪银兴:《反哺农业、农村和农民的路径和机制》,经济科学出版社 2008 年版,第 97 页。

产品市场结构不占优"①问题。

4.提升农业科技成果转化率。"据统计,我国每年的农业科技成果在5000—6000件左右,但是成果转化率只有30%—40%左右,远远低于发达国家70%—80%的水平。"②各地政府职能部门、科研院所、涉农事业单位应联合出台相应的规范性文件,对第20条的"将农业生产中需要解决的技术问题列为研究课题"、第22条的"扶持应用先进农业技术"、第24条的"无偿推广与有偿推广"等予以明确化规定,因地制宜地将"需要解决的技术性问题""有偿推广与无偿推广"的内容与范围进行确定。促使农业科技成果尽快应用于农业生产,增强农业科技支撑保障能力。

5.确保国家农业技术推广资金使用效率。各级相关政府职能部门应出台相应配套规范性文件,就第28条的"保障农业技术推广资金"、第29条的"保障改善生活条件和待遇"、第30条的"保障工作条件"、第38条的"截留挪用资金"等予以量化规定,保障资金使用落到实处,进而真正推动农业技术推广工作切实展进。

(二) 实现其他关联性立法的农业技术推广规定系统化

应基于对我国农业技术立法共识性基本要素的厘清,实现其他关联性立法的农业技术推广规定系统化。"规范性法律文件的系统化是指对一国全部现行法律进行整理使之形成系统的活动。规范性法律文件系统化的过程,可以消除法律文件之间的冲突与重复,这本身就是健全法制的一个重要途径和方式。"③

1.在各关联性立法的相关原则性规定中,明确设定所厘清的五类农业技术推广当事人(农业技术推广法律关系主体)。就各关联性立法相关原则性规定中出现的"国务院和省级人民政府、县级以上人民政府、国家、农民、农业生产经营组织、企业事业单位、农业科研教育单位、国务院有关部门、国家农业技术推广机构、社会力量、各级人民政府、农业科研单位、有关学校、农民专业合作社、涉农企业、群众性科技组织、有关科技人员"等各种

① 崔立新:《工业反哺农业实现机制研究》,中国农业大学出版社2009年版,第43页。
② 王学忠:《美国、日本农业技术推广体系立法的经验与借鉴》,《科技与法律》2009年第2期。
③ 沈宗灵:《法理学》,北京大学出版社2000年版,第419—420页。

农业技术推广当事人相关表述,依循所厘清之"政府相关职能部门、涉农事业单位、生产经营组织、其他相关社会组织与农民"进行逐一梳理,从而实现系统化表述。

2.在各内容关联性立法的相关延伸性规定中,明确界定各类具体农业技术推广活动相应的法律行为与法律关系。厘清《中华人民共和国农业机械化促进法》的农业机械化技术推广法律行为、《中华人民共和国防洪法》的农业所需水土保持综合治理技术推广法律行为、《中华人民共和国气象法》的农业所需气象技术推广法律行为、《中华人民共和国动物防疫法》的农业所需动物防疫技术推广法律行为之行政法律行为、经济法律行为与民事法律行为的类属;厘清相应具体农业技术推广法律关系之管理关系、协作关系、自治关系的类属,并阐明各类法律关系的主体、内容与客体。在其基础上,于各相关延伸性规定中就具体农业技术推广路径作系统化阐述。

3.在各保障关联性立法的相关具体化规定中,明确农业技术推广行政法律行为、经济法律行为、民事法律行为与农业技术推广管理关系、协作关系、自治关系的不同法律责任构成与救济途径。"就法律责任各构成要件予以概括、列举"①,针对各类具体农业技术推广行政法律关系、民事法律关系和刑事法律关系中的现实纠纷设定相应的行政处分、行政处罚、民事责任以及刑事责任措施,并明确具体的责任主体、责任形式与归责机制。最终依循行政法律责任构成与救济、民事法律责任构成与救济、刑事法律责任构成与救济的各自特点构建系统化农业技术推广分类法律保障机制。

---

① 赵谦:《我国农村土地整理法律责任立法:不足与完善》,《华中农业大学学报(社会科学版)》2012年第3期。

第七章 规制人力资本反哺的农村劳动力立法

　　人力资本反哺农业行为实质就是一种农村劳动力培养与流动行为,人力资本反哺农业相关立法即规制人力资本反哺的农村劳动力立法,主要是有关农村劳动力培养与流动的各位阶规范性法律文件。近年来伴随我国城乡一体化进程的逐步深入,农村劳动力培养与流动问题成为理论界、实务界广泛关注的热点问题。"我国农村丰富的人力资源不等于人力资本,应实现相对低素质人力资源向相对高素质至少是稍具专业技术素质的人力资本的转进。"[1]虽然我国曾有过"20 世纪六七十年代,大学生青年听从党的号召上山下乡,人才反哺革命老区建设"[2]的先例,但"由于农业的自然属性,反哺不会自动到来"[3],现阶段人力资本反哺的实现应主要依靠内部因素的积累和内发性机制的构建。《中共中央关于全面深化改革若干重大问题的决定》第 20 条"加快构建新型农业经营体系"中规定:"向农业输入现代生产要素和经营模式。"第 22 条"推进城乡要素平等交换和公共资源均衡配置"中规定:"维护农民生产要素权益,保障农民工同工同酬。"[4]人力资本作为市场经济中的重要生产要素,当是向农业持续地、高效地输入的现代生产要素之一;农民工作为农村劳动力流动的主要形式,保障农民工同工同酬则是解决农村劳动力流动问题的一个基本路径。故而,这两处规定在事实

① 赵谦:《反哺农业法律概念浅析》,《改革与战略》2012 年第 5 期。
② 贾绍华:《送你一把金钥匙——财税对农业的反哺》,中国税务出版社 2009 年版,第 2 页。
③ 解安:《人力资源反哺论之理论分析》,《人民论坛》2011 年第 24 期。
④ 新浪网:《中共中央关于全面深化改革若干重大问题的决定》,2013 年 11 月 25 日,见 http://news.sina.com.cn/c/2013-11-25/184628722303.shtml。

上即将农村劳动力培养与流动机制视为新型农业经营体系的重要组成部分和城乡公共资源均衡配置的主要手段。

　　构建旨在实现人力资本反哺农业的农村劳动力培养与流动有效机制是反哺农业可持续化的核心要件。法治化时代下构建任何机制皆须依循相应法律规范而进行,相对完备的农村劳动力立法是构建农村劳动力培养与流动有效机制的必要前提。美国和日本在农村劳动力立法上相对完备且可操作性较强。例如,"美国国会颁布了于 1862 年生效的《莫里尔法案》,法案规定,联邦政府按 1860 年分配的名额,每州凡有国会议员一人可获得 3 万英亩的公共土地或相等的土地期票,赠与各州建立一所从事农业和机械工程的教育学院(即农工学院)的经费资助,并要求所建立的农工学院的主要课程应依照各州议会所规定的方式,讲授农业和机械专业方面知识"①。该法案较为明确地规定了此类农工学院抑或赠地学院的资金来源和运行规则,在其指引下,"美国共建立赠地学院 56 所"②。又如,"为使教工能够安心在偏远地区学校工作,日本通过立法规定,都道府县政府必须对有关地区学校的教职工增发特殊津贴,月津贴额不低于本人月工资和月抚养津贴总额的 25%"③。这种量化规定有效地保障、维系了偏远农村地区劳动力义务教育培养、职业教育培养所需的合格师资力量。

　　如前文所述,我国农村劳动力立法已形成一套关联性的准部门法体系,在法律、行政法规、部门规章、地方性法规和地方政府规章中皆有专门规定。该类立法推动着我国"以培训新型农业经营主体带头人和农村实用人才为主,加强对职业农民的培训;以培养适合企业发展的高质量农民工为主,加强对农村剩余劳动力的培训"④的双轨化农村劳动力培养机制在全国各地⑤初

① 张晓梅:《中国农村人力资源开发与利用研究》,中国农业出版社 2005 年版,第 73 页。
② 吴雨才:《中国农村人力资源开发政府行为研究》,经济科学出版社 2012 年版,第 35 页。
③ 张晓梅:《中国农村人力资源开发与利用研究》,中国农业出版社 2005 年版,第 69 页。
④ 杨辉:《应加强对职业农民和农村剩余劳动力的培训》,《黑龙江日报》2014 年 8 月 19 日。
⑤ 参见中国新型职业农民网:《教育培训》,2014 年 9 月 16 日,见 http://www.nmpx.gov.cn/pxgz/jypx/。

具成效。在农村劳动力流动机制方面,该类立法的规制成效也逐渐显现。"2013 年全国农民工总量比上年增长 2.4%,达到 26894 万人。其中接受过技能培训的农民工占 32.7%;省内流动的外出农民工占 53.4%;外出农民工人均月收入比上年增长 13.9%;外出农民工参加养老保险的比重比上年提高 1.4 个百分点,参加工伤保险的比重提高 4.5 个百分点,参加医疗保险和失业保险的比重均提高 0.7 个百分点,参加生育保险的比重提高 0.5 个百分点;1980 年及以后出生的新生代农民工中高中及以上文化程度的新生代农民工占 33.3%,比老一代农民工高 19.2 个百分点。"[1]但是该类立法仍存在一些问题,弱化了农村劳动力培养与流动机制的运营实效。例如,"新生代农民工中初中及以下文化程度占 66.7%、老一代农民工中初中及以下文化程度占 85.9%,但未接受过技能培训的农民工却占 67.3%。农民工超时劳动问题没有缓解,工资拖欠问题依然存在。2012 年外出农民工被拖欠工资比重为 0.5%,2013 年则上升到 0.8%,为近几年连续下降后首度反弹"。[2] 可基于对我国农村劳动力立法内涵的厘清,整体梳理其仍存在的问题并探究未来可能的发展方向。

第一节 我国农村劳动力立法的内涵

我国农村劳动力立法的内涵,就是概念所反映的我国农村劳动力立法的特有属性。考察农村劳动力立法特有属性的主要任务在于分析构成农村劳动力立法的基本要素及其相互关系。农村劳动力立法作为一种调整农村劳动力培养与流动活动的规范性文件,其作用对象则是农村劳动力培养与流动法律行为、农村劳动力培养与流动法律关系。故而探究我国农村劳动力立法的特有属性应立足于法律行为、法律关系两方面展开。

---

[1] 中华人民共和国国家统计局网:《2013 年全国农民工监测调查报告》,2014 年 5 月 12 日,见 http://www.stats.gov.cn/tjsj/zxfb/201405/t20140512_551585.html。

[2] 中国就业网:《统计局发布〈2013 年全国农民工监测调查报告〉》,2014 年 5 月 13 日,见 http://www.chinajob.gov.cn/EmploymentServices/content/2014-05/13/content_925731.htm。

一、农村劳动力培养与流动法律行为

（一）概念

农村劳动力培养与流动法律行为作为一种具体化的反哺农业法律行为，可在反哺农业法律行为概念的基础上来进行解析。农村劳动力培养与流动法律行为即指根据农村劳动力培养与流动当事人意愿形成的，由农村劳动力立法所调整的，能够引起农村劳动力培养与流动法律关系产生、变更和消灭的各种行为。

农村劳动力培养与流动法律行为除具有《中华人民共和国农业法》第54条、第55条、第82条分别规定的保障实施农村义务教育、发展农业职业教育、保障农村流出劳动力合法权益这三类基本原则所显现的自身属性外，也当然地具备法律行为所共有的社会性、法律性、可控性、价值性特征①。这些特征通过农村劳动力培养与流动法律行为的具体内容即农村劳动力培养与流动当事人引起农村劳动力培养与流动法律关系产生、变更和消灭的各种行为而显现出来。

（二）构成

农村劳动力培养与流动当事人主要包括政府相关职能部门（如教育行政部门、劳动行政部门和农业、林业行政主管部门），涉农事业单位（如义务教育学校、职业教育学校及培训机构、公共就业服务机构），生产经营组织（如非事业单位性质的义务教育、职业教育学校及培训机构、职业中介机构、用人企业），其他相关社会组织（如职业资格认证行业协会、农村劳动力资源开发促进会等社会团体）与农民。根据所适用法律规范属性的不同，大致可将农村劳动力培养与流动法律行为的具体内容界定为农村劳动力培养与流动行政法律行为、农村劳动力培养与流动经济法律行为、农村劳动力培养与流动民事法律行为。三种不同类型的农村劳动力培养与流动法律行为在部门法的适用上各有所侧重，在具体领域中遵循相应准则而予以规制。

农村劳动力培养与流动行政法律行为主要是政府在普及农村义务教

---

① 参见张文显:《法哲学范畴研究(修订版)》,中国政法大学出版社 2001 年版,第69—73 页。

育、推进农村职业教育、加快农村劳动力市场建设与培育过程中做出的具有法律意义的行为。"政府是人力资本投入的另一个重要主体。一方面政府是人力资本投入的承担者。另一方面政府是人力资本投入的规定者。"①该类行为一般体现于政府相关职能部门对涉农事业单位、生产经营组织、其他相关社会组织与农民的农村劳动力培养与流动实践进行有效监管的过程中。

农村劳动力培养与流动经济法律行为主要是政府在农村劳动力培养与流动过程中根据相关立法,就农村劳动力义务教育培养、职业教育培养中"不同层次和类别教育供给短缺与需求不足的教育供求矛盾"②和农村劳动力流动中"农村剩余劳动力转移相关的财政保障体制、产业政策、金融税收体制、劳动力市场"③所做出的宏观调控行为。该类行为一般通过涉农事业单位、生产经营组织与其他相关社会组织在农村劳动力培养与流动实践中的竞争协作显现出来。

农村劳动力培养与流动民事法律行为主要是在市场化农村劳动力培养与流动过程中涉农事业单位、生产经营组织、其他相关社会组织与农民等各类平等主体做出的具有法律意义的市场自治行为。该类行为既包括在农村劳动力义务教育培养中的"农村义务教育市场融资"④行为,在农村劳动力职业教育培养中的"社会力量办学"⑤、"市场机制运营"⑥行为;还包括在农村劳动力流动中实现"农民工宏观基本劳动权利、微观劳动保障具体权利"⑦

①　闫艳林:《工业反哺农业中人力资本投入的实现机制》,《天津商学院学报》2006 年第 4 期。
②　阮艺华:《我国教育供求的现状及其宏观调控》,《教育科学》2001 年第 2 期。
③　吕冀平、张鹏:《论我国农村劳动力转移的宏观调控法律规制》,《华南农业大学学报(社会科学版)》2004 年第 3 期。
④　武恒光、王爱华、綦好东:《我国农村义务教育市场融资机制的创新性探索》,《财贸研究》2004 年第 6 期。
⑤　张红梅:《新形势下农村职业教育办学机制初探》,《中国农村教育》2005 年第 4 期。
⑥　王博荣:《以市场机制运营职业教育之探讨》,《中国职业技术教育》2005 年第 11 期。
⑦　兰建勇、李辉敏、杨福忠、窦竹君:《农民工权益法律保障机制研究》,《河北法学》2005 年第 6 期。

相关的"农民工劳动合同、劳务合同"①、"农民工劳务中介"②行为。

二、农村劳动力培养与流动法律关系

(一) 概念

农村劳动力培养与流动法律关系作为一种具体化的反哺农业法律关系,可在反哺农业法律关系概念的基础上来进行解析。农村劳动力培养与流动法律关系即指农村劳动力法律规范在规制、调整农村劳动力培养与流动行为过程中形成的以农村劳动力培养与流动当事人之间权利义务、权力责任为主要内容的各种管理关系、协作关系和自治关系的总和。

农村劳动力培养与流动法律关系除具有农村劳动力培养与流动的自身属性外,也当然地具备法律关系所共有的依法形成的社会关系、人际相互关系、权利和义务关系、社会内容和法的形式的统一、国家强制力保障、思想意志关系的属性特征③。这些特征具体通过农村劳动力培养与流动法律关系的主体、内容显现出来并随其客体之不同而表现各异。

(二) 构成

农村劳动力培养与流动法律关系的主体是构成农村劳动力培养与流动法律关系的前提要件,是农村劳动力培养与流动法律关系的享有者与承担者。农村劳动力培养与流动法律关系的主体即农村劳动力培养与流动当事人,主要包括:政府相关职能部门、涉农事业单位、生产经营组织、其他相关社会组织与农民。在这些主体之间大致形成了管理、协作、自治三种关系。其一,政府相关职能部门与其他主体之间主要是管理关系。在农村劳动力培养与流动实践中,政府相关职能部门须对涉农事业单位、生产经营组织、其他相关社会组织与农民实现有效监管。其二,涉农事业单位、生产经营组织与其他相关社会组织之间主要是协作关系。主要包括不同阶段义务教

---

① 宋立国:《农民工要注意区分劳动合同与劳务合同》,《农民科技培训》2004 年第 9 期。

② 陈琳、许远明、程波副:《浅谈农民工劳务中介组织的创新与发展》,《农村经济》2005 年第 10 期。

③ 参见张文显:《法哲学范畴研究(修订版)》,中国政法大学出版社 2001 年版,第 96—98 页。

育、职业教育学校之间的工作衔接关系,不同类型义务教育、职业教育学校及培训机构之间的竞争关系,公共就业服务机构、职业教育学校及培训机构、职业中介机构之间的协作关系。其三,职业教育学校及培训机构、职业中介机构、用人企业、其他相关社会组织与农民之间主要是自治关系。须在遵循价值规律的前提下,通过政策倾斜逐步提升农村劳动力的专业技术素质,实现农村富余劳动力的充分、有序流动并切实保障其合法权益。

农村劳动力培养与流动法律关系的内容是构成农村劳动力培养与流动法律关系的核心要件。主要包括生产经营组织、其他相关社会组织与农民在农村劳动力法律制度中的权利和义务,以及政府相关职能部门、涉农事业单位在其中的权力和责任。其一,生产经营组织、其他相关社会组织与农民的权利和义务主要由双方通过合同加以确定。例如,农民有一定程度的选择非事业单位性质的义务教育学校接受义务教育的权利,有自由选择职业教育学校及培训机构接受职业教育、培训的权利,有自由选择职业中介机构及其他相关社会组织接受相应服务的权利,也有自由选择用人单位的权利以及获得相应劳动报酬、劳动保障、社会保障等的权利。同样农民在接受相关教育、培训、服务的同时有依照合同规定支付相应报酬的义务,也有依据合同规定接受用人单位合法管理的义务。此外,符合相应资质条件的教育学校、培训机构、职业中介机构、用人单位皆可依法享有国家相应财政补贴、税收减免等专项扶持措施的权利,同样也有贯彻、遵守国家农村劳动力培养与流动相关政策及法律规范的义务。其二,政府相关职能部门、涉农事业单位的权力和责任主要包括:政府统筹农村劳动力培养与流动工作的权力、政府相关职能部门建立农村劳动力培养与流动有效机制的责任、政府相关职能部门管理相应教育培训工作的权力、相关事业单位推进相应教育培训及公共就业服务的责任等。

农村劳动力培养与流动法律关系的客体即指农村劳动力培养与流动过程中各相关法律规范所保护的法益。农村劳动力培养与流动法律关系的客体与其他法律关系的客体一样,具备"客观性、可控性和有用性"①的特点。

---

① 张文显:《法理学(第三版)》,高等教育出版社、北京大学出版社 1999 年版,第 163 页。

农村劳动力培养与流动法律关系的客体也可以简单地概括为物、行为与智力成果。其一,物主要包括农村劳动力培养与流动所需教育培训设备、教育培训场地、就业服务设备、就业服务场地和相应资金、财政补贴等。其二,行为主要包括农村劳动力培养与流动过程中的教学行为、培训行为、服务行为、管理行为、调控行为、经营行为等。其三,智力成果主要包括农村劳动力培养中形成的各种非物质化教学、培训相关技术成果。

第二节　我国农村劳动力立法仍存在的问题与未来发展

如前文所述,我国有关农村劳动力培养与流动的各位阶规范性法律文件已形成一套关联性的准部门法体系,农村劳动力义务教育培养问题、农村劳动力职业教育培养问题和农村劳动力流动问题在相应的义务教育部门法体系、职业教育部门法体系和就业促进部门法体系中已有了较为全面的规制。但在价值目标作用对象和立法规范性上仍存在一些问题,需进行整体梳理并探究未来可能的发展方向。

一、仍存在的问题

（一）立法作用对象相对失衡

我国农村劳动力立法蕴含的目的属性是明确的,即提高农村人口素质、促进农村经济社会协调发展、推动全面建设小康社会进程。在农村劳动力义务教育培养、职业教育培养和农村劳动力流动相关行政法规中皆有明确规定。例如,2002年《国务院办公厅关于完善农村义务教育管理体制的通知》规定:"提高农村人口素质,推动我国农村经济和社会长远发展"。2003年《国务院关于进一步加强农村教育工作的决定》规定:"满足广大农村人口学习需求;提高劳动者素质,促进传统农业向现代农业转变;转移农村富余劳动力,推进工业化和城镇化,将人口压力转化为人力资源优势;加强农村精神文明建设,提高农民思想道德水平,促进农村经济社会协调发展"。2010年《国务院办公厅关于进一步做好农民工培训工作的指导意见》规定:"培养合格技能型劳动者,使培训总量、培训结构与经济社会发展和农村劳动力转移就业相适应"。2006年《国务院关于解决农民工问题的若干意见》规定:"统筹城乡发展,保障农民工合法权益,改善农民工就业环境,引导农村富余劳动力合理有序转移,推动全面建设小康社会进程"。

在这些明确的价值目标指引下,需透过哪些对象而发挥作用呢? 当然应以前述的农村劳动力培养与流动当事人(政府相关职能部门、涉农事业单位、生产经营组织、其他相关社会组织与农民)为作用对象。如此复合化的价值目标作用对象也是与农业产业化经营当然的"政府—农民"双向度运行需求相一致的。"不同主体对人力资本投入的实现机制有所不同,但不同的主体之间却不是完全独立的个体,而是相互关联、相互促进的整体,对农村人力资本投入的实现机制是相互作用的。"[1]即意味着一方面要设定政府相关职能部门在农村劳动力培养与流动中的角色,进而推动人力资本在农业领域的导入;另一方面农民也要通过对各种农村劳动力培养与流动模式的积极参与,主动实现自身素质提升、转移就业与社会主义新农村建设的有序对接。相关涉农事业单位、生产经营组织、其他相关社会组织则成为实现政府相关职能部门与农民互联互通的农村劳动力培养与流动载体。

但我国农村劳动力立法在价值目标作用对象的设定上是相对失衡的。其更多地强调在政府"支持(扶持)、鼓励、引导与管理"下完成各类义务教育学校、职业教育学校及培训机构、公共就业服务机构、职业中介机构、用人企业、职业资格认证行业协会、农村劳动力资源开发促进会等农村劳动力培养与流动载体的建构与发展,来自"政府"的单向度推动"一如既往"地成为相关立法的基本命题。仅少数相关立法就农民参与农村劳动力培养与流动问题予以了零散规定,在该类立法设定指引下的农村劳动力培养与流动并未真正实现对传统农村发展模式的超越。农民也未必真的能参与、想参与、可参与[2]如立法者所规划之"提高农村人口素质、促进农村经济社会协调发展、推动全面建设小康社会进程"这般宏大价值目标的达致进程。例如:

1. 2003年《国务院关于进一步加强农村教育工作的决定》。在"24.严

----

① 闫艳林:《工业反哺农业中人力资本投入的实现机制》,《天津商学院学报》2006年第4期。

② 参见赵谦:《专业合作社法实施中的农民参与困境及校正:以重庆为例》,《法学》2012年第3期。

格掌握校长任职条件,积极推行校长聘任制"中规定:"切实扩大民主,保障教职工对校长选拔任用工作的参与和监督,并努力提高社区和学生家长的参与程度。"这里涉及的农民参与农村劳动力义务教育培养、职业教育培养问题,指向参与"校长选拔任用工作",且以"努力提高"这样的模糊化语言来指引参与,缺乏明确、具体的规定。

2. 2010 年《国务院办公厅关于进一步做好农民工培训工作的指导意见》。在"(六)创新农民工培训机制"中规定:"充分发挥社会各方面参与培训的积极性,建立促进农民工培训的多元投入机制。"在"(十六)规范培训管理,加强绩效评估"中规定:"规范培训工作管理流程,加强对培训工作全程的监管考评,做到培训信息公开、审核结果公示、培训过程透明、社会参与监管。"这里涉及的农民参与农村劳动力职业教育培养问题,指向参与"农民工培训的多元投入"和"对培训工作全程的监管考评",但以"充分发挥""建立促进""规范""加强""做到"这样的模糊化语言来指引参与,缺乏明确、具体的规定。

3. 2011 年《教育部、国家发展和改革委员会、科学技术部、财政部、人力资源和社会保障部、水利部、农业部、国家林业局、国家粮食局关于加快发展面向农村的职业教育的意见》。在"(四)紧密结合县域经济社会发展需求,深化农村职业教育改革创新"中规定:"改革农村职业教育办学模式,推动'政府主导、行业指导、企业参与'办学。改革农村职业教育评价制度,建立健全以学生为中心、以能力为本位,多元主体参与的教育质量评价体系。"这里涉及的农民参与农村劳动力职业教育培养问题,指向参与"办学"和"教育质量评价",但缺乏"改革""推动""建立健全"的具体措施规定。

4. 2006 年《国务院关于解决农民工问题的若干意见》。在"(二十五)保障农民工依法享有的民主政治权利"中规定:"招用农民工的单位,职工代表大会要有农民工代表,保障农民工参与企业民主管理权利。"在"(三十三)大力开展农村基础设施建设,促进农民就业和增收"中规定:"加快形成政府支持引导、社会资金参与、农民劳动积累相结合的农村建设投入机制。"在"(三十八)发挥社区管理服务的重要作用"中规定:"鼓励农民工参与社区自治,增强作为社区成员的意识,提高自我管理、自我教育和自我服务能力。"这里涉及的农民参与农村劳动力流动问题,虽较宽泛地指向参与

"企业民主管理""农村建设投入"和"社区自治",但缺乏"保障""加快形成""鼓励"的具体措施规定。

5. 2008 年《国务院办公厅关于切实做好当前农民工工作的通知》。在"三、大力支持农民工返乡创业和投身新农村建设"中规定:"结合推进新农村建设,创新农村小型基础设施建设体制机制,采取以工代赈、以奖代补等多种形式,组织引导返乡农民工积极参与农村危房改造、农村中小学和职业学校、乡镇公共卫生院、计划生育生殖健康服务机构、文化设施等建设。"这里涉及的农民参与农村劳动力流动问题,指向农民流出后"返乡参与新农村建设",并规定了"以工代赈、以奖代补"的具体参与形式和参与建设的具体对象,但仍欠缺实施"组织引导"的具体措施规定。

6. 2008 年《黑龙江省农村劳动力转移办法》。在第 26 条第 3 款规定:"农民工在安全保障、评定技术职称、晋升职务、评选劳动模范和先进工作者,以及参与社会事务管理等方面,与城镇劳动者机会均等。"在第 33 条第 2 款规定:"对侵害农民工权益的案件,有关单位应当在律师调查取证、查阅复制档案资料,以及农民工参与仲裁、复议、诉讼、鉴定等方面提供协助;涉及相关费用的,应当根据有关规定予以免收、减收或者缓收。"这里涉及的农民参与农村劳动力流动问题,指向参与"社会事务管理"和"侵害农民工权益案件的仲裁、复议、诉讼、鉴定",虽强调了"机会均等"与"有关单位提供协助",但欠缺更具可操作性的保障措施规定。

（二）　立法规范性不足

我国农村劳动力立法在立法名称、立法结构上多选择超出《行政法规制定程序条例》和《规章制定程序条例》相关规定范畴的政策性体例而非规范性体例。立法的规范性往往与其所选择的"法的面貌"有关。"法律人所欲研究的'法',也就不脱'法规''具体的秩序与形塑'、'决定'三种面貌,法律人所欲研究的对象,不外就是法规、决定、秩序与形塑。"①我国农村劳动力立法多为指向各自所属农村义务教育领域、农村职业教育领域、农村就业促进领域之具体现实问题的零散政策性"法规"与"决定",往往并非基于

——————————

① ［德］卡尔·施密特:《论法学思维的三种模式》,苏慧婕译,中国法制出版社 2012 年版,第 8 页。

农村劳动力培养与流动活动本身特有属性之法律行为、法律关系的系统"秩序与形塑"。其在行政法规、部门规章位阶表现尤为明显。

《行政法规制定程序条例》第 4 条规定行政法规的名称"一般称条例、规定、办法等"。15 件行政法规皆针对"农村中小学教育收费""农村义务教育经费保障""农村义务教育债务""农村义务教育学生营养""农民工培训""灾区农村劳动力安置""拖欠农民工工资"等现实问题而制定,有 10 件采用"通知"、4 件采用"意见"、1 件采用"决定",皆为政策性立法名称。《规章制定程序条例》第 6 条规定规章的名称"一般称规定、办法"。部门规章也多针对"农村基础教育管理体制改革""农村实用技术培训计划""农村义务教育教科书免费提供""农村义务教育债务""农村义务教育教师队伍建设""农村留守儿童""农村劳动力开发就业试点""农村学校艺术教育实验""农村义务教育学校基本办学条件"等现实问题而制定,仅 1 件采用"办法",其他则采用"意见""通知"或"批复"。33 件地方政府规章中则有 18 件采用"办法"、7 件采用"规定"、7 件采用"通知"、1 件采用"实施细则"。此外,6 件地方性法规中有 5 件采用"条例"、1 件采用"规定"。当然上述超出法定范畴的名称可用"一般"以外的特殊情况或"等"这样的技术性解释来确保其未与《行政法规制定程序条例》和《规章制定程序条例》相抵触,但其事实上确实仅是传统意义的政策性立法名称。

《行政法规制定程序条例》第 5 条规定"行政法规根据内容需要,可以分章、节、条、款、项、目"。15 件行政法规却全部采用"一、(一)"这样的简单结构。《规章制定程序条例》第 7 条规定"规章一般不分章、节"。"意见""通知"或"批复"类部门规章全部采用"一、(一)"这样的简单结构,唯一的"办法"类部门规章也采用"一、(一)"这样的简单结构。33 件地方政府规章皆做"条、款、项"的区分,有 11 件还在"条、款、项"基础上分"章"。此外,6 件地方性法规也皆做"条、款、项"的区分,有 4 件还在"条、款、项"基础上分"章"。当然"条、款、项"乃至"章"类型的复杂结构不应是我国立法结构的唯一选择,但就立法科学化①而言,复杂结构当是立法结构的规范性选择

---

① 　参见程燎原、夏道虎:《论立法的科学化》,《法律科学·西北政法学院学报》1989 年第 2 期。

而非简单结构这样的政策性选择。

二、未来可能的发展方向

（一）充实农村劳动力立法的农民参与规范以平衡立法的作用对象

欲平衡我国农村劳动力立法的作用对象，应以完备的农民参与规范为依托而实现相关当事人之间的互通互联。实现相关立法就农民参与农村劳动力培养与流动问题之零散规定的系统化，是"农民作为参与者实现'可'参与的先决条件"①，可出台有关农民参与农村劳动力培养与流动问题的专门立法。该立法重在传达一种通过农民参与"社会共治"②机制而形成之较为积极的农村劳动力培养与流动"公共治理"③模式，进而改变传统的政府"支持（扶持）、鼓励、引导与管理"下农民的消极被动参与状况，以推动实现农民积极主动参与农村劳动力培养与流动。

共同体理论强调共同体成员之间、共同体与其成员之间的相互交往与配合，而农村劳动力培养与流动法律关系是各种管理关系、协作关系和自治关系的总和，两者具有天然的合目的性与共融性。"共同体是建立在有关人员的本能的中意或者习惯制约的适应或者与思想有关的共同的记忆之上的。共同体是一种持久的和真正的共同生活，是一种原始的或者天然状态的人的意志的完善的统一体。"④共同体生活实质是一种能思考、能意识并以一定的目的而行动的不同个体之间相互交往的生活。各类农村劳动力培养与流动当事人在农村劳动力培养与流动活动中形成的"现代农业人才支撑计划"、"农村劳动力培训阳光工程"等平台就是共同体理论与农村劳动力培养与流动法律关系实现结合的典型载体。基于此，在农村劳动力立法的指引下构建农村劳动力培养与流动共同体，有助于更好地将农村劳动力

① 赵谦：《专业合作社法实施中的农民参与困境及校正：以重庆为例》，《法学》2012 年第 3 期。
② 李景鹏：《后全能主义时代：国家与社会合作共治的公共管理》，《中国行政管理》2011 年第 2 期。
③ 罗豪才、宋功德：《公域之治的转型——对公共治理与公法互动关系的一种透视》，《中国法学》2005 年第 5 期。
④ ［德］斐迪南·滕尼斯：《共同体与社会——纯粹社会学的基本概念》，林荣远译，北京大学出版社 2010 年版，第 2 页。

培养与流动法律关系的主体和内容付诸实践。应从三个方面来构建农村劳动力培养与流动共同体。

1.以"组织理性主义、人本主义的整合"①为原则,在专门立法中明晰各类农村劳动力培养与流动当事人参与劳动力培养与流动的基准资格要件。就前述立法已予以规定的农民参与校长选拔任用工作、农民工培训的多元投入、对培训工作全程的监管考评、职业教育办学、职业教育质量评价、企业民主管理、农村建设投入、社区自治、新农村建设、相关社会事务管理和侵害农民工权益案件的仲裁、复议、诉讼、鉴定等事项而言,在实现相关规定更具可操作性的明确、具体化同时,也应设定农民实现各类参与的基准资格要件。唯有在相对固化的基准资格要件指引下,方能达致农村劳动力培养与流动共同体成员的稳定化、具体化,进而促成农村劳动力培养与流动法律关系各方主体的准确定位并导向有机团结。

2.在专门立法中明晰各类农村劳动力培养与流动当事人参与各类事项过程中应享有的权利、权力和应承担的义务、责任。通过农村劳动力培养与流动共同体成员之间依法相互交往与配合,可推动农村劳动力培养与流动法律关系各方主体更为积极主动地实现其相应权利、义务或权力、责任,进而促成该法律关系的静态构成要件更好地转换为农村劳动力培养与流动活动动态现实。

3.在专门立法中明晰农民积极参与农村劳动力培养与流动的具体评判标准和保障措施。通过设定"积极参与"的具体评判标准,至少实现"现代农业人才支撑计划"、"农村劳动力培训阳光工程"这两个平台参与机制的具体化。例如,让2004年《农业部、财政部、劳动和社会保障部、教育部、科技部、建设部关于组织实施农村劳动力转移培训阳光工程的通知》附件1《农村劳动力转移培训阳光工程项目管理办法(试行)》第2条的"培训要尊重农民意愿"规定、第15条的"紧紧围绕农民就业技能"规定、第16条的"适合农民短期技能培训和就业特点"规定、第21条的"确保参训农民直接受益"规定等落到实处。此外,通过设定对"积极参与"的具体保障措施,在

---

① 董石桃:《公民参与的价值认知及其发展——基于西方行政思想史的考察》,《中国行政管理》2013年第7期。

约束其他共同体成员特别是享有权力、承担责任之农村劳动力培养与流动当事人的同时,也在事实上保障并扩张了农民的参与空间。

(二) 清理、编纂农村劳动力立法以实现立法的规范性转向

1. 专项清理农村劳动力立法

专项清理农村劳动力立法可参照对农业资金立法的专项清理之适用与保留具体展开。既可在形式上逐步修改超出法定范畴的"通知、意见、决定、批复、实施细则"等立法名称,也可在实质上逐步修改采政策性名称、简单结构之各类规范性法律文件的内容,将其整合为"条例、规定、办法"式、采"条、款、项"等复杂结构的规范性法律文件。应以前种形式清理为第一选择,若通过该方式仍不能实现对相关农村劳动力培养与流动活动的规范化指引,则采取后种实质清理完成彻底的规范重构。此外,专项清理政策性农村劳动力立法也并非否定其正面效应,而是否定存在于这些政策性"软法"中的非理性①。通过政策性农村劳动力立法的形式意义、实质意义规范性转向,旨在"以切合软法的方式,将法治原则、法治精神嵌入软法的创制与实施过程当中,以期全面提高软法的理性程度"②。

2. 编纂规范性农村劳动力行政法规

专项清理政策性农村劳动力立法更多的是实现该类立法规范性转向的形式性选择。整合已有的政策性农村劳动力义务教育培养、职业教育培养和农村劳动力流动相关行政法规,进而编纂相应的《农村劳动力义务教育培养条例》、《农村劳动力职业教育培养条例》与《农村劳动力流动服务条例》才是实现该类立法规范性转向的实质性选择,也是推动我国农村劳动力立法基于较为全面的法律位阶原则性规定逐级完成系统"秩序与形塑"式法律规范创造③的必然要求。

(1)编纂《农村劳动力义务教育培养条例》。可将 2003 年《国务院关于

---

① 参见罗豪才、宋功德:《认真对待软法——公域软法的一般理论及其中国实践》,《中国法学》2006 年第 2 期。
② 罗豪才、宋功德:《认真对待软法——公域软法的一般理论及其中国实践》,《中国法学》2006 年第 2 期。
③ 参见[奥]凯尔森:《法与国家的一般理论》,沈宗灵译,中国大百科全书出版社 1996 年版,第 150 页。

进一步加强农村教育工作的决定》除去"三、坚持为'三农'服务的方向,大力发展职业教育和成人教育,深化农村教育改革"以外的其他七个方面共27条规定,整合为该条例的总则部分,就立法目的、农村劳动力义务教育的法定内涵、立法原则、主管部门职责与分工等予以明确规定。可将另外6件该类行政法规分别整合为该条例的管理体制、学生、教师、学校、经费保障、债务清理、法律责任等专章。

（2）编纂《农村劳动力职业教育培养条例》。可将2003年《国务院关于进一步加强农村教育工作的决定》的"一、明确农村教育在全面建设小康社会中的重要地位,把农村教育作为教育工作的重中之重"、"三、坚持为'三农'服务的方向,大力发展职业教育和成人教育,深化农村教育改革"和"八、切实加强领导,动员全社会力量关心和支持农村教育事业"这三个方面共15条规定,整合为该条例的总则部分,就立法目的、农村劳动力职业教育的法定内涵、立法原则、主管部门职责与分工等予以明确规定。可将另外两件该类行政法规分别整合为该条例的教育培训体系建设、教育培训具体内容、监督管理、法律责任等专章。此外,在设定农村劳动力职业教育投入具体法律规范时,可将"教育投资途径细化为每个农村在校生平均教育经费、农村普通教育专职教师数、农村职业中学专职教师数和农村居民人均文教娱乐用品及服务支出;培训投资途径细化为人均培训费用支出、乡镇企业培训费用占销售收入的比重、农民人均技术培训支出、农民人均拥有农业机械总动力"。[1] 并强化"实习农牧场、实习车间、实验室和自动化管理的温室大棚"[2]等场所、设施的必要配备。

（3）编纂《农村劳动力流动服务条例》。可以2006年《国务院关于解决农民工问题的若干意见》为基础来编纂该条例,将该意见的"一、充分认识解决好农民工问题的重大意义"、"二、做好农民工工作的指导思想和基本原则"、"九、促进农村劳动力就地就近转移就业"和"十、加强和改进对农民工工作的领导"这四个方面共15条规定,整合为该条例的总则部分,就立法

① 刘中文:《农村人力资本投资效率影响因素研究》,西北农林科技大学经济管理学院博士学位论文,2011年,第32页。
② 吴连玉:《面向社会主义新农村建设的农村人力资源开发研究》,天津大学管理学院博士学位论文,2007年,第47页。

目的、农村劳动力流动服务的法定内涵、立法原则、主管部门职责与分工等予以明确规定。可将该意见的其他六个方面共 25 条规定以及另外 5 件该类行政法规分别整合为该条例的劳动管理、就业培训、劳务报酬、社会保障、公共服务、权益保障机制、法律责任等专章。此外,在设定农村劳动力流动机制具体法律规范时,可在规制传统自由务工、集体务工、单独创业式流动的同时,特别引入家庭农场①等新兴流动形式。

---

① 黄延廷:《我国农地规模经营中家庭农场优势的理论分析》,《改革与战略》2011 年第 5 期。

第八章　规制产业化反哺的农业产业化立法

　　产业化反哺农业行为实质就是一种农业产业化经营行为,产业化反哺农业相关立法即规制产业化反哺的农业产业化立法,主要是有关农业产业化经营的各位阶规范性法律文件。近年来伴随我国城乡一体化进程的逐步深入,农业产业化经营问题成为理论界、实务界广泛关注的热点问题。"农业产业化经营的实质在于以家庭经营为基础,以市场为导向、以企业为龙头,实现生产、加工、销售一体化,使企业与农户形成利益均沾、风险共担的利益共同体。"[1]《中共中央关于全面深化改革若干重大问题的决定》第20条"加快构建新型农业经营体系"中规定:"坚持家庭经营在农业中的基础性地位,推进家庭经营、集体经营、合作经营、企业经营等共同发展的农业经营方式创新。允许农民以承包经营权入股发展农业产业化经营。"第22条"推进城乡要素平等交换和公共资源均衡配置"中规定:"鼓励社会资本投向农村建设,允许企业和社会组织在农村兴办各类事业。"[2]这在事实上将农业产业化经营机制视为新型农业经营体系的重要组成部分,尝试从农民、企业、社会组织等多个方面推动农业产业化经营的顺利实现。

　　构建旨在实现产业化反哺农业的农业产业化经营有效机制是反哺农业的科学方法。法治化时代下构建任何机制皆须依循相应法律规范而进行,相对完备的农业产业化立法是构建农业产业化经营有效机制的必要前提。

---

[1]　李昌麒:《中国农村法制发展研究》,人民出版社 2006 年版,第 151 页。

[2]　新浪网:《中共中央关于全面深化改革若干重大问题的决定》,2013 年 11 月 25 日,见 http://news.sina.com.cn/c/2013-11-25/184628722303.shtml。

"美国从 20 世纪 30 年代开始,逐步形成一套涵盖市场交易、对外贸易、农业保险的完整农业产业化法律支持体系。"①如前文所述,我国农业产业化立法虽已初具规模,但并未形成一套相对独立的部门法体系,而散见于法律、行政法规、部门规章和地方性法规中。该类立法虽推动着农业产业化经营"在国际经济增长乏力、国内经济增速放缓的背景下保持较快发展"②,但仍存在不少现实问题,以至于农业产业化经营缺乏科学的法律规范指引,从而弱化了农业产业化经营的推进实效,致使"龙头企业规模小、科技创新不足、契约关系的保障效应低下"③成为我国农业产业化经营的痼疾。可基于对我国农业产业化立法内涵的厘清,仍然依循立法价值、立法体制、立法内容这三个基本维度来解析该类立法存在的现实问题进而探究未来可能的完善途径。

第一节　我国农业产业化立法的内涵

我国农业产业化立法的内涵,就是概念所反映的我国农业产业化立法的特有属性。考察农业产业化立法特有属性的主要任务在于分析构成农业产业化立法的基本要素及其相互关系。农业产业化立法作为一种调整农业产业化经营活动的规范性法律文件,其作用对象则是农业产业化经营法律行为与农业产业化经营法律关系。故而探究我国农业产业化立法的特有属性应立足于法律行为、法律关系这两个方面展开。

一、农业产业化经营法律行为

（一）概念

农业产业化经营法律行为作为一种具体化的反哺农业法律行为,可在反哺农业法律行为概念的基础上来进行解析。农业产业化经营法律行为即

① 李卓、马勇涛:《论农业产业化的法律支持》,《辽宁农业科学》2005 年第 6 期。
② 中国农业新闻网:《我国农业产业化经营再上新台阶》,2013 年 9 月 21 日,见 http://www.farmer.com.cn/jjpd/hyyw/201309/t20130921_889883.htm。
③ 肖胜利:《中国农业产业化经营中存在的问题和对策探讨》,《经济研究导刊》2014 年第 21 期。

指根据农业产业化经营当事人意愿形成的,由农业产业化立法所调整的,能够引起农业产业化经营法律关系产生、变更和消灭的各种行为。

农业产业化经营法律行为除具有《中华人民共和国农业法》第13条所规定的3项原则显现之布局局域化、产品商品化、生产专业化、经营集约化、企业规模化、经营一体化、管理企业化和服务社会化的自身属性①外,也当然地具备法律行为所共有的社会性、法律性、可控性、价值性特征②。这些特征通过农业产业化经营法律行为的具体内容即农业产业化经营当事人引起农业产业化经营法律关系产生、变更和消灭的各种行为而显现出来。

（二）构成

农业产业化经营当事人主要包括政府相关职能部门(如工商部门、税务部门和农业部门),涉农事业单位(如农业技术推广站、水利站、林业站、种子站、农机站、畜牧兽医站和供销社),生产经营组织(如农业产业化龙头企业、农民专业合作社),其他相关社会组织(如农业专业技术协会、农村基层服务组织)与农民。根据所适用法律规范属性的不同,大致可将农业产业化经营法律行为的具体内容界分为农业产业化经营行政法律行为、农业产业化经营经济法律行为与农业产业化经营民事法律行为。三种不同类型的农业产业化经营法律行为在部门法的适用上各有所侧重,在具体领域中遵循相应准则而予以规制。

农业产业化经营行政法律行为主要是政府在以政策扶持、协调服务、资金、信贷和税收减免等方式推动农业产业化发展过程中做出的具有法律意义的行为。该类行为一般体现于政府相关职能部门对涉农事业单位、生产经营组织、其他相关社会组织与农民的农业产业化经营实践进行"行为规范、政治合理、遵循成本与收益规则的政府适当干预"③而实施有效监管的过程中。

农业产业化经营经济法律行为主要是政府在农业产业化经营活动中根

---

① 参见郭梅枝:《农业产业化发展研究》,郑州大学出版社2008年版,第32—36页。

② 参见张文显:《法哲学范畴研究(修订版)》,中国政法大学出版社2001年版,第69—73页。

③ 常金海、刘秀兰:《论地方政府职能在农业产业化发展中的作用》,《东岳论丛》2000年第5期。

据相关立法,"遵循间接调控原则、效率原则、协调原则和法制原则"①,就"农业产业化经营体制短缺、服务体系没有形成、与市场经济体制不协调等瓶颈制约因素"②所做出的宏观调控行为。该类行为一般通过涉农事业单位、生产经营组织与其他相关社会组织在农业产业化经营实践中的竞争协作显现出来。

农业产业化经营民事法律行为主要是在农业产业化经营活动中涉农事业单位、生产经营组织、其他相关社会组织与农民等各类平等主体做出的具有法律意义的市场自治行为。"产业化的本质是市场化、集约化和社会化的农业,要以经营工业的方式来经营农业。"③该类行为主要通过"龙头企业、农民专业协会、农民自办流通组织等中介组织连接农业与市场。"④

二、农业产业化经营法律关系

(一) 概念

农业产业化经营法律关系作为一种具体化的反哺农业法律关系,可在反哺农业法律关系概念的基础上来进行解析。农业产业化经营法律关系即指农业产业化法律规范在规制、调整农业产业化经营行为过程中形成的以农业产业化经营当事人之间权利义务、权力责任为主要内容的各种管理关系、协作关系和自治关系的总和。

农业产业化经营法律关系除具有农业产业化经营的自身属性外,也当然地具备法律关系所共有的依法形成的社会关系、人际相互关系、权利和义务关系、社会内容和法的形式的统一、国家强制力保障、思想意志关系的属性特征⑤。这些特征具体通过农业产业化经营法律关系的主体、内容显现

---

① 陆迁、赵凯:《论政府对农业产业化的宏观调控》,《西北农林科技大学学报(社会科学版)》2003 年第 6 期。
② 陈忠辉:《农业产业化经营中政府宏观调控行为研究》,《农业与技术》2006 年第 3 期。
③ 林存吉:《农业产业化概论》,山东人民出版社 1998 年版,第 16 页。
④ 李昌麒:《中国农村法制发展研究》,人民出版社 2006 年版,第 164 页。
⑤ 参见张文显:《法哲学范畴研究(修订版)》,中国政法大学出版社 2001 年版,第 96—98 页。

出来并随其客体之不同而表现各异。

（二）构成

农业产业化经营法律关系的主体是构成农业产业化经营法律关系的前提要件，是农业产业化经营法律关系的享有者与承担者。农业产业化经营法律关系的主体即农业产业化经营当事人，主要包括：政府相关职能部门、涉农事业单位、生产经营组织、其他相关社会组织与农民。在这些主体之间大致形成了自治、管理、协作三种关系。其一，政府相关职能部门与其他主体之间主要是管理关系。在农业产业化经营实践中，政府相关职能部门须对涉农事业单位、生产经营组织、其他相关社会组织与农民实现有效监管。其二，涉农事业单位、生产经营组织与其他相关社会组织之间主要是协作关系。主要包括上下级涉农事业单位之间的工作指导关系、各农业产业化龙头企业与农民专业合作社在农业产业化生产经营中的竞争关系、完善农业生产经营市场与农村社会保障体系时各社会组织间的协作关系。其三，涉农事业单位、生产经营组织、其他相关社会组织与农民之间主要是自治关系。须在遵循价值规律的前提下，通过政策倾斜实现农业生产经营的"市场化、集约化和社会化"。

农业产业化经营法律关系的内容是构成农业产业化经营法律关系的核心要件。主要包括生产经营组织、其他相关社会组织与农民在农业产业化法律制度中的权利和义务，以及政府相关职能部门、涉农事业单位在其中的权力和责任。其一，生产经营组织、其他相关社会组织与农民的权利和义务主要由双方通过合同加以确定。例如，从事农业生产的农民主要有选择农业产业化组织提供服务的权利、农副产品所有权、享有农业产业化补贴的权利、向农业产业化组织支付报酬的义务、向农业产业化组织提供农副产品的义务、贯彻国家农业产业化政策的义务、遵守农业产业化法律规范的义务等；生产经营组织和其他相关社会组织主要有收取农业产业化服务报酬的权利、享受农业产业化相关政策扶持的权利、向农民提供产业化服务的义务、贯彻国家农业产业化政策的义务、遵守农业产业化法律规范的义务等。其二，政府相关职能部门、涉农事业单位的权力和责任主要包括：政府统筹农业产业化工作的权力、制定农业产业化法律规范的权力、政府相关职能部门指导农业产业化生产经营并培育农业产业化龙头企业与农民专业合作社的责任、涉农事业单位提供各种农技农资农机等社会服务的责任等。

农业产业化经营法律关系的客体是指农业产业化经营法律关系主体所享有权利和承担义务共同指向的对象,即农业产业化经营过程中各相关法律规范所保护的法益。农业产业化经营法律关系的客体与其他法律关系的客体一样,具备"客观性、可控性和有用性"①的特点。农业产业化经营法律关系的客体一般表现为物与行为。其一,物主要包括农业产业化生产经营的农副产品和各种农业产业化资金、财政补贴等。其二,行为主要包括农业产业化经营活动中的生产经营行为、社会化服务行为、行政管理行为、宏观调控行为等。

第二节　我国农业产业化立法存在的问题

一、立法蕴含的价值目标明确但作用对象相对失衡

当前我国农业产业化立法在立法价值方面存在的问题集中体现为立法蕴含的价值目标明确但作用对象相对失衡。分析立法价值首先要厘清该立法现象所蕴含之目的属性,进而解析立法的价值目标。

（一）立法蕴含的目的属性

我国农业产业化立法蕴含之目的属性是明确的。2012 年《国务院关于支持农业产业化龙头企业发展的意见》规定的"提高农业组织化程度、加快转变农业发展方式、促进现代农业建设和农民就业增收"和 2006 年《农业部 国家发展和改革委员会 财政部 商务部 中国人民银行 国家税务总局 中国证券监督管理委员会、中华全国供销合作总社关于加快发展农业产业化经营的意见》规定的"推进现代农业建设、创新农业经营体制、建设社会主义新农村"即是我国农业产业化立法的价值目标。

在这些明确的价值目标指引下,需透过哪些对象而发挥作用呢？当然应以前述的农业产业化经营当事人（政府相关职能部门、涉农事业单位、生

---

① 张文显:《法理学（第三版）》,高等教育出版社、北京大学出版社 1999 年版,第163 页。

产经营组织、其他相关社会组织与农民)为作用对象。如此复合化的价值目标作用对象也是与农业产业化经营当然的"政府—农民"双向度运行需求相一致的。"农业产业化经营通过农业产业链、产品链、价值链实现传统农业经济与现代城市工业经济的对接,通过利益分享机制将工业剩余导入农业领域而提高农业比较利益。"①即意味着一方面要设定政府相关职能部门在农业产业化经营中的角色而推动工业剩余在农业领域的导入,另一方面农民也要通过对各种农业产业化经营模式的积极参与主动实现传统农业经济与现代城市工业经济的对接,相关涉农事业单位、生产经营组织、其他相关社会组织则成为实现政府相关职能部门与农民互联互通的农业产业化经营载体。

(二) 立法设定的价值目标作用对象

我国农业产业化立法在价值目标作用对象的设定上是相对失衡的。其更多地强调在政府"支持(扶持)、鼓励、引导与管理"下完成农业产业化龙头企业、农民专业合作社、农民专业技术协会、农村基层服务组织等农业产业化经营载体的建构与发展,来自"政府"的单向度推动"一如既往"地成为相关立法的基本命题。仅4件相关立法就农民参与农业产业化经营问题予以了零散规定,在该类立法设定指引下的农业产业化经营并未真正实现对传统农业经营的超越。农民也未必真的能参与、想参与、可参与②如立法者所规划之"全面提高农民组织化、农业现代化、农村城镇化水平"这般宏大价值目标的达致进程。

1. 1998年《全国农业产业化综合改革试点指导意见》。在"一、试点的指导思想及目标"中规定:"参与农业产业化试点的各方,必须坚持自愿、互惠、互利的原则,不能违背生产者和经营者的意愿,不能用行政手段强行捏合,更不能以任何借口侵害农民的合法权益。"在"二、试点内容"中规定:"实行农业产业化经营的关键,是要保障参与农业产业化组织的各个经济主体特别是农民的利益。"这里涉及的"合法权益""利益"究竟有哪些? 如

---

① 赵谦:《反哺农业法律概念浅析》,《改革与战略》2012年第5期。
② 参见赵谦:《专业合作社法实施中的农民参与困境及校正:以重庆为例》,《法学》2012年第3期。

何保障？在相关立法中皆无明确、具体规定。

2. 2004 年《中央财政支持农业产业化资金管理暂行办法》。在第 6 条第 2 项规定：中央财政农业产业化资金支持的农产品生产基地还应具备"农民（农户）能够积极参与生产经营"条件。"积极参与"的评判标准、保障措施是什么？在相关立法中也无可操作性规定。

3. 2006 年《农业部 国家发展和改革委员会 财政部 商务部 中国人民银行 国家税务总局 中国证券监督管理委员会 中华全国供销合作总社关于加快发展农业产业化经营的意见》。在"一、发展农业产业化经营的指导思想和目标"中规定："通过市场引导、龙头带动、农民参与、政策扶持、政府服务，全面提高农民组织化、农业现代化、农村城镇化水平。"这里将"农民参与"上升为"指导思想和目标"固然很好，但如何落实？相关立法皆无实施性规定。

4. 2013 年《国家农业产业化示范基地认定管理办法》。在第 9 条第 4 项规定：申报国家农业产业化示范基地还应具备"参与产业化经营的农民人均纯收入高于当地平均水平"条件。此处规定的可操作性较强，然而与 2006 年《农业部关于鼓励和引导农业产业化龙头企业参与新农村建设的意见》相比较，其系统化问题依然严峻。

二、立法政策性有余而规范性不足

当前我国农业产业化立法在立法体制方面存在的问题集中体现为立法政策性有余而规范性不足。相关立法在立法名称、立法结构上多选择超出《行政法规制定程序条例》和《规章制定程序条例》相关规定范畴的政策性体例而非规范性体例。

（一）立法名称的政策性选择

《行政法规制定程序条例》第 4 条规定行政法规的名称"一般称条例、规定、办法等"。唯一的行政法规却采用"意见"。《规章制定程序条例》第 6 条规定规章的名称"一般称规定、办法"。部门规章中仅 6 件采用"办法"，却有 10 件采用"意见"，其余则采用"通知"或"批复"。当然这些超出法定范畴的名称可用"一般"以外的特殊情况或"等"的这样的技术性解释来确保其未与这 2 件专门立法相抵触，但其事实上确实并非规范性立法名称而是传统意义的政策性立法名称。

（二）立法结构的政策性选择

《行政法规制定程序条例》第 5 条规定"行政法规根据内容需要，可以分章、节、条、款、项、目"。唯一的行政法规却采用"一、（一）"这样的简单结构。《规章制定程序条例》第 7 条规定"规章一般不分章、节"。名称为"办法"的部门规章中 4 件在"条、款、项"基础上分"章"，2 件仅"条、款、项"，其余部门规章皆采用"一、（一）"这样的简单结构。此外，唯一的地方性法规也采用"一、（一）"这样的简单结构。当然"条、款、项"乃至"章"类型的复杂结构并不是我国立法结构的唯一选择，"一、（一）"类型的简单结构也不是我国立法结构的违法选择。但就立法科学化[1]而言，复杂结构当是立法结构的规范性选择而非简单结构这样的政策性选择。

三、立法碎片化有余而系统化不足

当前我国农业产业化立法在立法内容方面存在的问题集中体现为立法碎片化有余而系统化不足。《中华人民共和国农业法》第 13 条虽确立了我国推进农业产业化经营的基本原则，但相应的系统化规范设计却在高位阶行政法规中显现不足。

"农业产业化经营主要包括拓展农业产业链、培育产业化龙头企业、形成多元产业利益联结格局、建立农业区域产业集群四个方面。"[2]仅有 2012 年《国务院关于支持农业产业化龙头企业发展的意见》就市场化经营原则下如何扶持作为农业产业化经营载体之一的农业产业化龙头企业予以了系统化规定。农业产业化龙头企业本身的认定、管理及其余三个方面内容则主要由低位阶的部门规章、地方性法规来规定。其中农业区域产业集群问题由 2013 年《国家农业产业化示范基地认定管理办法》从主管部门职责与分工、申报与认定、管理与监督等方面予以了系统化规定。其他问题的相关规定则碎片化明显，主要表现为以下三个方面：

---

[1] 参见程燎原、夏道虎：《论立法的科学化》，《法律科学·西北政法学院学报》1989 年第 2 期。

[2] 赵谦：《反哺农业法律概念浅析》，《改革与战略》2012 年第 5 期。

（一）产业化龙头企业专门规定较多，但协调性不足、存在一定的立法抵触

1.产业化龙头企业认定、管理规定存在的问题

在规范性较强的 6 件"办法"式部门规章中有两件专门就 2012 年《国务院关于支持农业产业化龙头企业发展的意见》未涉及的农业产业化龙头企业的认定、管理予以了规定。即 2010 年《农业产业化国家重点龙头企业认定和运行监测管理办法》和 2011 年《供销合作社农业产业化重点龙头企业认定和运行监测管理办法》。

后者第 1 条明确规定参照前者来制定，而事实上将农业产业化龙头企业划分成了"国家重点龙头企业"和"供销合作社重点龙头企业"两个等级。"国家重点龙头企业"的申报、认定、运行监测更为严格，但并非所有条款皆如此。如"申报条件"的"企业带动能力"项规定：前者要求"带动农户的数量一般应达到东部地区 4000 户以上，中部地区 3500 户以上，西部地区 1500户以上"；后者要求"带动农户的数量一般应达到 2000 户以上"。进而事实上造成在西部地区申报"供销合作社重点龙头企业"的此项条件比申报"国家重点龙头企业"还高。

2.产业化龙头企业扶持措施规定存在的问题

在政策性较强的 10 件"意见"式部门规章中有 4 件专门就前述行政法规系统化规定的农业产业化龙头企业扶持措施予以了具体化、实施性规定。即 2000 年《关于扶持农业产业化经营重点龙头企业的意见》、2006 年《农业部关于鼓励和引导农业产业化龙头企业参与新农村建设的意见》、2009 年《农业部、中国农业发展银行关于进一步加强合作支持农业产业化龙头企业发展的意见》、2010 年《农业部、中国农业银行关于支持农业产业化龙头企业发展的意见》。

其中 2009 年《农业部、中国农业发展银行关于进一步加强合作支持农业产业化龙头企业发展的意见》和 2010 年《农业部、中国农业银行关于支持农业产业化龙头企业发展的意见》皆由农业部牵头联合涉农金融机构制定，基于"应对国际金融危机"这一共同背景向龙头企业提供金融支持，但在扶持重点上却前后不一。前者规定"支持的重点是地市级以上农业产业化龙头企业"，后者规定"着重支持省级以上龙头企业"，事实上造成相关金

融支持向省级以上龙头企业的倾斜,而地市级龙头企业很难获得应有的扶持。

(二)农业产业链专门规定不足,且相关低位阶立法应凸显的具体实施性规定存在明显缺失

农业产业化经营中的农业产业链问题主要在其拓展与延伸,以实现农业产前、产中、产后的全流程扶持和一体化经营,并无专门立法来规定该问题。《中华人民共和国农业法》第 13 条"鼓励和支持农民和农业生产经营组织发展生产、加工、销售一体化经营"之规定确立了"一体化经营"原则。2012 年《国务院关于支持农业产业化龙头企业发展的意见》在"(一)总体思路"中规定:要"不断拓展产业链条";在"(三)主要目标"中规定:要"加强产业链建设,构建一批科技水平高、生产加工能力强、上中下游相互承接的优势产业体系";在"(八)统筹协调发展农产品加工"中规定:"鼓励龙头企业合理发展农产品精深加工,延长产业链条,提高产品附加值";在"(九)发展农业循环经济"中规定:"加大畜禽粪便集中资源化力度,发挥龙头企业在构建循环经济产业链中的作用"。该意见事实上提出了以发展龙头企业为依托,从农产品精深加工、农业循环经济两个方面入手解决农业产业链问题的基本方向。

"一个法律规范的创造通常就是调整该规范的创造的那个高级规范的适用,而一个高级规范的适用通常就是由该高级规范决定的一个低级规范的创造。"①就作为高级规范的高位阶立法应凸显之原则性规定与规范创造而言,前述 2 件立法已然初步达致目标。然涉及农业产业链问题的 6 件部门规章之低级规范创造却难以显现其应存之高级规范适用,且《规章制定程序条例》第 7 条明确规定"规章条文内容应当明确、具体,具有可操作性",涉及农业产业链问题的 6 件部门规章之条文内容却难称符合该要求。

1. 条文内容抽象化、口号化

2013 年《国家农业产业化示范基地认定管理办法》在第 2 条规定:国家农业产业化示范基地要注重"拓展产业链条"。

---

① ［奥］凯尔森:《法与国家的一般理论》,沈宗灵译,中国大百科全书出版社 1996 年版,第 150 页。

2000 年《关于扶持农业产业化经营重点龙头企业的意见》在"一、扶持重点龙头企业是推进农业和农村经济结构战略性调整的需要"中规定：农业产业化经营"可以延长农业产业链"。

2006 年《农业部关于鼓励和引导农业产业化龙头企业参与新农村建设的意见》在"二、龙头企业参与新农村建设的总体思路和原则"中规定：龙头企业要"不断拓展产业链"。

2006 年《农业部 国家发展和改革委员会 财政部 商务部 中国人民银行 国家税务总局 中国证券监督管理委员会 中华全国供销合作总社关于加快发展农业产业化经营的意见》在"（二）'十一五'时期农业产业化发展的主要目标"中，将农产品"产业链条明显延长"规定为目标之一。

2009 年《农业部、中国农业发展银行关于进一步加强合作支持农业产业化龙头企业发展的意见》在"一、充分认识进一步加强金融支持农业产业化龙头企业的重要意义"中规定：支持农业产业化龙头企业发展"有利于促进龙头企业延伸产业链"。

2010 年《农业部、中国农业银行关于支持农业产业化龙头企业发展的意见》在"一、提高认识，加大对农业产业化龙头企业的金融支持"中规定：加强农业产业化部门与农业银行双方合作"有利于延伸产业链"。

这些规定具有浓厚的抽象化、口号化色彩，堪称对前述 2 件高位阶立法相关规定的简单重述，甚至未达到 2012 年《国务院关于支持农业产业化龙头企业发展的意见》所列基本方向这样的明确化、具体化水平。要注重"拓展"、"可以延长"、要"不断拓展"、"明显延长"、"有利于延伸"，可怎样"拓展、延长"？ 何为"明显"？ 如何才能"有利于"？

2. 条文内容可操作性差

2013 年《国家农业产业化示范基地认定管理办法》在第 9 条第 5 项规定：申报国家农业产业化示范基地还应具备"产业链条完整，加工转化增值能力较强"条件，并就该条件予以了阐释："有与园区相配套的高标准原料基地，生产、加工、销售一体化经营程度比较高，仓储、包装、运输等产业配套发展。农产品加工转化比重大，产品附加值高，园区农产品加工业产值与原料采购额之比超过 2：1。科技创新能力较强。"

2006 年《农业部 国家发展和改革委员会 财政部 商务部 中国人民银

行 国家税务总局 中国证券监督管理委员会 中华全国供销合作总社关于加快发展农业产业化经营的意见》在"（五）培育龙头企业和企业集群示范基地"中规定："依托农产品专业化、规模化生产区域，大力发展农产品精深加工，延长产业链条，提高农产品附加值和综合效益。"

这些规定列出了"产业链条完整"的标准和"延长产业链条"的方法而表面上看较为具体，但实际可操作性却大有问题。"高标准""比较高""比重大""附加值高""较强""大力发展"这样的表述何以具体操作？为什么不将之皆如"2∶1"这样明晰化呢？此外，这些规定与2012年《国务院关于支持农业产业化龙头企业发展的意见》所列解决农业产业链问题的两个基本方向也未实现配套化，特别是"农业循环经济产业链"方向甚至没有涉及。当然该问题主要系新旧法规定时间先后所致，但新法相对突兀的开创性规定是否也与立法者惯性的阶段化、碎片化思维有关呢？无论如何，上述处于立法最低位阶之部门规章的规定都如此模糊，则《规章制定程序条例》所要求的条文内容明确化与具体化又该借何立法位阶之规定来实现？

（三）　多元产业利益联结格局规定较全面，但整体性不足、增加了适用难度

《中华人民共和国农业法》第13条"形成收益共享、风险共担的利益共同体"之规定确立了"市场化经营"原则下的利益联结导向。2012年《国务院关于支持农业产业化龙头企业发展的意见》在"基本原则"中规定："坚持机制创新，大力发展龙头企业联结农民专业合作社、带动农户的组织模式，与农户建立紧密型利益联结机制"；在"七、完善利益联结机制，带动农户增收致富"中规定："（十八）大力发展订单农业"、"（十九）引导龙头企业与合作组织有效对接"、"（二十）开展社会化服务"、"（二十一）强化社会责任意识"。该意见事实上将龙头企业、农民专业合作社和农户确立为利益联结机制的三方主体，以农户增收致富为利益联结机制的最终目的，依循紧密型市场化经营的基本维度从四个方面明确了利益联结机制的具体内容。

就高位阶立法应凸显的原则性规定而言，这2件立法已然达致目标，且实现了从法律位阶之基本原则到行政法规位阶之基本事项的逐级具体化。低位阶的地方性法规与部门规章仅需在2件高位阶立法指引下，依循《规章制定程序条例》规定之"可操作性"要求，完成进一步的"明确、具体"规定

即可。然而涉及利益联结问题的 1 件地方性法规、4 件"办法"式部门规章、4 件"意见"式部门规章之条文内容却难称符合该要求。

1. 利益联结机制基本事项类规定存在的问题

2007 年《湖南省人民代表大会常务委员会关于加快发展农业产业化经营的决定》在"四、培育壮大农业产业化龙头企业"中规定:"龙头企业要不断密切与农户的利益联结关系,把发展农村经济和带动农民增收作为企业发展的重要任务。"

2002 年《农业产业化专项资金项目管理暂行办法》在第 6 条第 2 项规定:龙头企业和所申报的农业产业化项目应符合"与农民之间形成紧密的利益联结机制"条件。

2010 年《国家农业综合开发资金和项目管理办法》第 37 条规定:产业化经营项目申报条件包括"与农户建立了紧密、合理的利益联结机制。"

这些规定皆是一种有关利益联结机制主体与目的之基本事项类规定,仍停留于 2012 年《国务院关于支持农业产业化龙头企业发展的意见》表征的行政法规式"可操作性"层面。

2. 利益联结方式规定存在的问题

2010 年《农业产业化国家重点龙头企业认定和运行监测管理办法》在第 2 条界定的"国家重点龙头企业"定义中规定:"通过合同、合作、股份合作等利益联结方式直接与农户紧密联系";在第 5 条"申报条件"的"企业带动能力"项规定:"通过建立合同、合作、股份合作等利益联结方式带动农户的数量一般应达到:东部地区 4000 户以上,中部地区 3500 户以上,西部地区 1500 户以上";在第 7 条"申报材料"中规定:"企业的带动能力和利益联结关系情况须由县以上农经部门提供说明。应将企业带动农户情况进行公示,接受社会监督"。

2011 年《供销合作社农业产业化重点龙头企业认定和运行监测管理办法》在第 2 条界定的"供销合作社农业产业化重点龙头企业"定义中规定:"通过合同、合作、股份合作等利益联结方式直接与农户紧密联系";在第 5 条"申报条件"的"企业带动能力"项规定:"通过建立合同、合作、股份合作等利益联结方式带动农户的数量一般应达到 2000 户以上"。

1998 年《全国农业产业化综合改革试点指导意见》在"(七)建立、健全农业产业化组织中各经济主体的利益联结机制"中规定:"要通过股份制、股份合作制以及其他资产组织形式,组建'龙头'企业、农户和合作经济组织参加的符合各方基本权益、并受到法律保护的经济利益共同体。要积极探索'龙头'企业对农产品收购实行保护价、建立农业产业化风险基金、按农户出售农产品数量返还利润等方式,形成相对完善的有效的利益联结机制。"

2000年《关于扶持农业产业化经营重点龙头企业的意见》在"二、扶持重点龙头企业的标准"中规定:予以重点扶持的龙头企业应具备的"带动能力强"条件中要求"生产、加工、销售各环节利益联结机制健全,能带动较多农户"。

2006年《农业部关于鼓励和引导农业产业化龙头企业参与新农村建设的意见》在"(二)完善利益机制"中规定:"龙头企业和农户可以因地制宜地选择不同的利益联结方式,通过长期合作,形成相对稳定的购销关系;有条件的龙头企业,还可以确定最低收购保护价,或将部分加工、销售环节的利润返还给农户。在自愿互利的前提下,龙头企业与农户也可以通过股份制、股份合作制等形式,在产权上结成更紧密的利益共同体。"

2006年《农业部 国家发展和改革委员会 财政部 商务部 中国人民银行 国家税务总局 中国证券监督管理委员会 中华全国供销合作总社关于加快发展农业产业化经营的意见》在"(三)发展农业产业化经营要遵循的基本原则"中规定:"建立和完善利益联结机制,要尊重各方意愿,鼓励多样性,不搞'一刀切'";在"(四)完善农业产业化经营机制"中规定:"引导农民以土地承包经营权、资金、技术、劳动力等生产要素入股,实行多种形式的联合与合作,与龙头企业结成利益共享、风险共担的利益共同体"。

这些规定明确了利益联结方式带动农户的具体数量,并将合同、合作、股份、股份合作确定为主要利益联结方式,将龙头企业保护价收购农产品、建立农业产业化风险基金、按农户出售农产品数量返还利润等确定为多样化辅助利益联结方式。如此规定虽在"可操作性"层面进一步细化了"物质化有形利益联结"方式,然与2012年《国务院关于支持农业产业化龙头企业发展的意见》规定之利益联结机制的"开展社会化服务"与"强化社会责任意识"所提出的"服务化无形利益联结"方式并未实现有序对接,有各说各话之嫌。虽然造成上述问题的主要原因在于不同位阶新旧法自身的协调性,即相关低位阶地方性法规与部门规章颁行在前而高位阶行政法规却制定于后。然制定于后的高位阶行政法规未完成相关旧法规定的整体性立法清理却是不争的事实,事实上延续着的立法抵触当然地增加了相关规定的适用难度。

第三节　我国农业产业化立法的完善途径

一、充实农业产业化立法的农民参与规范以平衡立法的作用对象

欲平衡我国农业产业化立法的作用对象,弥补其在立法价值方面存在的不足,应以完备的农民参与规范为依托而实现相关当事人之间的互通互联。

（一）出台有关农民参与农业产业化经营问题的专门立法

实现相关立法就农民参与农业产业化经营问题之零散规定的系统化,是"农民作为参与者实现'可'参与的先决条件"①,可出台有关农民参与农业产业化经营问题的专门立法。该立法重在落实《中华人民共和国农业法》第13条之"形成收益共享、风险共担的利益共同体"规定,进而改变传统的政府"支持(扶持)、鼓励、引导与管理"下农民消极被动参与模式,以推动实现农民积极主动参与农业产业化经营。

（二）构建农业产业化经营利益共同体

共同体理论强调共同体成员之间、共同体与其成员之间的相互交往与配合,而农业产业化经营法律关系是各种自治关系、管理关系和协作关系的总和,两者具有天然的合目的性与共融性。各类农业产业化经营当事人在农业产业化经营活动中形成的"收益共享、风险共担"之利益共同体就是共同体理论与农业产业化经营法律关系实现结合的产物。基于此,在农业产业化立法的指引下构建农业产业化经营利益共同体,有助于更好地将农业产业化经营法律关系的主体和内容付诸实践。应从三个方面来构建农业产业化经营利益共同体。

---

① 赵谦:《专业合作社法实施中的农民参与困境及校正:以重庆为例》,《法学》2012年第3期。

1.在专门立法中明晰各类农业产业化经营当事人参与"收益共享、风险共担"的基准资格要件。通过农业产业化经营利益共同体成员的稳定化、具体化,可促成农业产业化经营法律关系各方主体的准确定位并导向有机团结。

2.在专门立法中明晰各类农业产业化经营当事人参与"收益共享、风险共担"应享有的权利、权力和应承担的义务、责任。通过农业产业化经营利益共同体成员之间依法相互交往与配合,可推动农业产业化经营法律关系各方主体更为积极主动地实现其相应权利、义务或权力、责任,进而促成农业产业化经营法律关系的静态构成要件更好地转换为农业产业化经营活动动态现实。

3.在专门立法中明晰农民积极参与农业产业化经营的具体评判标准和保障措施。通过设定"积极参与"的具体评判标准,就前述 2004 年《中央财政支持农业产业化资金管理暂行办法》第 6 条第 2 项之规定予以补正,让类似的资格条件落到实处;通过设定"积极参与"的具体保障措施,在约束其他共同体成员特别是享有权力、承担责任的农业产业化经营当事人的同时,也在事实上保障并扩张了农民的参与空间。

二、清理农业产业化立法以实现立法的规范性转向

欲实现我国农业产业化立法的规范性转向,弥补其在立法体制方面存在的不足,应以专项清理为基本手段。

既可在形式上逐步修改超出法定范畴的"意见、通知、批复"等立法名称,也可在实质上逐步修改采政策性名称、简单结构之各类规范性文件的内容,将其整合为"条例、规定、办法"式、采"条、款、项"等复杂结构的规范性法律文件。应以前种形式清理为第一选择,若通过该方式仍不能实现对相关农业产业化经营活动的规范化指引,则采取后种实质清理完成彻底的规范重构。此外,专项清理政策性农业产业化立法也并非否定其正面效应,而是否定存在于这些政策性"软法"中的"非理性"。① 通过政策性农业产业

---

① 罗豪才、宋功德:《认真对待软法——公域软法的一般理论及其中国实践》,《中国法学》2006 年第 2 期。

化立法的形式意义、实质意义规范性转向,既保留其指向明确、时效迅捷等固有优点,同时又强化其权威性、持续性与严肃性。

三、编纂农业产业化立法以实现立法的系统化

欲实现我国农业产业化立法的系统化,弥补其在立法内容方面存在的不足,应以"法的编纂"为基本手段。"法的编纂"是实现立法系统化的基础,科学的"法的编纂"也是实现立法系统化的重要方法。

(一) 编纂《农业产业化龙头企业条例》

在产业化龙头企业规定上存在的问题,可在整合相关立法规定的基础上,通过编纂《农业产业化龙头企业条例》的形式来补正。其一,将 2012 年《国务院关于支持农业产业化龙头企业发展的意见》的 27 条规定整合为该条例的总则部分,就立法目的、农业产业化龙头企业的法定内涵、立法原则、主管部门职责与分工等予以明确规定。其二,将 2010 年《农业产业化国家重点龙头企业认定和运行监测管理办法》和 2011 年《供销合作社农业产业化重点龙头企业认定和运行监测管理办法》的相关规定整合为该条例的农业产业化龙头企业认定、管理专章。其三,将 2000 年《关于扶持农业产业化经营重点龙头企业的意见》、2006 年《农业部关于鼓励和引导农业产业化龙头企业参与新农村建设的意见》、2009 年《农业部、中国农业发展银行关于进一步加强合作支持农业产业化龙头企业发展的意见》、2010 年《农业部、中国农业银行关于支持农业产业化龙头企业发展的意见》的相关规定整合为该条例的农业产业化龙头企业扶持措施专章。其四,将各相关立法的管理与监督规定整合为法律责任专章。其五,立法体例明确后,则依循法的渊源的协调、法律体系协调和法的内部结构的协调①之基本要求,完成具体法律规范设计,实现前述示例之"申报条件""扶持重点"等立法抵触规范的弥合。

(二) 编纂《农业产业链认定管理办法》

在农业产业链规定上存在的问题,可参照 2013 年《国家农业产业化示范基地认定管理办法》的立法体例,编纂《农业产业链认定管理办法》。其

---

① 参见万其刚:《立法理念与实践》,北京大学出版社 2006 年版,第 191—195 页。

一,该办法应以推动建设农产品精深加工产业链、农业循环经济产业链为基本目的,从主管部门职责与分工到两类产业链申报与认定、扶持措施、管理与监督皆设专章,予以明确、具体、可操作性的规定,尽量避免"不断拓展""明显延长""有利于延伸"和"高标准""比较高""比重大""附加值高""较强""大力发展"等模糊化立法语言表述。其二,在推动建设已有立法未予规定的农业循环经济产业链方面,既要落实2012年《国务院关于支持农业产业化龙头企业发展的意见》中的相关规定,也要细化《中华人民共和国循环经济促进法》第24、34条之发展农业循环经济的原则性规定,该办法可从开发利用畜禽粪便等生物质能源的角度来设定推动建设农业循环经济产业链的具体途径。

（三）编纂《农业产业化利益联结条例》

在多元产业利益联结格局规定上存在的问题,可与前述出台有关农民参与农业产业化经营问题的专门立法相结合,编纂《农业产业化利益联结条例》。其一,将《中华人民共和国农业法》第13条"形成收益共享、风险共担的利益共同体"之规定、2012年《国务院关于支持农业产业化龙头企业发展的意见》"七、完善利益联结机制,带动农户增收致富"的4条规定和2007年《湖南省人民代表大会常务委员会关于加快发展农业产业化经营的决定》、2002年《农业产业化专项资金项目管理暂行办法》、2010年《国家农业综合开发资金和项目管理办法》的相关规定整合为该条例的总则部分,就立法目的、农业产业化利益联结的法定内涵、农业产业化利益联结的主体（农业产业化经营当事人）、立法原则、主管部门职责与分工等予以明确规定。其二,将其他相关立法的利益联结方式规定和2012年《国务院关于支持农业产业化龙头企业发展的意见》规定之利益联结机制的四个方面具体内容整合为利益联结方式专章,一方面系统梳理既有的"物质化有形利益联结"方式,另一方面就未予细化规定的"服务化无形利益联结"方式予以补正。其三,结合前述农业产业化经营利益共同体的构建途径,设定农业产业化利益联结申报与认定专章,而列明各主体参与利益联结的基准资格要件、具体评判标准,设定农业产业化利益联结管理与监督专章而列明各主体在利益联结中的权利与义务、权力与责任和具体保障措施。

第九章　反哺农业立法实施中的
农民参与困境及校正

—— 以专业合作社法在重庆市的实施状况为例

以《中华人民共和国农民专业合作社法》在重庆市的实施状况为例来研究我国反哺农业立法实施中的农民参与困境及校正问题,需从理论和现实两个层面来分析以下问题:农民的参与对专业合作社真的如此重要? 难道专业合作社不可以从上到下地单向度推进而收获公权力行使者想要的实效? 究竟是什么因素造成了《中华人民共和国农民专业合作社法》实施中的农民参与困境? 可基于对农民参与是专业合作社应有之义的共同体解读和对重庆市农民参与专业合作社现状的实证分析,来探寻校正农民参与困境的有效途径。

第一节　农民参与是专业合作社的应有之义

2007 年 7 月 1 日起施行的《中华人民共和国农民专业合作社法》第 2 条将专业合作社界定为:在农村家庭承包经营基础上,同类农产品的生产经营者或者同类农业生产经营服务的提供者、利用者,自愿联合、民主管理的互助性经济组织。"互助性经济组织"属性决定了农民参与是专业合作社的应有之义,进而可将农民参与专业合作社界定为农民通过各种合法方式参加专业合作社组织,并影响其运营全过程,以满足自身经济利益需求的行为。

一、"互助性"决定专业合作社需要农民参与

"互助性"一词应溯源至社会学中的共同体理论。人作为一种对自己行为存续自觉,不能孤独生活而必须和同类始终一起在社会中生活的实体,其存在的基本方式就是共同体。共同体是拥有某种共同价值、规范和目标的实体,没有共同体生活的社会不是一个良好的社会。"共同体意味着一种开放的共同意识。它不仅是指相对于外部而言的内部利益,相对于整体而言的部分利益,也指更加普遍和广泛意义上的连带感和相互扶助意识,以及支撑这些意识的、包含公开性的公共性。"①互助性可谓各类共同体的基本属性。

专业合作社作为一种由同类农产品的生产经营者或同类农业生产经营服务的提供者、利用者组成的共同体,其互助性体现在合作社成员之间和合作社与其成员之间两个方面。其一,就合作社成员之间的互助性而言。同类农产品的生产经营者或同类农业生产经营服务的提供者、利用者在相互交往时要实现协作互助、和睦相处。成员间基于自愿为了合作社共同经济利益以及在共同利益前提下个人经济利益最大化而实行互助,并不是基于国家强制力以外在法律规范予以强制推行。其二,就合作社与其成员之间的互助性而言。合作社共同体要求每一个共同体成员在维护和推进共同经济利益方面发挥积极作用,每个成员以参与合作社共同体生活为最大乐事,并积极担当起维护共同经济利益的事务。

互助性决定了构建专业合作社共同体的道德准则。应通过一系列的调和渗透到共同体的制度结构中,使各共同体成员不至于因职能分工等因素而加深歧见,最终使其彼此达成某种妥协而积极参与维护共同经济效益的事务。鲍曼曾对共同体的互助性做出了最精辟的阐释:"在共同体中,我们能够互相依靠对方。如果我们跌倒了,其他人会帮助我们重新站立起来。没有人会取笑我们,也没有人会嘲笑我们的笨拙并幸灾乐祸。如果我们犯了错误,我们可以坦白、解释和道歉,若有必要的话,还可以忏悔;人们会满怀同情地倾听,并且原谅我们,这样就没有人会永远记恨在心。在我们悲伤

---

① ［日］小浜正子:《近代上海的公共性与国家》,葛涛译,上海古籍出版社 2003 年版,第 5 页。

失意的时候,总会有人紧紧地握住我们的手。当我们陷入困境而且确实需要帮助的时候,人们在决定帮助我们摆脱困境之前,并不会要求我们用东西来作抵押;除了问我们有什么需要,他们并不会问我们何时、如何来报答他们。"①故共同体的互助性决定了共同体成员参与共同体的必要性。在专业合作社共同体中,需要通过一系列的措施激发农民的主体意识和权利意识,使其能真正地接受专业合作社,促使其主动全面地介入专业合作社事务。

二、"经济组织"决定农民需要参与专业合作社

20 世纪 70 年代以来,夜警国家和全能国家两种国家管理模式逐渐显现出管理失灵的征兆。"西方国家进行了一场旨在推行绩效管理、强调顾客至上与服务意识、在政府管理中引进竞争与市场机制的政府改革运动。"②这场变革使得重在实现管理主体多元化的公共管理模式和主张开放的公共管理与广泛的公众参与相结合的公共治理模式应运而生。③ 要实现公共治理,仅依靠公民个体是很难在"国家—控制"范式下完成多元化权威构建的,则需要公民个体的集合——组织化的公民或非政府公共组织来共同完成。"非政府公共组织的大量产生及其对社会公共事务的有效治理,成为现代公共行政发展的标志之一。"④专业合作社就是农民在经济领域实现利益表达与满足的有效组织形式。

专业合作社是一种以其成员为主要服务对象,提供农业生产资料的购买,农产品的销售、加工、运输、贮藏以及与农业生产经营有关的技术、信息等服务的经济组织。其建立在社会分工和个人异质性的基础上,基于成员不同的能力、需求实行差异分工,通过交换的服务而保证各类需求的满足。通过这种组织形式,每个人都因职能分工的不同而发挥着不同于他人的独特能力。每个成员都意识到自己是一个单独的个体,必须依赖他人,这就造

---

① [英]齐格蒙特·鲍曼:《共同体》,欧阳景根译,江苏人民出版社 2003 年版,第 3 页。
② 蔡立辉:《公共管理范式:反思与批评》,《政治学研究》2002 年第 3 期。
③ 参见罗豪才、宋功德:《软法亦法——公共治理呼呼软法之治》,法律出版社 2009 年版,第 35 页。
④ 石佑启:《论公共行政与行政法学范式转换》,北京大学出版社 2003 年版,第 8 页。

成人们彼此的相互依赖感、团结感和自己与组织的联系感。[1] 合作社成员的各类需求基于自身属性可分为两类：其一，社会性决定了其对合作和社交的需求，合作使其得以实现相互援助，社交使其得以组成社会或社会集团，这样的需求更多地体现为对合作社共同经济利益的维护和推进；其二，个体性决定了其对分工和公平的需求，分工使其得以实现各司其职、各尽其力，公平使其在相互交往的生活中保有某种彼此平等的个体自由，这样的需求更多地体现为在合作社共同经济利益前提下对个人最大化经济利益的满足。

故而面对这样一种既能满足共同经济利益需求又能实现个人经济利益最大化的经济组织——专业合作社，农民还有什么理由不参与呢？ 每个成员都能在参与中贡献出自己的能力来满足他人的需求，并由此从他人手中获取基于参与所提供服务的不同报酬。当然也能实现对同类农产品的有效生产经营和对同类农业生产经营服务的有效提供、利用。进而通过参与让农民切实感受到专业合作社带来的经济效益，积极促成"农民合作社是工业反哺农业的组织依托"[2]在实践中的客观性、针对性和可行性，为反哺农业的具体实施和成功运营提供必备的组织化要件。

第二节 基于重庆市农民参与专业合作社现状的实证分析

前文所述的两个方面皆为应然理想状态，实然状态下的专业合作社真正实现了农民的有效参与吗？ 专业合作社这样的"互助性经济组织"真正摆脱了"从上到下"的公权力掣肘，真正消除了组织成员基于最大化逐利需求背离相互依赖感、团结感而"损他利己"、"损公肥私"？ 农民真的希望通过专业合作社实现其经济利益需求，而不是成为"我们'替农民作主'的单方面的臆想"[3]？ 参与不应是被参与者为了"参与的需要"而对参与者的

---

[1] 参见［法］埃米尔·涂尔干：《社会分工论》，渠东译，生活·读书·新知三联书店2000年版，第89—92页。

[2] 张邦辉：《工业反哺农业与农民合作社立法》，《现代法学》2010年第2期。

[3] 孙宪忠：《让事实告诉我们农民的要求是什么》，《中外法学》2005年第3期。

"恩赐",参与者有效参与的实现更应取决于参与者一方的实然现实,参与者的参与能力、参与积极性和参与空间也往往决定了应然参与规范的实现程度。有必要通过调研对农民参与专业合作社的现状进行实证分析,从而获取第一手真实的相关信息,方能就专业合作社达致其"互助性经济组织"属性而更好地满足农民经济利益需求予以客观的现实指引。

为了分析农民参与专业合作社的现状,本书从重庆市选取了 18 个区(县)作为抽样调研区域,选取了重庆市北碚区静观镇 14 个行政村作为全样本调研区域。抽样调研区域包括:"主城区"3 个区(渝北区、北碚区、南岸区);"一小时经济圈"7 个区(县)(合川区、长寿区、綦江区、大足区、潼南县、铜梁县、荣昌县);"渝东北翼"5 个区(县)(万州区、梁平县、巫溪县、云阳县、奉节县);"渝东南翼"3 个区(县)(黔江区、秀山县、武隆县)。

相关资料来自 2011 年 7—8 月组织西南大学法学院 2009 级、2010 级 24 名法学专业本科生对样本地区所做的访谈式问卷调查。该调查以户为单位,共发放问卷 1245 份,收回有效问卷 886 份,回收率为 71.16%。其中抽样调研有效问卷 754 份,全样本调研有效问卷 132 份。被访者中男性 524 名占 59.14%,女性 362 名占 40.86%;30 岁以下 124 名占 13.99%、30—60 岁 612 名占 69.07%、60 岁以上 150 名占 16.94%。69.41% 的被访者为初中及以下文化程度,21.44% 为高中、中专文化程度,大专及以上的占 9.15%。56.88% 的被访者年均收入在 1 万元以下,其中年均收入 5000 元以下的占 19.64%、5000—8000 的占 19.07%、8000—1 万的占 18.17%;21.44% 的被访者年均收入在 1 万—2 万元;14.33% 的被访者年均收入在 2 万—5 万元;7.35% 的被访者年均收入在 5 万元以上。67.49% 的被访者为农业人口户籍;18.06% 的被访者已转为城镇户籍仍享有农村土地承包经营权(包括林权);11.63% 的被访者已转为城镇户籍不享有农村土地承包经营权(包括林权);2.82% 的被访者为实行家庭承包经营的国有农场、林场职工。

通过人工统计,分别就农民对专业合作社的认知与评价、农民对参与专业合作社的认知、农民对理想专业合作社的期许进行比较分析,发现农民的参与能力、参与积极性和参与空间是造成农民参与专业合作社现实困境的关键因素。

一、农民对专业合作社的认知与评价

（一）对专业合作社的利弊认知与加入状况

当问及"您觉得合作社对自己发家致富有没有帮助"时，回答"有很好帮助"的有389人，约占总比43.91%；回答"有一点帮助"的有267人，约占总比30.14%；回答"没有什么帮助"的有230人，约占总比25.95%。当问及"您觉得合作社对维护自身的权益有没有帮助"时，回答"有很好帮助"的有270人，约占总比30.47%；回答"有一点帮助"的有355人，约占总比40.07%；回答"没有什么帮助"的有261人，约占总比29.46%。可见大多数农民对专业合作社持正面积极评价，认为专业合作社有助于满足个人经济利益需求及维护自身合法权益，进而为农民参与专业合作社奠定了一个较好的共同目的需求平台。

当问及"您加入合作社状况"时，回答"已加入专业合作社"的有160人，约占总比18.06%；回答"已加入提供农资采购服务的农村综合服务社"的有97人，约占总比10.95%；回答"想加入但没有人发起组织专业合作社"的有225人，约占总比25.39%；回答"想加入并打算自己发起组织专业合作社"的有133人，约占总比15.01%；回答"不管有没有专业合作社都不打算加入"的有271人，约占总比30.59%。可见农民参加专业合作社的比例偏低，纵使加上参加"准合作社"性质的"农村综合服务社"，仍未达到30%。但超出40%的农民有加入专业合作社的意愿，不过欠缺有效的组织和引导。此外，超三成的农民对专业合作社存在抵触情绪，与前述认为专业合作社"没有什么帮助"的比例大体一致。这些都是设计对专业合作社的扶持措施以调动农民参与积极性时应考虑的因素。

（二）对专业合作社相关立法的认知

当问及"您听说过下列法律法规"时，调研数据显示：近六成农民听说过专业合作社相关立法（表1）。但听说不等于理解或掌握，更毋庸说运用，应在广度和深度上进一步加强相关立法的宣传力度，扩张多元化信息获取途径。在农民听说过的相关立法中，《农民专业合作社登记管理条例》的知晓比例较《中华人民共和国农民专业合作社法》更高，说明农民对具实施性、可操作性的立法兴趣更浓。2011年3月25日才通过、颁布的《重庆市实施〈中华人民共和国农民专业合作社法〉办法》这样一部地方性法规，面世数月就有近三成的知晓比例,则进一步印证了此点。故相关立法在体例设计上应进一步凸显法律规范的实施性、可操作性。

表1 听说过的合作社相关立法(多选)

选项	2006年《中华人民共和国农民专业合作社法》	2007年《农民专业合作社登记管理条例》	2011年《重庆市实施〈中华人民共和国农民专业合作社法〉办法》	都没听说过
选择次数	259	335	265	375
占总比	29.23	37.81	29.91	42.33

注:占总比=选择次数/886(总有效问卷数)。

（三）对专业合作社主管部门的认知

当问及"您认为合作社的主管部门是什么"时,回答"民政部门"的有132人,约占总比14.89%;回答"农业部门"的有339人,约占总比38.27%;回答"工商部门"的有165人,约占总比18.62%;回答"不清楚"的有250人,约占总比28.22%。可见超六成农民对专业合作社主管部门的认知是模糊的,不清楚农业行政主管部门才是专业合作社的主管部门。究其原因,除归咎于相关知识宣传普及不足外,也与我国立法设定的以农业行政主管部门为主兼有其他部门的多头专业合作社管理模式有关。特别是为农民更多知晓的《农民专业合作社登记管理条例》明确设定工商行政部门为专业合作社的登记管理机关,则进一步误导了农民对专业合作社主管部门的理解。在立法适用过程中,应强化农业行政主管部门的主导地位,主要由其来承担对专业合作社扶持措施的落实、监督之责。

（四）对专业合作社属性的认知

当问及"您认为合作社的性质是什么"时,调研数据显示:过半数的被访者知道专业合作社作为互助性经济组织的基本属性,但就"互助性"服务对象的认知则下降近20个百分点(表2)。与"上级领导的形象工程"的13.66%选择比相联系,则反映出当前农民对专业合作社作为"从上到下"的公权力意志表征所存的合理怀疑。就专业合作社三类服务事项的认知比例大体一致,但均不足四成,与前述认为"合作社的主管部门是农业行政部门"的比例大体一致。故应从多途径加强专业合作社相关基础知识的宣传教育,同步伴随专业合作社运营效益的显现,让农民就专业合作社产生更为丰富、直观的认知,进而提升农民的参与能力和参与积极性。

表2　了解的合作社的性质(多选)

选项	互助性经济组织	以合作社成员为主要服务对象	提供农业生产资料的购买服务	提供农产品的销售、加工、运输、贮藏	提供与农业生产经营有关的技术、信息服务	上级领导的形象工程
选择次数	482	316	351	321	339	121
占总比	54.41	35.67	39.62	36.23	38.26	13.66

注:占总比=选择次数/886(总有效问卷数)。

（五）　对专业合作社组织、设立的认知

当问及"您认为哪些农民可以组织、设立合作社"时,调研数据(表3)显示:大多数农民对专业合作社组织、设立主体的认识还停留在传统合作社的认知领域,认为专业合作社的组织、设立主体就是从事传统农业生产、经营的农民。认为专业合作社的组织、设立主体还包括"从事传统手工业"、"提供农业机械作业服务"和"从事农业休闲观光业"农民的认识程度逐次降低。农机作业服务、农业休闲观光等农村新兴第三产业中的专业合作社作为未来专业合作社的一种重要发展类型,农民对它们的认知有待加强。

表3　了解的合作社的组织、设立主体(多选)

选项	生产、经营同类农产品的农民	从事传统手工业的农民	从事农业休闲观光业的农民	提供农业机械作业服务的农民
选择次数	550	365	332	356
占总比	62.08	41.19	37.47	40.18

注:占总比=选择次数/886(总有效问卷数)。

当问及"关于组织、设立合作社,您知道哪些"时,调研数据(表4)显示:对具体事项的认知分化相当明显,"入社自愿退社自由"、"成员地位平等实行民主管理"和"成员以农民为主体"这些宏观原则性事项的认知度位列前三,且皆过半数。而"应当向工商行政管理部门申请设立登记"、"办理设立登记不得收取费用"和"要求有5名以上成员"这些具体实施事项的认

知度则有明显下降。专业合作社基本知识的宣传教育,应更突出具体实施
事项而不仅仅停留在传统口号式、政策宣讲上。

表4　了解的合作社的组织、设立具体事项(多选)

选项	成员以农民为主体	要求有5名以上成员	入社自愿退社自由	成员地位平等实行民主管理	应当向工商行政管理部门申请设立登记	办理设立登记不得收取费用
选择次数	452	276	496	489	345	280
占总比	51.02	31.15	55.98	55.19	38.94	31.61

注:占总比=选择次数/886(总有效问卷数)。

(六) 对专业合作社组织机构的认知

当问及"您认为合作社的组织机构包括哪些"时,调研数据(表5)显示:
农民对"成员代表大会"和"成员大会"的认知度最高,皆过半数。对"理事
会"和"领导小组"的认知度次之,最差的是"监事会"。此点正好反映了当前
专业合作社的组织建设现状,决策、执行机构普遍建立且作用明显,但监督机
构设置相对滞后。这样容易削弱专业合作社组织机构的公开性、透明性,进
而压缩合作社成员的参与空间、影响其参与积极性。同时,"成员代表大会"和
"成员大会"的认知度最高也说明民主管理专业合作社已经深入人心,在专业合
作社的未来发展上应更多地凸显民主管理制度的落实而不再只是制度建构。

表5　了解的合作社的组织机构(多选)

选项	成员大会	成员代表大会	理事会	监事会	领导小组
选择次数	498	537	432	300	420
占总比	56.21	60.61	48.76	33.86	47.41

注:占总比=选择次数/886(总有效问卷数)。

(七) 对专业合作社成员权利、义务的认知

当问及"您认为合作社成员应享有哪些权利"时,调研数据(表6)显
示:农民对"参加成员大会,并享有表决权、选举权和被选举权"的认知度最
高,此点也与前述表4、表5有关专业合作社民主事宜的认知情况大体一
致。说明专业合作社的民主化制度建立在较高的起点上,"互助性"属性在

制度层面上得到落实。对"按照章程规定或者成员大会决议分享合作社盈余"和"利用本社提供的服务和生产经营设施"的认知也过半数,则回应了专业合作社基本宗旨所包含的服务性目的与满足经济利益需求目的。对"查阅本社的章程、成员名册、成员大会或者成员代表大会记录、理事会会议决议、监事会会议决议、财务会计报告和会计账簿"的认知度最低,说明当前专业合作社是民主性有余而公开性不足,制度性民主已然建立而事实性民主与民主保障有待加强。专业合作社的民主管理应更多地通过公开化和透明化体现出来,以扩张合作社成员的参与空间。

表6　了解的合作社成员应享有的权利(多选)

选项	参加成员大会,并享有表决权、选举权和被选举权	利用本社提供的服务和生产经营设施	按照章程规定或者成员大会决议分享合作社盈余	查阅本社的章程、成员名册、成员大会或者成员代表大会记录、理事会会议决议、监事会会议决议、财务会计报告和会计账簿
选择次数	605	527	535	420
占总比	68.28	59.48	60.38	47.41

注:占总比=选择次数/886(总有效问卷数)。

当问及"您认为合作社成员应承担哪些义务"时,调研数据(表7)显示:农民对"按照章程规定与本社进行交易"的认知度最高,说明农民对专业合作社提供的互助性服务是颇为赞同的。而后依次是"按照章程规定向本社出资"、"执行成员大会、成员代表大会和理事会的决议"皆得到过半数的认同。唯独"按照章程规定承担亏损"的认知度最低,说明农民的合同意识、风险意识还有待加强。应提升农民的参与能力,使其认识到参与专业合作社不只是分享收益还包括共担风险。

表7　了解的合作社成员应承担的义务(多选)

选项	执行成员大会、成员代表大会和理事会的决议	按照章程规定向本社出资	按照章程规定与本社进行交易	按照章程规定承担亏损
选择次数	485	494	539	379
占总比	54.74	55.76	60.84	42.78

注:占总比=选择次数/886(总有效问卷数)。

（八）对专业合作社财务管理制度的认知

当问及"关于合作社的财务管理,您知道哪些"时,调研数据(表8)显示:农民对专业合作社财务管理制度普遍认知度不高。大致两个方面原因使然:其一,财务管理知识专业性较强,农民有关知识相对贫乏难以达到认知要求,而降低了农民的参与能力;其二,专业合作社在财务管理上公开度、透明度不够,而削弱了农民参与管理、了解相关信息的积极性。就农民了解的合作社财务管理制度而言,较通俗化事项的认知度更高,如"合作社应当为每个成员设立成员账户"、"成员账户记载该成员的出资额"、"合作社可以按照章程规定或者成员大会决议从当年盈余中提取公积金"位列前三,各近半数农民知晓。而农民关于成员账户除记载出资额以外的其他事项如"与本社交易量(额)"和"公积金份额"的认知度则有所下降。即说明有关专业合作社财务管理方面的更全面化、深入化知识普及教育应予进行,从而提升农民的参与能力。

表8　了解的合作社财务管理制度(多选)

选项	合作社可以按照章程规定或者成员大会决议从当年盈余中提取公积金	合作社应当为每个成员设立成员账户	成员账户记载该成员的出资额	成员账户记载量化为该成员的公积金份额	成员账户记载该成员与本社的交易量(额)
选择次数	435	441	441	373	394
占总比	49.09	49.77	49.77	42.09	44.47

注:占总比=选择次数/886(总有效问卷数)。

（九）对发展专业合作社面临主要困难的认知

当问及"您认为当前发展合作社面临的主要困难是什么"时,回答"人心不齐难以组织"的有 184 人,约占总比 20.77%;回答"没有好的带头人"的有 215 人,约占总比 24.27%;回答"没有好的产业"的有 193 人,约占总比 21.78%;回答"政府支持力度不大"的有 130 人,约占总比 14.67%;回答"获利太少"的有 90 人,约占总比 10.16%;回答"不知道怎么组织发展合作社"的有 74 人,约占总比 8.35%。可见近半数农民将发展专业合作社面临的主要困难归结于"人"的因素。故在指导、扶持和服务专业合作社工作中,扶持带头人、以经济杠杆等形式调动广大农民的参与积极性尤为关键。但仍有近二成的农民认为政府扶持专业合作社的力度不大。一方面说明政府的相关扶持措施确实存在一定问题,如宏观性措施、政策性口号较多,而具体的实施性措施较少;另一方面也反映了政府已有的扶持措施在执行上确实存在着一定的问题,未能让更多农民感受到实效。一成多农民所认为的获利问题,确实也是专业合作社作为互助性经济组织的关键所在,获利太少而使个人最大化经济利益需求得不到满足当然会削弱农民的参与积极性。如何更有效地推动专业合作社发展以缓解获利问题,正是在设计专业合作社扶持措施时应予考量的重要因素。此外,极少数农民不知道如何组织发展专业合作社,应更多地归咎于农村科技智力发展窘境对提升农民参与能力的掣肘,基础普及型教育虽已基本完成,但实现农村"造血式"发展所必需的更高人才素质培育问题应予以解决。

二、农民对参与专业合作社的认知

（一）对担任专业合作社干部的认知

当问及"您是否愿意担任合作社的理事、监事等干部"时,回答"愿意"的有 564 人,约占总比 63.66%;回答"不愿意"的有 322 人,约占总比 36.34%。可见大多数农民愿意参与专业合作社事务并担任相应职务,已经初步具备了实现参与所必需的参与积极性。但仍有近四成农民不愿意担任专业合作社相应职务。一方面说明专业合作社在组织架构设置上的开放性存在瑕疵,没有给合作社成员提供充分的参与空间,也回应了前述表 6 所反映的专业合作社在民主管理公开性上存在的问题;另一方面说明专业合作社相应职务缺乏足够的吸引力,当然也与合作社成员个人最大化经济利益需求是否得到满足有必然的联系。如果专业合作社组织架构设置提供了足够的参与空间,且在绩效激励制度下参与专业合作社事务并担任相应职务能带来固定的薪酬福利或更多的经济利益回馈,农民就本问题回答"愿意"的岂不更多?

（二）对参与制定专业合作社章程的认知

当问及"您认为合作社章程应该由谁制定"时,回答"成员共同制定"的有 618 人,约占总比 69.75%;回答"政府统一制定"的有 268 人,约占总比

30.25%。可见大多数农民认同专业合作社应该实现自愿联合、民主管理，也回应了前述表4、表5、表6所反映的农民对专业合作社民主化的认同。但仍有超三成农民将更多的希望与期许寄托于政府，当然也是与前述表2所反映的部分农民对专业合作社属性认识不清有关。这些都可更多地归咎于部分农民主体意识的缺乏，应以积极的措施推动农民以主体意识为基础的认知能力不断提升。

（三）对选举专业合作社管理者（领导者）的认知

当问及"您认为合作社的管理者（领导者）应该如何产生"时，回答"成员民主选举"的有606人，约占总比68.39%；回答"成员内部协商"的有196人，约占总比22.13%；回答"政府指派"的有84人，约占总比9.48%。可见农民关于专业合作社管理者（领导者）的产生方式形成高度一致，90.52%的农民认为应由合作社成员来产生，最多在产生方式是选举民主还是协商民主上存在一定的分歧。当然近七成农民是赞同选举民主方式的，但也不可忽视超二成农民对协商民主方式的认同。则不妨以农民选举参与专业合作社为主，因地而制宜、因村情而制宜，兼采协商参与专业合作社的方式。但仍有极少数农民认为合作社管理者（领导者）应由政府指派，这点则可更多地归咎于部分农民权利意识的缺乏，应以积极的措施推动农民以权利意识为基础的思维能力和表达能力不断提升。

（四）对参与决定专业合作社重大问题的认知

当问及"您认为合作社的重大问题应该由谁来决定"时，回答"主要负责人作决定"的有215人，约占总比24.27%；回答"合作社理事会集体决定"的有265人，约占总比29.91%；回答"合作社成员大会决定"的有406人，约占总比45.82%。可见超七成农民是赞同民主决策的，更多是在民主决策的具体方式上存在认知差异，近半数赞同采合作社成员大会这样的直接民主方式，近三成农民赞同采合作社理事会这样的间接民主方式。但不容忽视的是，仍有超二成农民将合作社重大问题的决策权赋予主要负责人。此点也进一步印证了前面两个问题所反映的部分农民缺乏必要的主体意识和权利意识，更多地寄希望于自身以外的其他主体来帮助实现个人最大化经济利益需求。这种观念指引下的相互交往活动偏离了多元、多向的轨道，进而难以实现专业合作社的互助要义。

（五）对专业合作社成员大会表决方式的认知

当问及"您认为合作社成员大会的表决方式应该是怎样"时，回答"一人一票"的有502人，约占总比56.66%；回答"按出资额投票"的有198人，约占总比22.35%；回答"有些事项一人一票，有些事项按股投票"的有186人，约占总比20.99%。可见过半数农民还是赞同源自政治民主的传统同票同权式表决，对在经济领域中较为普遍的非同票同权式按资或按股表决则不太认同。专业合作社的"经济组织"属性并未为农民一致、深入地理解，相关知识的宣传教育应关注此点而推动"按出资额投票"和"有些事项一人一票，有些事项按股投票"这样的表决方式获得更大的适用空间。进而在专业合作社的运营过程中，能够更多地通过绩效激励方式而不是"吃大锅饭"方式来调动合作社成员的参与积极性，以实现公正与效率的兼备。

当进一步问及"您认为出资额或交易量（额）较大的成员，在成员大会是否应该享有附加表决权"时，回答"应该享有"的有474人，约占总比53.49%；回答"不应该享有"的有412人，约占总比46.51%。可见涉及市场化、绩效激励等手段应用时，农民的认知确实存在较大的冲突，而很好地回应了前一问题的答案。则在专业合作社法律规范完善过程中，涉及此类事项应尤为审慎，切不可一刀切。要根据专业合作社具体情况，因地而制宜、因成员意愿而制宜，分类设计、差别化引导。

三、农民对理想专业合作社的期许

（一）对专业合作社组织、设立的期许

当问及"您希望合作社的主要发起人是谁"时，回答"地方政府部门"的有296人，约占总比33.41%；回答"农业技术推广站"的有172人，约占总比19.41%；回答"供销社"的有85人，约占总比9.59%；回答"村委会"的有110人，约占总比12.42%；回答"农产品生产、加工、经销企业"的有88人，约占总比9.93%；回答"农产品生产、贩销大户"的有57人，约占总比6.43%；回答"普通农户"的有78人，约占总比8.81%。可见84.76%的农民对来自农民以外的合作社发起人更为信任，而将通过专业合作社实现个人最大化经济利益需求的希望更多地寄托于自身以外的其他主体。这样的答案已经不止一次出现了，或许样本区域以外农民的答案会有所不同。但这就是重庆个案所呈现的事实,当下我国农民的参与能力确实难以胜任纯自治式的专业合作社运营。在目前我国农民参与能力没有得到根本性改善的前提下,若全盘照搬西方的纯自治合作社模式必然会面临水土不服的窘境,则应寻求一种切合我国国情、农民参与能力现状的合作社模式。正如大多数农民所选择的那样,以政府为主导,兼有农业技术服务组织、村委会、商贸流通组织、相关企业、农民多方参与的"官助民办"合作社模式方更可取。应以政府为主要推动者、社会组织为重要辅助者、工商企业和农民为直接参与者,而实现农民专业合作社的多元化有效运营。

当问及"您希望加入合作社的条件是什么"时,回答"缴纳股本金"的有158人,约占总比17.83%;回答"缴纳会费"的有195人,约占总比22.01%;回答"土地入股"的有382人,约占总比43.12%;回答"技术入股"的有151人,约占总比17.04%。可见60.16%的农民对非现金加入合作社更感兴趣,特别是以土地入股的认同度最高。一方面结合前述数据"56.88%的被访者年均收入在1万元以下"说明在农民收入未得到根本性改善的前提下,多数农民会因有限的收入而悭吝于就可能性未知收益的前期现金投入。另一方面也说明了土地才是农民所能掌控的"鸡肋"式最大物质财富,其对农民至关重要但收益却往往不尽如人意,故农民当然更倾向于以土地入股而让它在可能的更有效运营中产出更高收益。但问题的关键在于土地入股的方式,科学有效的法律规范是必不可少的。

(二) 对专业合作社服务内容的期许

当问及"您希望合作社主要提供什么服务"时,回答"农产品销售"的有264人,约占总比29.79%;回答"农业生产资料供应"的有148人,约占总比16.71%;回答"农业技术"的有195人,约占总比22.01%;回答"市场信息"的有102人,约占总比11.51%;回答"资金借贷"的有100人,约占总比11.29%;回答"农产品加工"的有77人,约占总比8.69%。可见农民主要关注专业合作社提供的"农产品销售"、"农业技术"和"农业生产资料供应"相关服务,这些也正是当下亟待解决的实现农业发展所必需之基本服务事项。在设计对专业合作社的扶持措施时,可有针对性地就该类事项予以重点关注。

（三）对专业合作社盈利分配方式的期许

当问及"您希望合作社的盈利按什么方式来分配"时,回答"按与合作社的交易量(额)来分配"的有 170 人,约占总比 19.19%;回答"按股分红"的有 219 人,约占总比 24.72%;回答"平均分配给每一个成员"的有 122 人,约占总比 13.77%;回答"按与合作社的交易量(额)与按股分红相结合,以按与合作社的交易量(额)为主"的有 217 人,约占总比 24.49%;回答"按与合作社的交易量(额)与按股分红相结合,以按股分红为主"的有 158 人,约占总比 17.83%。可见改革开放 30 余年的市场经济已深入人心,让 86.23%的农民抛弃了"吃大锅饭"的分配方式,进而更多地关注如何在市场化运营中实现兼具公正与效率的分配。"按与合作社的交易量(额)与按股分红相结合,以按与合作社的交易量(额)为主或以按股分红为主"获得了超四成农民的认同,则反映出"实际付出"与"原始出资"都应成为专业合作社盈利分配时予以考虑的基本要素。

（四）对专业合作社与村集体关系的期许

当问及"您是否支持合作社骨干成员参加村干部选举"时,回答"不支持,他走了影响合作社发展"的有 266 人,约占总比 30.02%;回答"拿不准"的有 179 人,约占总比 20.21%;回答"全力支持,这会给合作社发展带来更多便利"的有 441 人,约占总比 49.77%。可见近半数的农民认同合作社积极参与村集体事务所带来的双赢、互赢效应,但仍有超三成农民对合作社积极介入村集体事务心存疑虑,担心会影响专业合作社的独立性和自身最大化经济利益需求的实现。

当问及"您对村干部到合作社兼职的看法是什么"时,回答"村干部不适合担任合作社职务"的有 200 人,约占总比 22.57%;回答"村干部在合作社兴办过程中起很大的作用,应该承担职务"的有 232 人,约占总比 26.19%;回答"村干部到合作社兼职对合作社发展有积极作用"的有 454 人,约占总比 51.24%。可见超七成农民认同村干部到合作社兼职。毕竟在农村人力智力资源相对匮乏的现状下,村干部作为当然的乡村社会传统精英,其人脉、知识等各方面都应成为专业合作社实现发展的有益资源,其进入专业合作社的积极效应当然地得到了大多数农民的认同。但仍有为数不少的农民担心村干部的介入会影响专业合作社作为互助性经济组织的独立性。

当问及"您认为合作社发展了,应该在村里起什么作用"时,回答"两者没有直接关系"的有 152 人,约占总比 17.16%;回答"合作社不应该掺和村里的事情"的有 153 人,约占总比 17.27%;回答"合作社应该为村发展做出贡献"的有 581 人,约占总比 65.57%。可见超六成的农民所持并非狭隘的小农意识和小富即安意识,朴素的共富意识甚至是村落共同体意识显露无遗。这点也契合了我国当下着力发展专业合作社的本意,以其为主要途径实现农民在经济领域中的组织化而推动农业、农村科学发展。但仍有部分农民不赞成合作社过多地参与村集体事务,此点也回应了之前两个问题的答案。这些皆反映出专业合作社与村民委员会各自的运营事项亟待明晰,需促成双方合理分工而建立两者间的良性互动机制。

第三节　校正农民参与困境的有效途径

一、提升农民的参与能力,实现农民"能"参与

参与能力是参与者实现参与的基础要件,欠缺认知能力、思维能力和表达能力的农民很难实现对专业合作社的有效参与。可通过主体意识与权利意识的培育,丰富农民的相关知识,从而实现农民对专业合作社的"能"参与。

（一）培育主体意识以提高认知能力

主体意识是形成认知能力的基础。"主体意识就是人对自身的主体地位、主体能力和主体价值的自觉意识,以及在此基础上对外部世界和人自身自觉认识和改造的意识。"①若如调研数据中"84.76%的农民希望合作社的主要发起人是农民以外的其他主体"那样,农民何以积极主动地表达自己的意见看法,又如何以共同体成员身份真正参与专业合作社呢?"农民主体意识包括农民对新农村建设重要性、长期性的感知(新农村建设感知),如何发展现代农业、成为新型农民等的基本知识(新农村建设认知),以及

_____

① 张建云:《主体意识与人的全面发展》,《中共四川省委省级机关党校学报》2002 年第 4 期。

自觉承担建设新农村义务的责任意识(新农村建设意识)。"①当然调研数据中"74.05%的农民认为合作社对自己发家致富有帮助、70.54%的农民认为合作社对维护自身的权益有帮助"即充分证明了农民基于现实利益需求已经基本具备一定的感知,但相比更深入的认知、责任意识仍有不小的差距。

要以具体法律规范指引农民积极主动地去认识、了解专业合作社主管部门、属性、组织、设立、组织机构、成员权利、成员义务、财务管理制度等相关知识,在广度和深度上加强相关政策、立法的宣讲力度。在巩固实施性、可操作性规范宣讲成效的基础上,结合农村实际不断补充新的宣讲内容,拓宽宣讲渠道,丰富农民的多元化信息获取途径。最终让更多农民清楚什么是专业合作社,为什么要发展专业合作社,谁来发展专业合作社,如何发展专业合作社。

(二)培育权利意识以提高思维能力和表达能力

权利意识是形成思维能力和表达能力的基础。唯有让农民清楚地知悉其应有权利,引导更多农民形成一定的权利意识,方能更为自觉地、积极主动地参与专业合作社。"权利意识是指人们对自我利益和自由的认知、主张和要求,以及对他人认知、主张、要求的社会评价。其中,权利认知是指人们对自己应该或实际享有的利益和自由的认识和知悉,它反映着人们权利意识的强弱;权利主张是人们对自己应该或实际享有的权利予以主动确认和维护的意识,如当自己的权利受到侵害时寻求合法途径加以维护的意识等;权利要求是指人们根据社会的发展变化,主动向社会或政府提出新的权利请求的意识,它是一种较高层次的权利意识。"②若如调研数据中"30.25%的农民认为合作社章程应由政府统一制定、9.48%的农民认为合作社的管理者(领导者)应由政府指派、24.27%的农民认为合作社的重大问题应由主要负责人作决定"那样,农民连基本的权利认知都没有,又谈何主张权利、要求权利呢? 当然调研数据中"69.41%的农民已加入或想加入

① 王钊、邓宗兵:《建设新农村条件下的农民主体意识与参与行为》,《改革》2008年第5期。
② 高鸿钧:《中国公民权利意识的演进》,载夏勇主编:《走向权利的时代:中国公民权利发展研究》,中国政法大学出版社1995年版,第5—6页。

合作社"即证明了更多农民还是形成了一定的权利认知,但在权利主张和权利要求方面上基于文化素质较低、法律知识相对欠缺或自身实践能力不足等原因而使该初步意识到的权利难以真正落实。

要以具体法律规范推动农村普及型义务教育,加强针对农村"留守"人群的专业合作社相关知识的专门培训。如受访样本中69.41%的初中及以下文化程度是难以形成有效参与专业合作社所需思维能力的。要以具体法律规范指引专业合作社设计多样化、便捷的成员意愿表达途径,推动建立合作社成员之间、合作社成员与合作社之间、合作社与村集体、基层政府之间的良性互助、互动机制。让更多农民借助专业合作社这样的平台,在与其他主体频繁的相互交往过程中及时准确地表达自己的诉求,而不断提高自身表达能力。"要让'大多数农民'从'希望通过……实现……'变成'通过……实现了……',除具体法律规范保障外还是要更多地通过参与实践不断提高参与质量,'以参与学习参与'、'以参与培育参与'而最终成为'自在而自为'的国家主权享有者和行使者。"①

二、调动农民的参与积极性,实现农民"想"参与

通过专业合作社的科学发展,让农民的经济利益需求得到真正满足,是调动农民参与积极性的最有效手段。这些都离不开各方对专业合作社切实可行的扶持,可落实并推广《重庆市实施〈中华人民共和国农民专业合作社法〉办法》所设计的扶持农民专业合作社具体措施,让农民对参与专业合作社的美好前景更有信心,从而实现农民对专业合作社的"想"参与。

（一）资金扶持措施

对专业合作社的资金扶持措施可包括以下几个方面:(1)专业合作社购买农机具,可享受国家和省级地方政府提供的农机购置补贴;(2)省级地方政府对参加农业保险的专业合作社及其成员给予保费补贴;(3)国家财政向专业合作社提供直接补助资金;(4)各级地方政府在财政预算中安排资金,支持专业合作社开展信息、新产品开发、人员培训、农产品质量安全与

---

① 赵谦:《构建中国农民参与农村土地整理制度之思考》,《中国土地科学》2011年第7期。

认证、农产品加工、农业生产基础设施建设、市场营销、技术推广、专业合作社示范社建设等服务。

（二）税费减免扶持措施

对专业合作社的税费减免措施可包括以下几个方面：(1)专业合作社开展农业机耕、排灌、病虫害防治、植物保护、农牧保险以及相关技术培训业务，家禽、牲畜、水生动物的配种和疾病防治，免征营业税；(2)专业合作社销售本社成员、农户生产的农产品免征增值税；(3)专业合作社对废弃土地依法整治和改造的，凭国土资源部门的证明文件，经省级地方税务部门审批，免征一定期限的土地使用税；(4)专业合作社向本社成员销售的农膜、种子、种苗、化肥、农药、农机，免征增值税；(5)专业合作社从事国家确定的农、林、牧、渔业项目的所得，免征或者减征企业所得税；(6)税务部门免收专业合作社税务登记工本费；(7)增值税一般纳税人从专业合作社购进的免税农产品，可按13%扣除率计算抵扣增值税进项税额；(8)专业合作社举办农产品加工企业、农资超市、农产品专营店，在超市设立经营专柜，以及以其他方式销售自产产品的，享受不低于农业龙头企业的财政税收优惠政策；(9)专业合作社直接用于农、林、牧、渔业的生产用地，免征城镇土地使用税；(10)专业合作社与本社成员签订的农业产品和农业生产资料购销合同，免征印花税；(11)专业合作社整车运输种苗和鲜活农产品，按照国家和省级地方政府有关规定享受道路通行费优惠；(12)政府所属检验检疫检测机构为专业合作社提供产品质量检验检疫检测服务，减免相关费用；(13)专业合作社从事种植、养殖以及农产品贮藏、初加工用水用电，执行农业生产用水用电价格标准。

（三）科技智力扶持措施

对专业合作社的科技智力扶持措施可包括以下几个方面：(1)定期组织对专业合作社负责人及其骨干成员进行相关产业政策、法律知识、生产技术、经营管理知识的免费培训；(2)鼓励支持农民组建、设立相关专业技术协会，并由政府有关职能部门组织提供技术指导；(3)鼓励、支持大中专毕业生和其他管理、技术人员到专业合作社工作，并享受相关政策待遇；(4)加强专业合作社信息服务网络和市场营销平台建设，及时收集、汇总、发布、更新与专业合作社有关的生产经营信息，免费为专业合作社及其成员提供信息服务;(5)农业技术推广机构、科协为专业合作社提供相应技术咨询、科普宣传服务;(6)将适合专业合作社实施的科研、开发、中试和推广项目纳入支持范围,优先支持专业合作社实施;(7)农业行政主管部门统一收集、汇总、更新和发布有关专业合作社总体规划、建设、发展和产业政策等方面的基础信息。

（四）　金融保险扶持措施

对专业合作社的金融保险扶持措施可包括以下几个方面:(1)金融机构积极采取多种形式为专业合作社提供金融服务,并在抵押担保方式、办理手续等方面给予便利,在贷款利率上给予优惠;(2)金融机构积极提供以专业合作社及其成员的房屋所有权、土地承包经营权和林权等设定抵押的贷款产品,开展农户联保贷款;(3)省级地方政府对专业合作社贷款给予财政贴息;(4)地方政府扶持的涉农政策性担保机构积极为专业合作社提供贷款担保服务,并鼓励、支持其他担保机构为专业合作社提供贷款担保服务;(5)专业合作社可在内部依法开展与生产经营活动相关的资金互助活动,有条件的专业合作社可依法组建农村资金互助社;(6)涉农金融机构将专业合作社及其成员纳入农村信用评级授信范围,符合相关条件的专业合作社可提高信用资质评级;(7)保险机构积极开发适合专业合作社特点的保险产品,为专业合作社及其成员提供保险服务,并在保险费率、办理手续等方面提供优惠和便利;(8)经营政策性农业保险业务的保险机构按有关规定,通过各种途径为专业合作社及其成员提供便利的政策性保险服务。

三、扩张农民的参与空间,实现农民"可"参与

专业合作社作为被参与者实现对参与的认同和自我修正,是农民作为参与者实现"可"参与的先决条件。不妨通过下列法律规范的完善,让专业合作社更具开放性而为农民提供更广阔的参与空间,从而实现农民对专业合作社的"可"参与。

（一）　成员资格规范

《中华人民共和国农民专业合作社法》第 14 条将专业合作社成员资格限定为具有民事行为能力的公民,在应然层面剥夺了无民事行为的农民参

与专业合作社的资格。事实上通过调研访谈发现,无民事行为能力的农民相比其他农民就专业合作社"互助性"的认同度更高。部分无民事行为能力的农民也有一定的农业生产资料和土地承包经营权,其作为农村社区中的弱者,更需要专业合作社提供的各项服务。可以借助代理理论,让他们通过委托代理人取得专业合作社成员资格,以获取专业合作社提供的各项服务。此外,《中华人民共和国农民专业合作社法》第2条列明的专业合作社组织、设立主体包括"同类农业生产经营服务的提供者、利用者"。事实上如调研数据中"62.08%的农民认为合作社的组织、设立主体就是从事传统农业生产、经营的农民"那样,农民对该规定的认知度普遍不高而在实然层面很少予以适用。为更好地推动从事传统农业以外其他产业生产、经营的农民组织、设立合作社,可修改相关法律规范就其组织、设立专业合作社予以特别规定,或进一步简化组织、设立程序,或降低成员数量门槛等。最终,让更多农民从应然层面到实然层面皆获得参与合作社的资格。

（二）成员权利规范

《中华人民共和国农民专业合作社法》第16条大致规定专业合作社成员主要享有下列权利:表决权、选举权和被选举权、民主管理权、合作社服务利用权、合作社盈余分享权、合作社资料查阅权。部分权利规定略显空泛,而削弱了其推动农民参与合作社应有的吸引力。

就表决权、选举权和被选举权而言。虽前述调研数据显示"68.28%的农民了解该项权利",然而在农村劳动力普遍流出的大背景下,身处异地的专业合作社成员会否专程返乡参加合作社大会进行表决、选举呢?可仿效选举法中的委托投票规定,增设合作社成员委托表决、选举权。

就民主管理权而言。民主往往意味着少数服从多数,而在专业合作社这样的互助性组织中,少数成员不应该只是简单的服从。可增设合作社成员异议权,在满足相关条件的前提下,少数成员也可有不服从多数决定的权利。此外,《中华人民共和国农民专业合作社法》第21条设定了具体的退社返还规范,然而未涉及成员退社时对其所拥有合作社份额的处分问题。虽然前述调研数据显示农民在合作社组织、设立具体事项上对"入社自愿退社自由"的认知度最高,然而因此点瑕疵易使"退社自由"的市场化实现大打折扣。不妨丰富退社规范的具体转让、继承条款,而更好地解决农民参与专业合作社的后顾之忧。

就合作社资料查阅权而言。前述调研数据显示农民对该项权利的认知度最低,是唯一认知度未过半数的权利,而说明"合作社民主性有余而公开性不足"。且该查阅权所包括的查阅范围和查阅方式皆显狭隘。查阅范围仅限"章程、成员名册、成员大会或者成员代表大会记录、理事会会议决议、监事会会议决议、财务会计报告和会计账簿",欠缺兜底表述同时列举也不完全,如专业合作社的财产目录就不在其列。而查阅方式仅限现场读记,复制和非现场查阅皆被排除。扩充查阅权的内涵而方便合作社成员更有效地行使又有何妨?

（三）监督规范

《中华人民共和国农民专业合作社法》第 26 条规定合作社可以设执行监事或者监事会。该或然规定即意味着合作社中的专职监督机构可设也可不设。正是基于此即使得后续第 28 条的合作社机构权力规定中并未提及监督机构,而就其权力作了模糊化处理。进而在"继后的条文中,除有连任条款、兼职、竞业禁止等规定外,几无其他表述。监督机构的会议召集与表决机制、履行监督职能的程序等在合作社法中均无体现"。[①] 前述调研数据显示监事会是农民认知度最低的专业合作社组织机构即很好地回应了此点。专业合作社监督机构的先天弱化必然造就农民能参与的专业合作社组织机构的减少,在客观上压缩了农民的参与空间,故相关监督规范亟待完善。

（四）绩效激励规范

《中华人民共和国农民专业合作社法》没有规定专业合作社干部等骨干成员的薪酬福利,容易导致农民发起组织、设立合作社,担任合作社的理事、监事等干部的积极性下降。前述调研数据显示 84.76% 的农民希望合作社的主要发起人来自农民以外,36.34% 的农民不愿意担任合作社的理事、监事等干部就很好地回应了此点。应设定专业合作社干部等骨干成员

① 吴义周:《拾遗与补缺:论〈农民专业合作社法〉的完善》,《安徽商贸职业技术学院学报》2010 年第 1 期。

绩效激励规范,以专业合作社的生产经营周期为单位确定其基本报酬,并根据任期内专业合作社的运营成效和对专业合作社未来发展的贡献情况确定浮动报酬。从而使专业合作社给农民提供的参与空间与现实经济利益相挂钩,也有助于调动农民的参与积极性。

第十章　扶持专业合作社：重庆市农民的评价与改进建议

　　《重庆市实施〈中华人民共和国农民专业合作社法〉办法》于 2011 年 7 月 1 日起施行,就重庆扶持农民专业合作社措施做出了系统规定,涉及宏观指导性扶持和微观实施性扶持两个方面。通过调研发现农民对各项措施的评价不一,在各项措施的后续改进中应力求做到:强化宏观指导重点,丰富微观实施内容;增加资金直接补贴;推进知识免费培训;扩大税费减免范围;细化保险扶持规定;落实金融贷款优惠。

一、重庆扶持农民专业合作社措施的现状及意义

　　(一) 重庆扶持农民专业合作社措施的现状

　　根据《重庆市实施〈中华人民共和国农民专业合作社法〉办法》的规定,重庆市扶持农民专业合作社措施分为宏观指导性和微观实施性两类。宏观指导性扶持措施主要通过"鼓励、支持、指导、帮助、提供服务"等非刚性表述来规定,包括 12 项内容。微观实施性扶持措施主要体现在资金扶持、科技智力扶持、税费扶持、保险扶持、金融扶持五个方面,包括 32 项内容。

　　(二) 重庆扶持农民专业合作社措施的意义

　　重庆扶持农民专业合作社措施有助于支持、引导农民专业合作社发展,规范农民专业合作社的组织和行为,维护农民专业合作社及其成员的合法权益。对在重庆市推动工业对农业的反哺、促进农民收入较快增长、推进城乡统筹协调发展、实现在西部率先建成全面小康社会的目标等具

有重要意义。

二、农民对重庆扶持农民专业合作社措施的评价

课题组从重庆市选取了 18 个区(县)作为抽样调研区域、选取了北碚区静观镇 14 个行政村作为全样本调研区域。抽样调研区域包括:"主城区"3 个区(渝北、北碚、南岸);"一小时经济圈"7 个区(县)(合川、长寿、綦江、大足、潼南、铜梁、荣昌);"渝东北翼"5 个区(县)(万州、梁平、巫溪、云阳、奉节);"渝东南翼"3 个区(县)(黔江、秀山、武隆)。于 2011 年 7—8 月对上述样本地区,按户进行了问卷调查,收回有效问卷 886 份。

(一) 农民对各类扶持措施必要性的评价

调研数据显示:22.01%的被访者认为最需要资金扶持;19.87%的被访者认为最需要宏观指导性扶持;18.85%的被访者认为最需要科技智力扶持;15.46%的被访者认为最需要税费扶持;12.75%的被访者认为最需要保险扶持;11.06%的被访者认为最需要金融扶持。

可见微观实施性扶持措施相比宏观指导性扶持措施更易获得农民的认同,超八成的农民认为更需要微观实施性扶持措施。在微观实施性扶持措施中,农民认同度最高的是资金扶持和科技智力扶持。因为资金扶持见效最快,而科技智力扶持效用更持久。

(二) 农民对宏观指导性扶持措施的评价

当问及"12 项宏观指导性扶持措施哪些最实在、合作社最需要"时,886位被访者的选择次数(参见表9)如下:领办、创办或入股合作社扶持 553次;合作社技术合作扶持 455 次;商业企业提供合作社服务、优惠扶持 412次;合作社农产品认证、商标注册扶持 398 次;合作社农业建设项目扶持391 次;合作社农产品出口扶持 353 次;合作社税收制度扶持 346 次;合作社风险补偿基金扶持 331 次;合作社农商对接、产销衔接扶持 327 次;合作社用地扶持 314 次;合作社税务事宜扶持 274 次;合作社农产品质量安全扶持 269 次。

可见在宏观指导性扶持措施中,农民认同度最高的是领办、创办或入股合作社扶持和合作社技术合作扶持,都获得了过半数农民的认同。困扰合作社发展的瓶颈性问题恰恰就在合作社的组织、设立与技术支撑上,这两个问题单靠农民自身是很难获得有效解决的,更需要政府的宏观指导性扶持。

表9　农民对宏观指导性扶持措施的评价(多选)

选项	鼓励、支持供销社、农村集体经济组织、龙头企业、基层经营性服务组织、专业大户等组织和个人领办、创办或入股合作社	鼓励、支持大专院校、科研机构或农业科技人才与合作社开展技术合作	鼓励、支持连锁超市、农产品批发市场等商业企业在市场信息、加工包装技术、储运、产品价格、摊位费收取等方面给合作社提供服务和优惠	鼓励、支持合作社申请认证无公害农产品、绿色食品、有机食品和注册名优农产品商标
选择次数	553	455	412	398
占总比	62.42	51.35	46.51	44.92
选项	优先安排或者委托具备条件的合作社实施政府投资的农业综合开发、扶贫开发、国土综合整治、中低产田改造、水土保持、农业产业化等农业建设项目	鼓励具备产品出口条件的合作社按照有关规定取得进出口经营权	指导和帮助合作社建立健全税收申报制度、申办减税或免税	鼓励、支持合作社自筹资金或利用可分配盈余等建立风险补偿基金
选择次数	391	353	346	331
占总比	44.13	39.84	39.05	37.36
选项	帮助具备条件的合作社与连锁超市、食品加工(餐饮服务)企业、高等院校及大型企业的后勤采购单位等搭建农商对接、产销衔接平台	合作社使用的设施用地及农村道路、农田水利用地,符合相关条件和程序的前提下,不纳入农用地转用范围,不占建设用地指标	在合作社办理税务登记、纳税申报、发票领购、税收优惠等事务时提供快捷、便利的服务	对合作社建立健全内部农产品质量安全控制体系给予资金、技术和设备支持
选择次数	327	314	274	269
占总比	36.91	35.44	30.93	30.36

注:占总比=选择次数/886(总有效问卷数)。

（三）农民对资金扶持措施的评价

当问及"4项资金扶持措施哪些最实在、合作社最需要"时,886位被访者的选择次数(参见表10)如下:农机购置补贴585次;农业保险保费补贴

535 次;国家财政直接补助资金 528 次;地方政府财政支持合作社预算资金 433 次。

可见在资金扶持措施中,认同度最高的是农机购置补贴,近七成的农民认为最实在、合作社最需要。此外,农业保险保费补贴和国家财政直接补助资金都获得了过半数农民的认同。基于有限的财政预算开展资金扶持,更需要突出重点、保障实效,把钱花在刀刃上。

表10 农民对资金扶持措施的评价(多选)

选项	合作社购买农机具,享受国家和重庆市农机购置补贴	地方政府对参加农业保险的合作社及其成员给予保费补贴	国家财政向农民专业合作社提供直接补助资金	地方政府在财政预算中安排资金,支持合作社开展信息、新产品开发、人员培训、农产品质量安全与认证、农产品加工、农业生产基础设施建设、市场营销、技术推广、农民专业合作社示范社建设等服务
选择次数	585	535	528	433
占总比	66.03	60.38	59.59	48.87

注:占总比=选择次数/886(总有效问卷数)。

(四) 农民对科技智力扶持措施的评价

当问及"7项科技智力扶持措施哪些最实在、合作社最需要"时,886位被访者的选择次数(参见表11)如下:定期组织相关知识免费培训558次;组建、设立相关专业技术协会488次;相关人才到合作社工作424次;免费提供相关生产经营信息服务424次;提供相关技术咨询、科普宣传服务415次;支持合作社实施相关项目383次;整合、发布合作社相关基础信息351次。

可见在科技智力扶持措施中,认同度最高的是定期组织相关知识免费培训,超六成的农民认为最实在、合作社最需要。此外,组建、设立相关专业技术协会也获得了过半数农民的认同。市场经济下针对农村、农民的科技智力扶持,应体现效率原则而结合扶持对象自身特点、融入市场目标。

表 11 农民对科技智力扶持措施的评价（多选）

选项	定期组织对合作社负责人及其骨干成员进行相关产业政策、法律知识、生产技术、经营管理知识的免费培训	鼓励支持农民组建、设立相关专业技术协会	鼓励、支持大中专毕业生和其他管理、技术人员到合作社工作，并享受相关政策待遇	加强合作社信息服务网络和市场营销平台建设，及时收集、汇总、发布、更新与合作社有关的生产经营信息，免费为合作社及其成员提供信息服务
选择次数	558	488	424	424
占总比	62.98	55.08	47.86	47.86
选项	农业技术推广机构、科协为合作社提供相应技术咨询、科普宣传服务	将适合合作社实施的科研、开发、中试和推广项目纳入支持范围，优先支持合作社实施	农业行政主管部门统一收集、汇总、更新和发布有关合作社总体规划、建设、发展和产业政策等方面的基础信息	
选择次数	415	383	351	
占总比	46.84	43.23	39.62	

注：占总比＝选择次数/886（总有效问卷数）。

（五）农民对税费扶持措施的评价

当问及"13 项税费扶持措施哪些最实在、合作社最需要"时，886 位被访者的选择次数（参见表 12）如下：合作社免征相关营业税 457 次；合作社销售农产品免征增值税 406 次；合作社免征相关土地使用税 395 次；合作社向本社成员销售相关物资免征增值税 390 次；合作社减免相关企业所得税 357 次；免收合作社税务登记工本费 332 次；从合作社购进免税农产品抵扣相关增值税 329 次；合作社销售自产产品享受相关财政税收优惠 329 次；合作社相关生产用地免征城镇土地使用税 314 次；合作社相关购销合同免征印花税 297 次；合作社相关整车运输享受道路通行费优惠 260 次；减免合作社产品质量检验检疫检测服务相关费用 259 次；合作社相关用水用电价格标准优惠 246 次。

可见在税费扶持措施中，认同度最高的是合作社免征相关营业税，过半数的农民认为最实在、合作社最需要。此外，免征增值税、免征土地使用税、减免企业所得税也获得了超四成农民的认同。税费减免政策应突出重点、狠抓落实、逐步扩大减免范围。

表 12　农民对税费扶持措施的评价（多选）

选项	合作社开展农业机耕、排灌、病虫害防治、植物保护、农牧保险以及相关技术培训业务，家禽、牲畜、水生动物的配种和疾病防治，免征营业税	合作社销售本社成员、农户生产的农产品免征增值税	合作社对废弃土地依法整治和改造的，凭国土资源部门的证明文件，经市地方税务部门审批，从使用的月份起，免征土地使用税五至十年	合作社向本社成员销售的农膜、种子、种苗、化肥、农药、农机，免征增值税	合作社从事国家确定的农、林、牧、渔业项目的所得，免征或者减征企业所得税
选择次数	457	406	395	390	357
占总比	51.58	45.82	44.58	44.02	40.29
选项	税务部门免收合作社税务登记工本费	增值税一般纳税人从合作社购进的免税农产品，可按13%扣除率计算抵扣增值税进项税额	合作社举办农产品加工企业、农资超市、农产品专营店，在超市设立经营专柜以及以其他方式销售自产产品的，享受不低于农业龙头企业的财政税收优惠政策	合作社直接用于农、林、牧、渔业的生产用地，免征城镇土地使用税	合作社与本社成员签订的农业产品和农业生产资料购销合同，免征印花税
选择次数	332	329	329	314	297
占总比	37.47	37.13	37.13	35.44	33.52
选项	合作社整车运输种苗和鲜活农产品，按照国家和重庆市有关规定享受道路通行费优惠	政府所属检验检疫检测机构为合作社提供产品质量检验检疫检测服务，减免相关费用	合作社从事种植、养殖以及农产品贮藏、初加工用水用电，执行农业生产用水用电价格标准		
选择次数	260	259	246		
占总比	29.35	29.23	27.77		

注：占总比＝选择次数/886（总有效问卷数）。

（六）农民对保险扶持措施的评价

调研数据显示：57.56%的被访者认为最需要提供适合合作社的保险产品，并给予保险费率、办理手续等方面的优惠和便利；21.56%的被访者认为保险扶持措施不实在，需要更具体的扶持措施；20.88%的被访者认为最需要为合作社及其成员提供政策性保险服务。

可见保险扶持措施最大的问题在于不够细化，以至于超二成的农民认为它不实在。过半数的农民更关心保险产品、保险费率、办理手续相关的具体实惠。应从这三个方面入手，细化保险扶持措施，并进一步推进政策性农业保险发展。

（七）农民对金融扶持措施的评价

当问及"6项金融扶持措施哪些最实在、合作社最需要"时，886位被访者的选择次数（参见表13）如下：提供多样化金融服务，并给予手续、利率等方面便利和优惠461次；提供相关房屋所有权、土地承包经营权和林权抵押贷款，农户联保贷款449次；合作社贷款地方政府财政贴息424次；提供合作社相关贷款担保服务395次；许可合作社相关资金互助活动357次；合作社相关信用资质评级服务与优惠352次。

可见在金融扶持措施中，认同度最高的是提供金融贷款优惠。过半数的农民更关心抵押担保方式、办理手续、贷款利率和贷款产品相关的具体实惠。应从这四个方面入手，引导金融机构重点落实、加大对合作社的金融支持力度。

表13　农民对金融扶持措施的评价（多选）

选项	鼓励、支持金融机构采取多种形式为合作社提供金融服务，并在抵押担保方式、办理手续等方面给予便利，在贷款利率上给予优惠	鼓励金融机构提供以合作社及其成员的房屋所有权、土地承包经营权和林权等设定抵押的贷款产品，开展农户联保贷款	地方政府对合作社贷款给予财政贴息
选择次数	461	449	424
占总比	52.03	50.68	47.86

选项	地方政府扶持的涉农政策性担保机构为合作社提供贷款担保服务,并鼓励、支持其他担保机构为合作社提供贷款担保服务	合作社可在内部依法开展与生产经营活动相关的资金互助活动,有条件的合作社可依法组建农村资金互助社	涉农金融机构将合作社及其成员纳入农村信用评级授信范围,符合相关条件的合作社可提高信用资质评级
选择次数	395	357	352
占总比	44.58	40.29	39.73

注:占总比=选择次数/886(总有效问卷数)。

三、改进重庆扶持农民专业合作社措施的建议

(一) 强化宏观指导重点,丰富微观实施内容

一是政府应该就宏观指导性扶持措施突出重点,对获得过半数认同的领办、创办或入股合作社扶持与合作社技术合作扶持着重实施。二是政府应该丰富获得超八成认同的微观实施性扶持措施,特别是进一步充实资金扶持和科技智力扶持措施。

(二) 增加资金直接补贴

一是政府投入应对获得近七成认同的农机购置补贴重点倾斜,对适合重庆丘陵山区的中小型农机适当提高补贴标准。二是政府投入也应适当兼顾农业保险保费补贴和国家财政直接补助资金。此外,在客观条件允许的前提下适当增加地方政府财政支持合作社预算资金。

(三) 推进知识免费培训

一是政府应该重点推进获得超六成认同的定期组织相关知识免费培训,结合成人教育特点以保证培训实效,可减少单次培训时间、增加培训次数,控制培训规模、实行小班授课(20—30 人)。二是政府也应该着手推动获得过半数认同的组建、设立相关专业技术协会,让相关专业技术的研制、推广、应用围绕市场目标进行,注重培养农村科技示范户、农民技术员和区县实用型人才,向通过培训考试的农民发放技术证书、选拔优秀者到高等院校研修深造。此外。在客观条件允许的前提下兼顾相关信息服务等其他科技智力扶持措施。

(四) 扩大税费减免范围

一是政府应该重点落实获得过半数认同的合作社免征相关营业税,逐

步扩大免征范围。二是政府也应该在客观条件允许的前提下进一步扩大增值税、土地使用税、企业所得税、城镇土地使用税、印花税等税费的减免范围,降低减免资格门槛、简化减免申报程序。

（五）细化保险扶持规定

一是政府应该细化相关规定,以重点引导保险机构提供适合合作社的保险产品,并给予保险费率、办理手续等方面的优惠和便利。二是政府也应该特别突出推动政策性保险机构为合作社及其成员提供政策性保险服务,扩大参保面、丰富保险品种、简化理赔程序。

（六）落实金融贷款优惠

一是政府应该引导金融机构重点落实获得过半数认同的合作社金融贷款优惠,提供更灵活的抵押担保方式、更便捷的办理手续、更多利率折扣优惠、更丰富的贷款产品。二是政府也应该在客观条件允许的前提下落实政府财政贴息、贷款担保服务、资金互助许可、信用评级服务等其他金融扶持措施。

结　语

本书分别以"反哺农业的规范内涵""反哺农业法律行为""反哺农业法律关系""反哺农业立法的价值分析""规制资金反哺的农业资金立法""规制科技反哺的农业技术立法""规制人力资本反哺的农村劳动力立法""规制产业化反哺的农业产业化立法""反哺农业立法实施中的农民参与困境及校正——以专业合作社法在重庆市的实施状况为例""扶持专业合作社：重庆市农民的评价与改进建议"共十章逐次完成对反哺农业立法问题的理论研究、规范研究与实证研究，并得出以下结论：

第一，界定反哺农业的规范内涵即是从法释义学的角度来分别厘清法律概念体系中的反哺农业和立法中的反哺农业。所谓反哺农业是指在国家产业政策指引下，依市场经济规则通过非农产业、城市对农业、农村的扶持，实现农业生产现代化、推动农村经济发展、提升农民收入水平的各项活动。其具体内容主要表现为反哺主体、反哺路径、资金反哺机制、科技反哺机制、人力资本反哺机制和产业化反哺机制六个方面。我国反哺农业立法已初具规模，相关立法就资金反哺农业、科技反哺农业、人力资本反哺农业、产业化反哺农业皆有涉及。其中科技反哺农业相关立法已形成一套相对独立的部门法体系，人力资本反哺农业相关立法则形成一套关联性的准部门法体系，资金反哺农业、产业化反哺农业相关立法尚未形成一套相对独立的部门法体系。此外，规制作为重要反哺农业当事人与反哺农业组织依托之农民专业合作社的专业合作社相关立法也已形成一套相对独立的部门法体系。

第二，探究反哺农业法律行为即是研究反哺农业法律行为的内涵与适用。反哺农业法律行为的内涵，就是反哺农业法律行为作为一个概念所反映之反哺农业法律行为的特有属性,该特有属性往往表现为定义、特征、构成三个方面。反哺农业法律行为即指根据反哺农业当事人的意愿形成的,由反哺农业相关立法所调整的,能够引起反哺农业法律关系产生、变更和消灭的各种行为。可从反哺农业法律行为的类型化与适用逻辑两个方面来厘清反哺农业法律行为的适用路径。

第三,探究反哺农业法律关系即是研究反哺农业法律关系的内涵与适用。反哺农业法律关系的内涵,就是反哺农业法律关系作为一个概念所反映之反哺农业法律关系的特有属性,该特有属性往往表现为定义、特征、构成三个方面。反哺农业法律关系即指反哺农业法律规范在规制、调整各种反哺农业法律行为过程中形成的以反哺农业当事人之间权利义务、权力责任为主要内容的各种管理关系、协作关系和自治关系的总和。可从反哺农业法律关系的价值适用、体制适用、内容适用三个方面来厘清反哺农业法律关系的适用路径。

第四,反哺农业立法的价值分析即是运用价值分析方法去透视反哺农业立法的目的性价值和道德性价值。反哺农业立法的价值目标即反哺农业立法作为一种法现象所蕴含的具体目的,包括载体目的、作用对象目的、践行领域目的。分析反哺农业立法的价值关系可在厘清价值关系要素的基础上以立法要求和价值评价为媒介而生成反哺农业立法价值主客体间的双向互动过程。反哺农业立法所蕴含的具体道德性观念与标准主要包括目标性道德性观念与标准、手段性道德性观念与标准和保障性道德性观念与标准三个方面。

第五,探究我国农业资金立法、农业技术立法、农村劳动力立法、农业产业化立法的特有属性皆应立足于法律行为、法律关系两个方面展开。相应的农业资金投入、农业技术推广、农村劳动力培养与流动、农业产业化经营法律行为即指根据相应当事人意愿形成的,由相应立法所调整的,能够引起相应法律关系产生、变更和消灭的各种行为。相应的农业资金投入、农业技术推广、农村劳动力培养与流动、农业产业化经营法律关系即指相应法律规范在规制、调整相应行为过程中形成的以相应当事人之间权利义务、权力责任为主要内容的各种管理关系、协作关系和自治关系的总和。

第六,我国农业资金立法、农业产业化立法皆在立法价值、立法体制、立法内容方面存在一定的现实问题,可分别探究其未来可能的完善途径。我国农业资金立法主要存在四个方面问题:立法蕴含的价值目标重资金投入过程管理、轻资金绩效结果评价;立法政策性有余而规范性不足;立法片面性有余而整全性不足,更多地围绕各类农业专项资金所表征的国家财政农业资金投入予以规定;立法碎片化有余而系统化不足,部分国家财政农业资金投入过程管理规定在可操作性、协调性与整体性上存在一定的问题。可从三个方面来探寻我国农业资金立法的完善途径:充实农业资金立法的资金绩效结果评价规范以平衡立法的价值目标;清理农业资金立法以实现立法的规范性转向;编纂农业资金立法以实现立法的整全性、系统化。我国农业产业化立法主要存在三个方面问题:立法蕴含的价值目标明确但作用对象相对失衡;立法政策性有余而规范性不足;立法碎片化有余而系统化不足。可从三个方面来探寻我国农业产业化立法的完善途径:充实农业产业化立法的农民参与规范以平衡立法的作用对象;清理农业产业化立法以实现立法的规范性转向;编纂农业产业化立法以实现立法的系统化。

第七,我国农业技术立法、农村劳动力立法皆已大体完备,但仍存在一些问题,可分别探究其未来可能的发展方向。我国农业技术立法主要存在两方面问题:预期法律效果设定相对模糊;其他关联性立法的系统化不足。可从两方面来探寻我国农业技术立法的发展方向:明晰农业技术推广各位阶规范性法律文件的预期法律效果设定;实现其他关联性立法的农业技术推广规定系统化。我国农村劳动力立法主要存在两方面问题:立法作用对象相对失衡;立法规范性不足。可从两方面来探寻我国农业技术立法的发展方向:充实农村劳动力立法的农民参与规范以平衡立法的作用对象;清理、编纂农村劳动力立法以实现立法的规范性转向。

第八,以《中华人民共和国农民专业合作社法》在重庆市的实施状况为例来研究我国反哺农业立法实施中的农民参与困境及校正问题,需从理论和现实两个层面来展开。可基于对农民参与是专业合作社应有之义的共同体解读和对重庆市农民参与专业合作社现状的实证分析,来探寻校正农民参与困境的有效途径。就理论层面而言,"互助性"决定专业合作社需要农民参与,"经济组织"决定农民需要参与专业合作社。就现实层面而言,通过对重庆市样本地区进行访谈式问卷调查,分别就农民对专业合作社的认知与评价、农民对参与专业合作社的认知、农民对理想专业合作社的期许进行比较分析，发现农民的参与能力、参与积极性和参与空间是造成农民参与专业合作社现实困境的关键因素。可从三个方面来探寻校正农民参与困境的有效途径：提升农民的参与能力，实现农民"能"参与；调动农民的参与积极性，实现农民"想"参与；扩张农民的参与空间，实现农民"可"参与。此外，基于农民对重庆扶持农民专业合作社措施的评价，可从六个方面提出改进重庆扶持农民专业合作社措施的政策建议：强化宏观指导重点，丰富微观实施内容；增加资金直接补贴；推进知识免费培训；扩大税费减免范围；细化保险扶持规定；落实金融贷款优惠。

上述研究结论初步完成了对"反哺农业立法问题研究——以重庆市为例"的逻辑回应与理论证成。或许本书研究所针对的问题过于宏大，选择的样本略显褊狭，进而使得该研究之典型性、示范性、普遍性有待进一步检验，但拳拳创新之心望予海涵。在今后的学习、工作中，将展开后续研究而努力使之更臻完满。一方面，对"反哺农业立法问题"展开进一步的类型化精细研究，并深入整合本书未系统关注的反哺农业法律责任问题研究；另一方面，选择新的样本立法与样本区域，继续研究我国反哺农业立法实施中的农民参与问题，并在其基础上拓展至实施中的政府责任以及社会组织参与等问题研究。

参考文献

一、著作类

[1]卞新民:《农业法(第2版)》,中国农业出版社2011年版。

[2]柏群、何淑明:《统筹城乡背景下重庆农村人力资源开发研究》,重庆大学出版社2011年版。

[3]陈晓华、农业部:《农村政策法规调查与研究2003》,中国农业出版社2004年版。

[4]陈亚平:《农业行政法》,华南理工大学出版社2006年版。

[5]陈锡文、赵阳、陈剑波、罗丹:《中国农村制度变迁60年》,人民出版社2009年版。

[6]陈晋胜:《新农村建设中的法制问题研究》,法律出版社2012年版。

[7]程志强:《农业产业化发展与农地流转制度创新的研究》,商务印书馆2012年版。

[8]曹培忠:《WTO与中国农业法律若干问题研究》,中国农业科学技术出版社2008年版。

[9]重庆市农业局:《重庆市农民专业合作社操作与实务》,中国农业出版社2008年版。

[10]崔立新:《工业反哺农业实现机制研究》,中国农业大学出版社2009年版。

[11]窦鹏辉:《中国农村青年人力资源开发研究》,中国农业出版社2005年版。

[12]丁关良:《涉农法学》,浙江大学出版社2011年版。

[13]范建刚:《我国财政支农规模优化问题研究》,中国社会科学出版社 2009 年版。

[14]郭红东、张若健:《中国农民专业合作社调查》,浙江大学出版社 2010 年版。

[15]郭红东:《中国农民专业合作社发展:理论与实证研究》,浙江大学出版社 2011 年版。

[16]胡贵忠、胡雪松、陈雯桢:《农村法律与政策理论》,西南交通大学出版社 2005 年版。

[17]胡卓红:《农民专业合作社发展实证研究》,浙江大学出版社 2009 年版。

[18]何振国:《财政支农规模与结构问题研究》,中国财政经济出版社 2005 年版。

[19]何忠伟:《中国农业政策与法规》,中国农业出版社 2009 年版。

[20]黄河:《农业法视野中的土地承包经营权流转法制保障研究》,中国政法大学出版社 2007 年版。

[21]黄河:《农业法教程》,中国政法大学出版社 2011 年版。

[22]黄雯:《西部农村女性人力资源开发研究》,经济科学出版社 2011 年版。

[23]黄胜忠:《农民专业合作社经营管理机制研究》,西南财经大学出版社 2014 年版。

[24]洪银兴:《反哺农业、农村和农民的路径和机制》,经济科学出版社 2008 年版。

[25]洪银兴、刘志彪:《三农现代化的现代途径》,经济科学出版社 2009 年版。

[26]贺雪峰:《地权的逻辑:中国农村土地制度向何处去》,中国政法大学出版社 2010 年版。

[27]贺雪峰:《新乡土中国(修订版)》,北京大学出版社 2013 年版。

[28]靳黎民:《财政补贴与反哺农业:我国农业补贴方式转变的思考》,中国财政经济出版社 2007 年版。

[29]季玉福:《农民专业合作社规范化建设》,中国农业科学技术出版

社 2012 年版。

［30］蒋俊朋：《中国财政分权体制下的地方政府财政支农支出研究》，中国农业出版社 2013 年版。

［31］柯炳生：《工业反哺农业的理论与实践研究》，人民出版社 2008 年版。

［32］匡远配：《中国财政支农资金整合问题研究》，中国经济出版社 2010 年版。

［33］林毅夫：《制度、技术与中国农业发展》，上海三联书店、上海人民出版社 1994 年版。

［34］罗剑朝：《中国农地金融制度研究》，中国农业出版社 2005 年版。

［35］刘东明、黄国雄：《农业产业化与农产品流通》，中国审计出版社 2001 年版。

［36］刘振伟、农业部：《中国农村政策法规调查与研究（2001—2002）》，中国农业出版社 2003 年版。

［37］刘家琛：《农民权益保护法律分解适用集成》，人民法院出版社 2005 年版。

［38］刘文忠：《中国农业经济立法研究》，兰州出版社 2006 年版。

［39］刘彦随：《中国新农村建设地理论》，科学出版社 2011 年版。

［40］刘雅静：《农民专业合作社的发展与创新研究》，山东大学出版社 2012 年版。

［41］刘振伟、李飞、张桃林：《农业技术推广法导读》，中国农业出版社 2013 年版。

［42］刘伯龙、唐亚林等：《从善分到善合:农民专业合作社研究》，复旦大学出版社 2013 年版。

［43］卢敏：《农业推广学》，中国农业出版社 2005 年版。

［44］陆学艺、向洪：《农民权益》，重庆大学出版社 2006 年版。

［45］李昌麒：《中国农村法治发展研究》，人民出版社 2006 年版。

［46］李昌、吴越：《农业法教程》，法律出版社 2007 年版。

［47］李春华、王合新：《农业法基本问题研究》，中国农业科学技术出版社 2008 年版。

［48］李刚、范小强:《农业政策与法规》,气象出版社 2009 年版。

［49］李泽民、张克庆:《创新财政支农体系研究》,四川人民出版社 2009 年版。

［50］李小建等:《中国中部农区发展研究》,科学出版社 2010 年版。

［51］李彬:《农业产业化组织契约风险与创新风险管理》,西南交通大学出版社 2011 年版。

［52］李旭:《农民专业合作社成长的影响因素:基于利益相关者的视角》,经济日报出版社 2013 年版。

［53］雷俊忠、饶开宇:《农业产业化经营研究》,电子科技大学出版社 2008 年版。

［54］雷玉明:《城乡统筹的经济动因:农业产业化利益机制新论》,华中科技大学出版社 2010 年版。

［55］马彦丽:《我国农民专业合作社的制度解析》,中国社会科学出版社 2007 年版。

［56］马海霞、李慧玲、杨睿:《新疆生态农业产业化发展研究》,中国经济出版社 2010 年版。

［57］马彦丽:《促进我国农民专业合作社健康发展研究》,中国社会科学出版社 2011 年版。

［58］农业部软科学委员会办公室:《农村基本经营制度与农业法制建设》,中国财政经济出版社 2010 年版。

［59］潘醒、韩海、尚凌晖:《中国"三农"政策与法制建设研究:以西北贫困地区城乡经济社会一体化发展为场景》,中国农业出版社 2014 年版。

［60］仇坤、王军辉、蔡武红:《农业产业化与金融服务创新》,中国金融出版社 2008 年版。

［61］任梅:《中国农民专业合作社的政府规制研究》,中国经济出版社 2012 年版。

［62］宋英杰、陈银春:《农业产业化经营概述》,中国社会出版社 2006 年版。

［63］宋金杰:《农村资金融通与管理》,中国农业出版社 2009 年版。

［64］宋美丽:《中国东部地区农村人力资源开发研究》,人民出版社

2013 年版。

［65］邵喜武：《多元化农业技术推广体系建设研究》，光明日报出版社
2013 年版。

［66］邵科：《农民专业合作社成员参与：内涵、特征与作用机理》，浙江
大学出版社 2014 年版。

［67］汤新华：《农业产业化龙头企业绩效评价研究》，中国农业出版社
2009 年版。

［68］滕玉成、葛荃等：《基于城乡一体化的农村人力资源发展研究》，山
东大学出版社 2010 年版。

［69］童列春：《中国农村集体经济有效实现的法理研究》，中国政法大
学出版社 2013 年版。

［70］王伟等：《农业经济法学》，安徽人民出版社 2005 年版。

［71］王越：《农业违法行为认定与处罚：农业投入品部分》，中国农业出
版社 2006 年版。

［72］王春平、赵慧峰：《经济法原理与农业法（第 2 版）》，中国农业大学
出版社 2006 年版。

［73］王胜：《区域财政支农资金配置绩效研究》，经济科学出版社 2010
年版。

［74］王姮：《农业产业化融资体系研究》，中国农业科学技术出版社
2010 年版。

［75］王军杰：《WTO 框架下农业国内支持法律制度研究》，法律出版社
2012 年版。

［76］王玉梅：《农民专业合作社之法理探究与实践》，科学出版社 2012
年版。

［77］温铁军、张林秀：《社会主义新农村的基础设施建设与管理问题研
究》，科学出版社 2011 年版。

［78］吴雨才：《中国农村人力资源开发政府行为研究》，经济科学出版
社 2012 年版。

［79］宣杏云、王春法等：《西方国家农业现代化透视》，上海远东出版社
1998 年版。

[80]许文兴:《农村人力资源开发与管理》,中国农业出版社2006年版。

[81]徐永前:《农民专业合作社法辞解》,企业管理出版社2007年版。

[82]徐森富:《现代农业技术推广》,浙江大学出版社2011年版。

[83]徐丽杰:《中国农村人力资本形成研究》,经济科学出版社2013年版。

[84]夏庆利:《中国农业市场发育与产业化》,华中科技大学出版社2009年版。

[85]新玉言:《国外城镇化:比较研究与经验启示》,国家行政学院出版社2013年版。

[86]姚洋:《土地制度和农业发展》,北京大学出版社2004年版。

[87]杨文钰:《农业产业化概论》,高等教育出版社2007年版。

[88]杨明洪:《农业产业化龙头企业:扶持理论与政策分析》,经济科学出版社2009年版。

[89]杨琦、郭树华:《农业产业化中的农业保险经营模式》,中国经济出版社2012年版。

[90]贾绍华:《送你一把金钥匙——财税对农业的反哺》,中国税务出版社2009年版。

[91]闫洪奎:《农业法规》,清华大学出版社2011年版。

[92]颜华:《农村资金互助社的发展模式、运行机制与政策选择》,中国农业出版社2013年版。

[93]于华江:《农业法》,对外经济贸易大学出版社2009年版。

[94]俞雅乖:《政府行为和制度变迁:以农业产业化经营为例》,经济科学出版社2010年版。

[95]袁泽清:《农业产业化经营利益联结关系的法律规制——以贵州为例》,法律出版社2014年版。

[96]余航:《支农惠农资金流失浪费研究:基于村庄和农户微观视角》,中国农业出版社2014年版。

[97]朱伟方:《农业法律基础》,苏州大学出版社2004年版。

[98]朱启臻:《农业社会学》,社会科学文献出版社2009年版。

［99］朱必翔、耿峰:《农村基本政策法规解读》,安徽科技出版社 2009 年版。

［100］朱晓娟:《论合作社的法律主体性》,中国民主法制出版社 2009 年版。

［101］朱四海:《工业反哺农业理论框架与应用分析》,中国农业出版社 2010 年版。

［102］张其仔、邓欣:《中国农村可持续发展研究》,广西人民出版社 1998 年版。

［103］张汉麟、傅新民、邓亦武、何松森:《美国 2002 年农业法专题研究》,经济管理出版社 2005 年版。

［104］张晓梅:《中国农村人力资源开发与利用研究》,中国农业出版社 2005 年版。

［105］张照新、陈洁、徐雪高等:《农业产业化龙头企业发展与社会责任》,经济管理出版社 2010 年版。

［106］张明林:《农业产业化进程中的产业链成长机制》,科学出版社 2010 年版。

［107］张靖会:《农民专业合作社效率研究:基于俱乐部理论视角的分析》,经济科学出版社 2013 年版。

［108］张敏、秦富等:《农业产业化发展:理论与实践》,中国农业出版社 2014 年版。

［109］赵国友:《农村人力资本投资对构建和谐社会的影响研究》,西南财经大学出版社 2009 年版。

［110］赵慧峰:《农民资金互助合作社发展现状及运行机制研究》,中国农业出版社 2012 年版。

［111］赵凯:《农民专业合作社融资机理研究》,西北农林科技大学出版社 2014 年版。

［112］周建华:《工业反哺农业机制构建问题研究》,中南大学出版社 2011 年版。

［113］周晖:《现代农业政策法规》,中国农业科学技术出版社 2011 年版。

[114]周建华、陈亚平:《农村政策与法规》,华南理工大学出版社 2012年版。

[115]郑翔、史亚军、栾志红、吴文嫔:《都市型现代农业法律制度体系研究》,北京交通大学出版社 2013 年版。

二、期刊论文类

[1]安同良、卞加振、陆国庆:《中国工业反哺农业的机制与模式:微观行为主体的视角》,《经济研究》2007 年第 7 期。

[2]蔡昉:《"工业反哺农业、城市支持农村"的经济学分析》,《中国农村经济》2006 年第 1 期。

[3]陈池波、江喜林、吕明霞:《从以农补工到反哺农业:对农业补贴短期与长期涵义的探讨》,《农业经济问题》2012 年第 12 期。

[4]丁守海:《反哺农业的新视角:促进隐蔽性失业向剩余劳动力转化》,《经济与管理研究》2005 年第 8 期。

[5]邓宏图、周立群:《工业反哺农业、城乡协调发展战略:历史与现实的视角》,《改革》2005 年第 9 期。

[6]冯海发:《反哺农业的国际经验与我国的选择》,《农村经济》1994年第 11 期。

[7]冯海发:《经济发展与反哺农业》,《学习与探索》1995 年第 6 期。

[8]范国庆:《略论工业反哺农业的长效措施》,《社会科学辑刊》2006年第 6 期。

[9]范雪涛、张贡生:《浅析工业反哺农业的政策选择》,《中国统计》2006 年第 11 期。

[10]范毅:《从"农业支持工业"到"工业反哺农业"——"两个趋向"的路径依赖之中外比较》,《中州学刊》2006 年第 3 期。

[11]樊端成:《农民就业多元化与工业反哺农业的着重点》,《农业经济》2011 年第 6 期。

[12]凡兰兴:《构建和完善工业反哺农业体系的思考:以新型工业化为视角》,《特区经济》2010 年第 11 期。

[13]凡兰兴:《流通领域反哺农业存在的问题与对策》,《江苏农业科

学》2012 年第 10 期。

［14］凡兰兴:《猪肉价格波动与我国工业反哺农业政策的反思》,《农业现代化研究》2012 年第 1 期。

［15］凡兰兴:《就业反哺:工业反哺农业的国际经验与中国的政策选择》,《世界农业》2012 年第 12 期。

［16］凡兰兴:《就业反哺:我国工业反哺农业的着重点》,《农业经济》2013 年第 1 期。

［17］凡兰兴:《少数民族地区工业反哺农业的农民满意度分析——以广西为例》,《西南民族大学学报(人文社会科学版)》2014 年第 1 期。

［18］龚辉武:《工商业主的新热门:农业综合开发——浙江义乌市以商兴农、反哺农业情况的调查》,《中国农村经济》1996 年第 8 期。

［19］郭家虎:《工业反哺农业长效机制:收入反哺向要素反哺的过渡》,《改革》2007 年第 12 期。

［20］郭家虎:《我国工业反哺农业的重点应放在权利反哺上》,《经济纵横》2008 年第 4 期。

［21］高军峰:《反哺农业背景下农业内部产业的结构性互动》,《农村经济》2013 年第 11 期。

［22］黄志冲:《论农业福利溢出效应与工业反哺农业政策》,《上海经济研究》2000 年第 11 期。

［23］黄山松:《反哺农业机制构建的制约因素及其消解》,《理论导刊》2005 年第 8 期。

［24］黄山松:《构建工业反哺农业的有效机制》,《农村经济》2006 年第 1 期。

［25］睢党臣:《工业反哺农业条件下农村公共产品供给问题研究》,《兰州大学学报》2006 年第 1 期。

［26］胡世明:《工业反哺农业、城市支持农村的社会经济分析》,《农村经济》2007 年第 2 期。

［27］洪银兴:《工业和城市反哺农业、农村的路径研究——长三角地区实践的理论思考》,《经济研究》2007 年第 8 期。

［28］洪磊:《我国"工业反哺农业"战略经济原因的思考》,《农机化研

究》2007 年第 9 期。

[29]洪银兴、郑江淮:《反哺农业的产业组织与市场组织——基于农产品价值链的分析》,《管理世界》2009 年第 5 期。

[30]韩太平、何运安:《工业反哺农业的国际经验及对中国农业政策选择的影响》,《湖北农业科学》2013 年第 12 期。

[31]贾连峰:《工业反哺农业之道》,《求是学刊》2005 年第 5 期。

[32]简新华、何志扬:《中国工业反哺农业的实现机制和路径选择》,《南京大学学报(哲学·人文科学·社会科学版)》2006 年第 5 期。

[33]姜增伟:《农超对接:反哺农业的一种好形式》,《求是》2009 年第 23 期。

[34]刘宁:《我国工业反哺农业的类型、切入点及方式分析》,《农村经济》2005 年第 12 期。

[35]刘美平:《政府统筹能力支撑下的工业错时反哺农业研究》,《当代经济研究》2007 年第 8 期。

[36]刘永胜、李广、张淑荣:《基于"工业反哺农业"背景下天津市农业产业结构现状评估》,《农业经济》2009 年第 1 期。

[37]刘艳梅:《工业反哺农业的未来战略选择》,《理论前沿》2009 年第 9 期。

[38]刘金焕:《工业反哺农业的长效机制构建》,《宏观经济管理》2013 年第 4 期。

[39]立英、刘金祥:《论我国工业反哺农业》,《经济纵横》2005 年第 8 期。

[40]罗卫国:《工业反哺农业的切入点》,《调研世界》2005 年第 12 期。

[41]李富忠、陈凯:《工业反哺农业的世界经验及启示》,《中国流通经济》2006 年第 4 期。

[42]李琦:《现阶段我国工业反哺农业的背景与挑战》,《特区经济》2006 年第 10 期。

[43]李琳:《"工业反哺农业"的内涵及实现途径》,《中共福建省委党校学报》2006 年第 10 期。

[44]李杰义:《工业反哺农业机制构建的价值基础与对策建议——基

于农业产业链的分析视角》，《价格理论与实践》2010 年第 3 期。

[45]林玉妹：《我国工业反哺农业的实现机制》，《生产力研究》2007 年第 19 期。

[46]吕民乐、安同良：《中国技术反哺农业的机制、路径与对策》，《中国科技论坛》2009 年第 2 期。

[47]马晓河、蓝海涛、黄汉权：《工业反哺农业的国际经验及我国的政策调整思路》，《管理世界》2006 年第 7 期。

[48]孟习贞：《工业反哺农业：首在消除政策"白眼"》，《中国改革》2006 年第 3 期。

[49]茆志英、李晓明：《新时期工业反哺农业的机制和政策研究》，《农业现代化研究》2007 年第 4 期。

[50]潘锦云：《论中部地区工业反哺农业的新思路》，《经济问题》2006 年第 3 期。

[51]潘雪芳、张永：《新时期工业如何反哺农业》，《人民论坛》2014 年第 14 期。

[52]皮建才：《中国工业反哺农业的政府作用机制及其福利效果》，《世界经济》2009 年第 7 期。

[53]卜爱华：《我国工业大规模反哺农业机制研究》，《改革与战略》2010 年第 11 期。

[54]钱方明：《工业反哺农业的机制与路径：基于嘉兴经验的理论分析》，《农业经济问题》2009 年第 4 期。

[55]任保平：《工业反哺农业：我国工业化中期阶段的发展战略转型及其政策取向》，《西北大学学报（哲学社会科学版）》2005 年第 4 期。

[56]任保平、钞小静：《工业反哺农业、城市带动乡村：长江三角洲地区的经验及其对西部的启示》，《西北大学学报（哲学社会科学版）》2006 年第 2 期。

[57]任保平、张如意：《工业反哺农业的区域差异与区域协调》，《中州学刊》2008 年第 6 期。

[58]孙高峰：《城乡平等发展与构建工业反哺农业机制》，《生产力研究》2005 年第 12 期。

[59]孙良斌:《工业反哺农业的实证检验——以新疆为例》,《探索》2014年第3期。

[60]宋立瑛:《现阶段我国工业反哺农业问题研究观点综述》,《经济纵横》2006年第10期。

[61]宋德勇、姚洪斌、郭涛:《工业与农业相互依存的内生增长模型——工业反哺农业的理论基础》,《经济学家》2007年第4期。

[62]尚娟、申尊焕:《工业反哺农业的国际经验及其启示》,《理论导刊》2008年第2期。

[63]邵念荣、欧晓明:《基于专业镇载体的工业反哺农业初探——以中山市黄圃镇为例》,《农业考古》2009年第6期。

[64]童潇:《工业反哺农业的"复合型"转向与欠发达农村社区的再建设——城乡一体化、统筹城乡发展与社会建设的视角》,《甘肃社会科学》2012年第2期。

[65]吴群:《反哺农业:寻求社会公平发展的有效途径》,《求是学刊》2005年第5期。

[66]吴群:《论工业反哺农业与城乡一体化发展》,《农业现代化研究》2006年第1期。

[67]吴云勇、李华:《中国工业反哺农业的"推拉效应"分析》,《农业现代化研究》2007年第1期。

[68]王兰、付俊海、周平轩:《积极构建我国工业反哺农业的公共财政体系》,《财政研究》2006年第12期。

[69]王学兴:《发达国家工业反哺农业的主要经验及启示》,《理论学刊》2007年第3期。

[70]王碧峰:《我国工业反哺农业问题讨论综述》,《经济理论与经济管理》2008年第4期。

[71]王莫寒:《工业反哺农业面临的问题及对策》,《生产力研究》2009年第8期。

[72]王永培、李逢春、蔡晓辉:《工业反哺农业的经济效应及其政策含义——一项随机前沿模型的实证研究》,《经济体制改革》2011年第4期。

[73]肖兵玲、谢庆龙:《工业反哺农业:新农村建设的快车道》,《求实》

2007 年第 2 期。

[74]尹从国:《21 世纪中国农业现代化的战略选择:工业反哺农业》,《农业现代化研究》2002 年第 2 期。

[75]于萍:《欠发达地区工业反哺农业的实施主体和对策选择》,《宁夏社会科学》2007 年第 6 期。

[76]严小龙:《境外反哺农业的经验教训与我国新农村建设》,《湖南师范大学社会科学学报》2008 年第 6 期。

[77]苑芳江:《从农业养育工业到工业反哺农业》,《中共党史研究》2014 年第 3 期。

[78]朱四海、熊本国:《工业反哺农业实现机制刍议》,《中国农村经济》2005 年第 10 期。

[79]朱玉明:《关于"工业反哺农业、城市支持农村"若干问题的探讨》,《财政研究》2005 年第 12 期。

[80]朱四海、熊本国:《工业反哺农业的经济学分析:生产角度》,《中国农村观察》2006 年第 1 期。

[81]张五钢:《工业反哺农业,城市支持农村——社会主义新农村建设的必由之路》,《河南农业科学》2007 年第 1 期。

[82]张秋:《制度反哺:我国工业反哺农业的重点》,《现代经济探讨》2009 年第 5 期。

[83]张邦辉:《工业反哺农业与农民合作社立法》,《现代法学》2010 年第 2 期。

[84]张邦辉、胡智强:《城乡统筹发展中反哺农业的社会公共政策创新:一个制度供给的视角》,《重庆大学学报(社会科学版)》2010 年第 3 期。

[85]张益丰、刘东、李月强:《工业反哺农业的组织创新及其路径选择——兼评现代化农业建设若干流行观点》,《江西财经大学学报》2010 年第 5 期。

[86]张秋:《制度反哺:工业反哺农业的国际经验及我国的路径选择》,《农村经济》2012 年第 4 期。

[87]张德化:《马克思恩格斯反哺农业思想及当代价值》,《经济问题探索》2012 年第 6 期。

[88]郑有贵:《农业养育工业政策向工业反哺农业政策的转变——"取""予"视角的"三农"政策》,《中共党史研究》2007年第1期。

[89]周立群、许清正:《"工业反哺农业"若干问题述评》,《经济学家》2007年第2期。

[90]赵德起:《工业反哺农业的政策论析》,《农业现代化研究》2007年第5期。

三、学位论文类

[1]艾勇:《工业反哺农业的财政策略研究》,硕士学位论文,西南交通大学公共管理学院,2010年。

[2]傅姗姗:《我国工业反哺农业的政策体系研究》,硕士学位论文,渤海大学政法学院,2012年。

[3]高建泉:《新疆工业反哺农业的政策取向和路径选择研究》,硕士学位论文,新疆大学经济管理学院,2010年。

[4]黄山松:《二元经济结构下工业反哺农业机制的研究》,硕士学位论文,南京航空航天大学人文与社会科学学院,2005年。

[5]胡勇:《我国工业反哺农业的现状及对策研究》,硕士学位论文,合肥工业大学管理学院,2008年。

[6]江晓莉:《我国工业反哺农业的路径选择》,硕士学位论文,西南交通大学公共管理学院,2010年。

[7]林志玲:《我国工业反哺农业的发展战略研究》,硕士学位论文,广东外语外贸大学国际经济贸易学院,2008年。

[8]吕晓萍:《我国以工促农制度创新研究》,博士学位论文,东北师范大学马克思主义学院,2010年。

[9]刘朔:《中国工业化中后期工业反哺农业问题研究》,博士学位论文,华中科技大学经济学院,2012年。

[10]李晓红:《枣庄市"工业反哺农业"问题研究》,硕士学位论文,华东师范大学商学院,2006年。

[11]李光:《河南实施"以工促农、以城带乡"研究》,硕士学位论文,河南农业大学经济与管理学院,2007年。

[12]李芳芳:《乌昌地区工业反哺农业问题研究》,硕士学位论文,新疆财经大学经济学院,2009 年。

[13]李嘉平:《工业反哺农业的路径研究》,硕士学位论文,中国农业科学院研究生院,2011 年。

[14]茆志英:《工业反哺农业的主要政策研究》,硕士学位论文,安徽农业大学经济管理学院,2006 年。

[15]王秀卫:《经济法公平论:农业法公平问题检讨》,硕士学位论文,湘潭大学法学院,2002 年。

[16]汪时珍:《以工促农论》,博士学位论文,福建师范大学经济学院,2009 年。

[17]向阳:《中国工业反哺农业实现机制的构建及政策分析》,硕士学位论文,武汉理工大学经济学院,2008 年。

[18]余丞薇:《工业反哺农业的路径研究——企业主体的视角》,硕士学位论文,暨南大学经济学院,2010 年。

[19]周建华:《工业反哺农业机制构建问题研究》,博士学位论文,湖南农业大学经济学院,2007 年。

[20]张加宁:《我国工业反哺农业的理论研究及政策分析》,硕士学位论文,吉林大学经济学院,2006 年。

[21]张涛:《工业反哺农业、城市带动乡村的制度创新》,硕士学位论文,西北大学经济管理学院,2006 年。

[22]张党军:《工业反哺农业的路径选择分析》,硕士学位论文,长沙理工大学经济学院,2007 年。

[23]张云超:《我国工业反哺农业的路径研究》,硕士学位论文,东北大学文法学院,2008 年。

[24]朱志良:《工业反哺农业的优化规模与结构研究》,硕士学位论文,浙江大学管理学院,2010 年。

[25]邹薇:《粮食主产区工业反哺农业的绩效研究》,硕士学位论文,江西农业大学经济管理学院,2013 年。

附　　录

A　重庆市农民参与专业合作社问题调查问卷

调查员姓名：　　　　　调查时间：　　　　　调查地点：

亲爱的朋友：

　　为了解目前重庆市农民参与农民专业合作社问题的相关情况,我们进行这次调查,希望得到您的合作。

　　下列问卷无对错之分,只求真实,不计姓名,不必有任何顾虑。感谢您的积极参与!

　　问卷填答说明:1.请在您选择的选项后面的"□"里打钩(没有提示多选的,只能选择一项)。

　　2.没有选项的,请将答案填写在括号中。

1.1 性别:(1)□男　　(2)□女

1.2 年龄:

(1)□30 岁以下　　(2)□30—60 岁　　(3)□60 岁以上

1.3 文化程度:

(1)□初中及以下　　(2)□高中、中专　　(3)□大专及以上

1.4 您家庭年均收入约为(元/年):

(1)□5000 以下　　(2)□5000—8000　　(3)□8000—1 万

(4)□1—2 万　　(5)□2—5 万　　(6)□5 万以上

1.5 户籍状况：

（1）□农业人口户籍

（2）□已转为城镇户籍仍享有农村土地承包经营权（包括林权）

（3）□已转为城镇户籍不享有农村土地承包经营权（包括林权）

（4）□实行家庭承包经营的国有农场、林场职工

1.6 加入合作社状况：

（1）□已加入

（2）□已加入提供农资采购服务的农村综合服务社

（3）□想加入但没有人发起组织合作社

（4）□想加入并打算自己发起组织合作社

（5）□不管有没有合作社都不打算加入，没兴趣

2.1 您觉得合作社对自己发家致富有没有帮助？

（1）□有很好的帮助　　（2）□有一点帮助　　（3）□没有什么帮助

2.2 您觉得合作社对维护自身的权益有没有帮助？

（1）□有很好的帮助　　（2）□有一点帮助　　（3）□没有什么帮助

2.3 您认为合作社的主管部门是什么？

（1）□民政部门　　　（2）□农业部门

（3）□工商部门　　　（4）□不清楚

3.1 您希望合作社的主要发起人是谁？

（1）□地方政府部门　　（2）□农业技术推广站　　（3）□供销社

（4）□村委会　　（5）□农产品生产、加工、经销企业

（6）□农产品生产、贩销大户　　（7）□普通农户

3.2 您是否愿意担任合作社的理事、监事等干部？（1）□愿意　　（2）□不愿意

3.3 您希望合作社主要提供什么服务？

（1）□农产品销售　　（2）□农业生产资料供应

（3）□农业技术服务　　（4）□提供市场信息

（5）□提供资金借贷　　（6）□提供农产品加工服务

3.4 您认为当前发展合作社面临的主要困难是什么？

（1）□人心不齐难以组织　　（2）□没有好的带头人

(3)□没有好的产业　　(4)□政府支持力度不大

(5)□获利太少　　(6)□不知道怎么组织发展合作社

3.5 您希望加入合作社的条件是什么?

(1)□缴纳股本金　　(2)□缴纳会费

(3)□土地入股　　(4)□技术入股

3.6 您希望合作社的盈利按什么方式来分配?

(1)□按与合作社的交易量(额)来分配　　(2)□按股分红

(3)□平均分配给每个成员

(4)□按与合作社的交易量(额)与按股分红相结合,以按与合作社的交易量(额)为主

(5)□按与合作社的交易量(额)与按股分红相结合,以按股分红为主

3.7 您认为合作社的章程应该由谁制定?

(1)□成员共同制定　　(2)□政府统一制定

3.8 您认为合作社的管理者(领导者)应该如何产生?

(1)□成员民主选举　　(2)□成员内部协商　　(3)□政府指派

3.9 您认为合作社的重大问题应该由谁来决定?

(1)□主要负责人作决定　　(2)□合作社理事会集体决定

(3)□合作社成员大会决定

3.10 您认为合作社成员大会的表决方式应该是怎样?

(1)□一人一票　　(2)□按股投票

(3)□有些事项一人一票,有些事项按股投票

3.11 您认为出资额或交易量(额)较大的成员,在成员大会是否应该享有附加表决权?

(1)□应该享有　　(2)□不应该享有

3.12 您是否支持合作社骨干成员参加村干部选举?

(1)□不支持,他走了影响合作社发展

(2)□无所谓,那是他个人的事情

(3)□全力支持,这会给合作社发展带来更多便利

3.13 您对村干部到合作社兼职的看法是什么?

(1)□不适合担任合作社职务

（2）□村干部在合作社兴办过程中起很大作用,应该承担职务

（3）□对合作社发展有积极作用

3. 14 您认为合作社发展了,应该在村里起什么作用?

（1）□没有直接关系　　（2）□别掺和村里的事情

（3）□为村发展做出贡献

4. 1 您认为合作社最需要政府给予什么扶持政策?

（1）□宏观政策性扶持　　（2）□给予各种税费减免优惠

（3）□推动保险机构给予保险优惠,并支持发展政策性农业保险

（4）□提供直接补助资金和相关专项补贴

（5）□以贴息等方式推动金融机构给予贷款优惠,并支持发展农民资金互助合作社

（6）□提供农业技术服务并进行免费培训、鼓励人才到合作社工作、免费提供生产经营信息

4. 2 您认为下列哪些保险扶持政策最实在,也是合作社最需要的?

（1）□鼓励、支持保险机构开发适合合作社特点的保险产品,为合作社及其成员提供保险服务,并在保险费率、办理手续等方面提供优惠和便利

（2）□经营政策性农业保险业务的保险机构按有关规定,为合作社及其成员提供政策性保险服务

（3）□这些政策都不实在、不需要,需要更加具体的扶持措施

【以下问题可多选】

2. 4 您听说过下列法律法规吗?（可多选）

（1）□2006 年《中华人民共和国农民专业合作社法》

（2）□2007 年《农民专业合作社登记管理条例》

（3）□2011 年《重庆市实施〈中华人民共和国农民专业合作社法〉办法》

（4）□都没听说过

2. 5 您认为合作社的性质是什么?（可多选）

（1）□是互助性经济组织

（2）□以合作社成员为主要服务对象

（3）□提供农业生产资料的购买服务

(4)□提供农产品的销售、加工、运输、贮藏

(5)□提供与农业生产经营有关的技术、信息服务

(6)□上级领导的形象工程

2.6 您认为哪些农民可以组织、设立合作社？（可多选）

(1)□生产、经营同类农产品的农民　　(2)□从事传统手工业的农民

(3)□从事农业休闲观光业的农民　　(4)□提供农业机械作业服务的农民

2.7 关于组织、设立合作社,您知道哪些?（可多选）

(1)□成员以农民为主体　　(2)□要求有5名以上成员

(3)□入社自愿、退社自由　　(4)□成员地位平等,实行民主管理

(5)□应当向工商行政管理部门申请设立登记　　(6)□办理设立登记不收取费用

2.8 您认为合作社的组织机构包括哪些?（可多选）

(1)□成员大会　　(2)□成员代表大会　　(3)□理事会

(4)□监事会　　(5)□领导小组

2.9 您认为合作社成员应享有哪些权利?（可多选）

(1)□参加成员大会,并享有表决权、选举权和被选举权

(2)□利用本社提供的服务和生产经营设施

(3)□按照章程规定或者成员大会决议分享合作社盈余

(4)□查阅本社的章程、成员名册、成员大会或者成员代表大会记录、理事会会议决议、监事会会议决议、财务会计报告和会计账簿

2.10 您认为合作社成员应承担哪些义务?（可多选）

(1)□执行成员大会、成员代表大会和理事会的决议

(2)□按照章程规定向本社出资

(3)□按照章程规定与本社进行交易

(4)□按照章程规定承担亏损

2.11 关于合作社的财务管理,您知道哪些?（可多选）

(1)□合作社可以按照章程规定或者成员大会决议从当年盈余中提取公积金

(2)□合作社应当为每个成员设立成员账户

（3）□成员账户记载每个成员的出资额

（4）□成员账户记载量化为每个成员的公积金份额

（5）□成员账户记载每个成员与本社的交易量（额）

4.3 您认为下列哪些宏观扶持政策最实在,也是合作社最需要的?（可多选）

（1）□鼓励、支持合作社申请认证无公害农产品、绿色食品、有机食品和注册名优农产品商标

（2）□鼓励、支持供销社、农村集体经济组织、龙头企业、基层经营性服务组织、专业大户等组织和个人领办、创办或入股合作社

（3）□鼓励、支持大专院校、科研机构或农业科技人才与合作社开展技术合作

（4）□鼓励、支持合作社自筹资金或利用可分配盈余建立风险补偿基金

（5）□鼓励、支持连锁超市、农产品批发市场等商业企业在市场信息、加工包装技术、储运、产品价格、摊位费收取等方面给合作社提供服务和优惠

（6）□鼓励具备产品出口条件的合作社按照有关规定取得进出口经营权

（7）□指导、帮助合作社建立健全税收申报制度、申办减税或免税

（8）□在合作社办理税务登记、纳税申报、发票领购、税收优惠等事务时提供快捷、便利的服务

（9）□优先安排或者委托具备条件的合作社实施政府投资的农业综合开发、扶贫开发、国土综合整治、中低产田改造、水土保持、农业产业化等农业建设项目

（10）□对合作社建立健全内部农产品质量安全控制体系给予资金、技术和设备支持

（11）□帮助具备条件的合作社与连锁超市、食品加工（餐饮服务）企业、高等院校及大型企业的后勤采购单位等搭建农商对接、产销衔接平台

（12）□合作社使用的设施用地及农村道路、农田水利用地,符合相关条件和程序的前提下,不纳入农用地转用范围,不占建设用地指标

4.4 您认为下列哪些资金扶持政策最实在,也是合作社最需要的?（可多选）

（1）□国家财政向农民专业合作社提供直接补助资金

（2）□地方政府在财政预算中安排资金,支持合作社开展信息、新产品开发、人员培训、农产品质量安全与认证、农产品加工、农业生产基础设施建设、市场营销、技术推广、农民专业合作社示范社建设等服务

（3）□合作社购买农机具,享受国家和重庆市农机购置补贴

（4）□地方政府对参加农业保险的合作社及其成员给予保费补贴

4.5 您认为下列哪些税费扶持政策最实在,也是合作社最需要的?（可多选）

（1）□合作社销售本社成员、农户生产的农产品免征增值税

（2）□增值税一般纳税人从合作社购进的免税农产品,可按13%扣除率计算抵扣增值税进项税额

（3）□合作社向本社成员销售的农膜、种子、种苗、化肥、农药、农机,免征增值税

（4）□合作社与本社成员签订的农业产品和农业生产资料购销合同,免征印花税

（5）□合作社开展农业机耕、排灌、病虫害防治、植物保护、农牧保险以及相关技术培训业务,家禽、牲畜、水生动物的配种和疾病防治,免征营业税

（6）□合作社从事国家确定的农、林、牧、渔业项目的所得,免征或者减征企业所得税

（7）□合作社直接用于农、林、牧、渔业的生产用地,免征城镇土地使用税

（8）□合作社对废弃土地依法整治和改造的,凭国土资源部门的证明文件,经市地方税务部门审批,从使用的月份起,免征土地使用税5—10年

（9）□税务部门免收合作社税务登记工本费

（10）□政府所属检验检疫检测机构为合作社提供产品质量检验检疫检测服务,减免相关费用

（11）□合作社举办农产品加工企业、农资超市、农产品专营店,在超市设立经营专柜,和以其他方式销售自产产品的,享受不低于农业龙头企业的

财政税收优惠政策

（12）□合作社从事种植、养殖以及农产品贮藏、初加工用水用电，执行农业生产用水用电价格标准

（13）□合作社整车运输种苗和鲜活农产品，按照国家和重庆市有关规定享受道路通行费优惠

4.6 您认为下列哪些金融扶持政策最实在，也是合作社最需要的？（可多选）

（1）□地方政府对合作社贷款给予财政贴息

（2）□鼓励、支持金融机构采取多种形式为合作社提供金融服务，并在抵押担保方式、办理手续等方面给予便利，在贷款利率上给予优惠

（3）□涉农金融机构将合作社及其成员纳入农村信用评级授信范围，符合相关条件的合作社可提高信用资质评级

（4）□鼓励金融机构提供以合作社及其成员的房屋所有权、土地承包经营权和林权等设定抵押的贷款产品，开展农户联保贷款

（5）□地方政府扶持的涉农政策性担保机构为合作社提供贷款担保服务，并鼓励、支持其他担保机构为合作社提供贷款担保服务

（6）□合作社可在内部依法开展与生产经营活动相关的资金互助活动，有条件的合作社可依法组建农村资金互助社

4.7 您认为下列哪些科技智力扶持政策最实在，也是合作社最需要的？（可多选）

（1）□将适合合作社实施的科研、开发、中试和推广项目纳入支持范围，优先支持合作社实施

（2）□鼓励支持农民组建、设立相关专业技术协会

（3）□农业技术推广机构、科协为合作社提供相应技术咨询、科普宣传服务

（4）□定期组织对合作社负责人及其骨干成员进行相关产业政策、法律知识、生产技术、经营管理知识的免费培训

（5）□鼓励、支持大中专毕业生和其他管理、技术人员到合作社工作，并享受相关政策待遇

（6）□加强合作社信息服务网络和市场营销平台建设，及时收集、汇

总、发布、更新与合作社有关的生产经营信息,免费为合作社及其成员提供信息服务

(7)□农业行政主管部门统一收集、汇总、更新和发布有关合作社总体规划、建设、发展和产业政策等方面的基础信息

您的建议与意见:

B 调研总体数据统计表

注:百分比=选择次数/886(总有效问卷数)。

1.1

选项	(1)	(2)
选择次数	524	362
百分比	59.14	40.86

1.2

选项	(1)	(2)	(3)
选择次数	124	612	150
百分比	13.99	69.07	16.94

1.3

选项	(1)	(2)	(3)
选择次数	615	190	81
百分比	69.41	21.44	9.15

1.4

选项	（1）	（2）	（3）	（4）	（5）	（6）
选择次数	174	169	161	190	127	65
百分比	19.64	19.07	18.17	21.44	14.33	7.35

1.5

选项	（1）	（2）	（3）	（4）
选择次数	598	160	103	25
百分比	67.49	18.06	11.63	2.82

1.6

选项	（1）	（2）	（3）	（4）	（5）
选择次数	160	97	225	133	271
百分比	18.06	10.95	25.39	15.01	30.59

2.1

选项	（1）	（2）	（3）
选择次数	389	267	230
百分比	43.91	30.14	25.95

2.2

选项	（1）	（2）	（3）
选择次数	270	355	261
百分比	30.47	40.07	29.46

2. 3

选项	（1）	（2）	（3）	（4）
选择次数	132	339	165	250
百分比	14. 89	38. 27	18. 62	28. 22

3. 1

选项	（1）	（2）	（3）	（4）	（5）	（6）	（7）
选择次数	296	172	85	110	88	57	78
百分比	33. 41	19. 41	9. 59	12. 42	9. 93	6. 43	8. 81

3. 2

选项	（1）	（2）
选择次数	564	322
百分比	63. 66	36. 34

3. 3

选项	（1）	（2）	（3）	（4）	（5）	（6）
选择次数	264	148	195	102	100	77
百分比	29. 79	16. 71	22. 01	11. 51	11. 29	8. 69

3. 4

选项	（1）	（2）	（3）	（4）	（5）	（6）
选择次数	184	215	193	130	90	74
百分比	20. 77	24. 27	21. 78	14. 67	10. 16	8. 35

3.5

选项	（1）	（2）	（3）	（4）
选择次数	158	195	382	151
百分比	17.83	22.01	43.12	17.04

3.6

选项	（1）	（2）	（3）	（4）	（5）
选择次数	170	219	122	217	158
百分比	19.19	24.72	13.77	24.49	17.83

3.7

选项	（1）	（2）
选择次数	618	268
百分比	69.75	30.25

3.8

选项	（1）	（2）	（3）
选择次数	606	196	84
百分比	68.39	22.13	9.48

3.9

选项	（1）	（2）	（3）
选择次数	215	265	406
百分比	24.27	29.91	45.82

3. 10

选项	（1）	（2）	（3）
选择次数	502	198	186
百分比	56.66	22.35	20.99

3. 11

选项	（1）	（2）
选择次数	474	412
百分比	53.49	46.51

3. 12

选项	（1）	（2）	（3）
选择次数	266	179	441
百分比	30.02	20.21	49.77

3. 13

选项	（1）	（2）	（3）
选择次数	200	232	454
百分比	22.57	26.19	51.24

3. 14

选项	（1）	（2）	（3）
选择次数	152	153	581
百分比	17.16	17.27	65.57

4.1

选项	（1）	（2）	（3）	（4）	（5）	（6）
选择次数	176	137	113	195	98	167
百分比	19.87	15.46	12.75	22.01	11.06	18.85

4.2

选项	（1）	（2）	（3）
选择次数	510	185	191
百分比	57.56	20.88	21.56

注:占总比＝选择次数/886(总有效问卷数)。

2.4

选项	（1）	（2）	（3）	（4）
选择次数	259	335	265	375
占总比	29.23	37.81	29.91	42.33

2.5

选项	（1）	（2）	（3）	（4）	（5）	（6）
选择次数	482	316	351	321	339	121
占总比	54.41	35.67	39.62	36.23	38.26	13.66

2.6

选项	（1）	（2）	（3）	（4）
选择次数	550	365	332	356
占总比	62.08	41.19	37.47	40.18

2.7

选项	(1)	(2)	(3)	(4)	(5)	(6)
选择次数	452	276	496	489	345	280
占总比	51.02	31.15	55.98	55.19	38.94	31.61

2.8

选项	(1)	(2)	(3)	(4)	(5)
选择次数	498	537	432	300	420
占总比	56.21	60.61	48.76	33.86	47.41

2.9

选项	(1)	(2)	(3)	(4)
选择次数	605	527	535	420
占总比	68.28	59.48	60.38	47.41

2.10

选项	(1)	(2)	(3)	(4)
选择次数	485	494	539	379
占总比	54.74	55.76	60.84	42.78

2.11

选项	(1)	(2)	(3)	(4)	(5)
选择次数	435	441	441	373	394
占总比	49.09	49.77	49.77	42.09	44.47

4.3

选项	（1）	（2）	（3）	（4）	（5）	（6）
选择次数	398	553	455	331	412	353
占总比	44.92	62.42	51.35	37.36	46.51	39.84

选项	（7）	（8）	（9）	（10）	（11）	（12）
选择次数	346	274	391	269	327	314
占总比	39.05	30.93	44.13	30.36	36.91	35.44

4.4

选项	（1）	（2）	（3）	（4）
选择次数	528	433	585	535
占总比	59.59	48.87	66.03	60.38

4.5

选项	（1）	（2）	（3）	（4）	（5）	（6）	（7）
选择次数	406	329	390	297	457	357	314
占总比	45.82	37.13	44.02	33.52	51.58	40.29	35.44

选项	（8）	（9）	（10）	（11）	（12）	（13）
选择次数	395	332	259	329	246	260
占总比	44.58	37.47	29.23	37.13	27.77	29.35

4.6

选项	（1）	（2）	（3）	（4）	（5）	（6）
选择次数	424	461	352	449	395	357
占总比	47.86	52.03	39.73	50.68	44.58	40.29

4.7

选项	（1）	（2）	（3）	（4）	（5）	（6）	（7）
选择次数	383	488	415	558	424	424	351
占总比	43.23	55.08	46.84	62.98	47.86	47.86	39.62

后　记

　　本书即将付梓之际,脑海中突然冒出"庆幸"与"喜悦"这两个有趣的结语词。这里的"庆幸"更多的似乎是一种"劫后余生"的庆幸。偌般宏大的研究范畴我居然能勉力完成了。近四年时间,反复的通宵达旦、N多的濒临崩溃、一次又一次地推倒重来,每每似乎快解决某个问题时,新的问题又浮出水面。以现在的"精细化"研究习好来看,"反哺农业立法"真的过于粗犷。但它磨砺了我的坚持、改变了我的学术驾驭功力,好在总算是在这个竭力构搭的叙事框架下要画上半个句号了。另外半个句号则与"喜悦"有关,这里的"喜悦"在于打开了一扇宝库之门,给了我另一个有兴趣、也似乎能完成的新研究方向。本书的研究更多近乎一种路径的开启,其下每一个领域皆可供我细细品味,一层又一层地开拓艰涩的学术之旅。最后,结语词外仍不能免俗地赘述些许感谢。

　　感谢素未谋面的重庆市社科规划办的各位领导、评审专家。申报这个课题并侥幸中标之时,远远低估了研究的难度。谢谢诸公给了我这个珍贵的机会。此为一谢。

　　感谢台湾东吴大学国际处、法学院的各位领导、同仁。优渥并略带点"小确幸"的访学生活转瞬即逝,让我得以潜下心来慢慢梳理文字。这段刻骨铭心的孤独码字苦旅,成为绝不想再度煎熬但倍感充实的美好记忆。此为二谢。

　　感谢我供职的西南大学法学院张新民教授、赵云芬教授、张步文教授、赵学刚教授、时显群教授、陈锐教授、郝川教授、房香荣副教授、马涛博士、贺奇兵博士等诸位同事。远行他乡更无比感念这份教职的可贵、这个集体的温暖。谢谢这份来自讲台、粉笔的成就感,谢谢诸位给予的包容与关爱。此为三谢。

感谢参加本书相关调研的西南大学法学院 2009 级、2010 级 24 名法学专业本科生。在那个酷热的暑假,是你们的辛苦付出带来了难得的实证调研数据。虽然各位已经毕业,或许不能再次齐聚首于"刘一手",但你们的音容笑貌我会永远铭记。谢谢你们的信任与支持。此为四谢。

感谢我的硕士研究生徐恒、马永芹、曾心良、窦继萍、周健华、王霞萍、刘伶俐、郑坤。这个小小的研究团队是我践行学术理念的阵地,彼此间的火花碰撞、文字反复给了我不少开启思绪的灵感,也激励着我要不断地充实方能不负"导师"二字。此为五谢。

感谢我的家人。倔强不屈的老爸、乖巧顽皮的小女给了我奋斗的信念与勇气。伟大善良的老妈为了我、为了我的家耗尽心力。要没有您的无私付出,这个家的温暖远不会如斯厚重。闭关于宝岛之上的日日夜夜,是个性十足的"女汉子"贤妻撑起了我们的小家。要没有你的理解与支持,这些年艰难的文字苦旅不会看到渐行渐近的胜利曙光。此为六谢。

特别感谢人民出版社李春林主任、李媛媛编辑。两位老师的中肯意见与诚挚关照进一步斧正了我的学术写作规范。此为七谢。

七谢之余,将最喜欢的"为而不争"送给自己。希望它能陪我顺利迈过接下来的那道坎,依然坚信"利而不害"!

赵 谦

2014 年 12 月 8 日

责任编辑:李媛媛
封面设计:石笑梦
责任校对:方雅丽

图书在版编目(CIP)数据

反哺农业立法问题研究:以重庆市为例/赵 谦 著.
    -北京:人民出版社,2015.3
ISBN 978 - 7 - 01 - 014481 - 8

Ⅰ.①反… Ⅱ.①赵… Ⅲ.①农业-政府补贴-立法-研究-重庆市
    Ⅳ.①D927.719.44

中国版本图书馆 CIP 数据核字(2015)第 023857 号

反哺农业立法问题研究
FANBU NONGYE LIFA WENTI YANJIU
——以重庆市为例

赵 谦 著

人民出版社 出版发行
(100706 北京市东城区隆福寺街 99 号)

北京市大兴县新魏印刷厂印刷 新华书店经销

2015 年 3 月第 1 版 2015 年 3 月北京第 1 次印刷
开本:710 毫米×1000 毫米 1/16 印张:15
字数:236 千字

ISBN 978 - 7 - 01 - 014481 - 8 定价:39.00 元

邮购地址 100706 北京市东城区隆福寺街 99 号
人民东方图书销售中心 电话 (010)65250042 65289539